Un Prisma de Canción

Smyth & Helwys Publishing
6316 Peake Road
Macon, Georgia 31210-3960
1-800-747-3016
©2025 by Robert E. Wallace
All rights reserved.

Library of Congress Cataloging-in-Publication Data on file

Names: Wallace, Robert E., 1970- author
Title: Un prisma de canción : viendo el Antiguo Testamento a través de los salmos / by Robert E. Wallace.
Other titles: Prism of song. Spanish
Description: Macon, GA : Smyth & Helwys Publishing, [2026] | Includes bibliographical references.
Identifiers: LCCN 2026007018 | ISBN 9781641736053 paperback
Subjects: LCSH: Bible. Psalms--Criticism, interpretation, etc. | Bible. Old Testament--Criticism, interpretation, etc. | Bible. Old Testament--History of Biblical events | Allusions in the Bible
Classification: LCC BS1430.52 .W355618 2026
LC record available at https://lccn.loc.gov/2026007018

Disclaimer of Liability: With respect to statements of opinion or fact available in this work of nonfiction, Smyth & Helwys Publishing, nor any of its employees, makes any warranty, express or implied, or assumes any legal liability or responsibility for the accuracy or completeness of any information disclosed, or represents that its use would not infringe privately-owned rights.

ROBERT E. WALLACE

Un
PRISMA
de
CANCIÓN

Viendo el Antiguo Testamento
a través de los Salmos

Traducido por Israel Hermosillo

También por Robert E. Wallace

Preaching During Covid-tide
Sermons of Hope to Empty Pews

The Narrative Effect of Book IV of the Hebrew Psalter
Studies in Biblical Literature 112

Elogios a favor de
Un Prisma de Canción: Viendo el Antiguo Testamento a través de los Salmos

"*Un Prisma de Canción: Viendo el Antiguo Testamento a través de los Salmos* vincula cuidadosamente varios salmos con las múltiples y variadas narraciones y escritos del Antiguo Testamento. De este modo, amplía la comprensión y el aprecio de los lectores tanto por el libro de los Salmos como por otros textos del Antiguo Testamento. Sin duda alguna, esta obra le proporcionará a profesores y estudiantes una vía innovadora y refrescante para el estudio del Antiguo Testamento."

—*Nancy L. deClaissé-Walford*
Profesora Emérita del Antiguo Testamento e Idiomas Bíblicos
Universidad Mercer, Escuela de Teología

"¡Excelentemente escrito, magistralmente arreglado, brillantemente profundo! ¡Bravo! La obra de Wallace es en sí misma un salmo de gloria a Dios. ¿Recomendaría esta obra como introducción al estudio del Antiguo Testamento? ¡Sí! ¡Mil veces, sí!"

—*J. Randall O'Brien*
Ex Profesor de Religión y Rector de la Universidad de Baylor
Presidente emérito de la Universidad Carson-Newman

"Wallace ha desarrollado una manera de abordar el Antiguo Testamento a través del lente del libro de los Salmos. El himnario de Israel se considera una colección de reflexiones sobre Dios actuando en la vida comunal de su pueblo a lo largo de múltiples generaciones. Esta es una inmersión profunda creativa, enérgica y amena que será de beneficio a quienes deseen profundizar en su interacción con el Antiguo Testamento."

—*Timothy, G. Crawford, PhD*
Decano de la Facultad de Estudios Cristianos
Universidad Mary Hardin-Baylor

"Combinando poesía bíblica con prosa bíblica y contexto antiguo con ilustraciones contemporáneas, Wallace guía a los estudiantes del Antiguo Testamento a observar la historia principal del Antiguo Testamento. Al contextualizar su aprendizaje en el libro de los Salmos, el libro de alabanza y oración de Israel, Wallace ofrece a los lectores una manera de comprender la complejidad y la vastedad de la amplia historia de fe de Israel."

—*Reverenda Dra. Christine Jones*
Pastora asociada, Iglesia King's Cross

"Cualquiera que ha enseñado, predicado o leído el Antiguo Testamento, necesariamente se ha enfrentado a la inmensidad del material: es un libro extenso y diverso. En *Un Prisma de Canción*, Robert Wallace muestra cómo los Salmos pueden servir de guía en medio de esta complejidad—no a manera de reducirla, sino de manera que su belleza y poder teológico sean iluminados. El panorama de Wallace es una introducción accesible y atractiva que ayudará a las nuevas generaciones a ver el Antiguo Testamento con mayor claridad en todo su esplendor multifacético."

—*Rebecca Poe Hays*
Profesora adjunta de Escrituras Cristianas
Seminario Teológico George W. Truett
Universidad de Baylor

"Destacado como erudito bíblico y teólogo pastoral, Wallace ofrece al lector una perspectiva multifacética para comprender los diversos escritos del Antiguo Testamento. Las hermosas composiciones poéticas y musicales del Salterio se convierten en un catalizador para lograr una visión renovada de la extensión histórica de la actividad de Dios entre su pueblo. Wallace proporciona una guía excepcional que permite comprender plenamente la brevedad teológica de los Salmos al vincular salmos o colecciones de salmos específicos con las principales afirmaciones de fe. El humor y las referencias culturales contemporáneas ayudan al lector a comprender el significado original del texto bíblico. Gracias a la cuidadosa traducción e interpretación de Wallace, el libro de los Salmos se convierte en una clave para que el lector comprenda la complejidad del testimonio del Antiguo Testamento, crezca en la comprensión de la fe y celebre la maravilla de Dios."

—*Mark A. Torgerson, PhD*
Profesor de Estudios Teológicos
Universidad Judson

Contenido

Prólogo de la edición española ix

Prólogo xi

Introducción 1

Capítulo 1: ¿Qué son los Salmos? 7

Capítulo 2: Las Antiguas Historias (Génesis 1–11) 29

Capítulo 3: Ancestros 53

Capítulo 4: El Éxodo 77

Capítulo 5: Torá 99

Capítulo 6: Desierto 121

Capítulo 7: Asentameinto 145

Capítulo 8: Realeza 169

Capítulo 9: Profetas 191

Capítulo 10: Sabiduría 221

Capítulo 11: Exilo 255

Prólogo de la edición española

Héctor Hermosillo

Cuando mi hijo Israel me habló por primera vez de su profesor de Antiguo Testamento, no imaginé el impacto que conocerle personalmente tendría en mi vida y en la vida de todas las personas a las que tengo el privilegio y la responsabilidad de servir; su formación rigurosa y su seriedad como profesor no lo alejaron de la iglesia ni de todos aquellos que, con un llamado genuino, adolecemos de ese tipo de instrucción; por el contrario, moldearon en él una convicción clara: que la reflexión académica y la misión de la iglesia no debían caminar separadas; y es justamente allí donde me encuentra a mí y a un grupo de discípulos, deseosos de ser capacitados para continuar con nuestra misión en el entendimiento del reino de Dios en medio de la comunidad latina dentro de los Estados Unidos.

Nuestra relación comenzó cuando el Dr. Wallace aceptó generosamente una invitación para venir al sur de California y hablarle a un grupo de discípulos de Jesucristo, provenientes de diferentes lugares de Latinoamérica, con una formación limitada pero con un fuerte deseo de aprender. La mayoría de nosotros no contábamos con una formación académica extensa, pero sí con un profundo deseo de conocer mejor Escrituras, cosa que encendió una pasión dentro del Dr. para convertirse en nuestro mejor aliado en esa empresa. En ese contexto, el Dr. Wallace nos introdujo a los orígenes, la composición y los géneros literarios de diversos libros del Antiguo Testamento, combinando rigor académico con una clara sensibilidad pastoral. Uno de los principios que más marcó nuestra manera de leer la Biblia fue la imagen de los jardines. Cada libro de la Escritura —nos enseñó— es como un jardín que produce una clase particular de flor, con su forma y su aroma propios. El libro de los Salmos, en cambio, es un jardín que produce toda clase de flores. En él convergen prácticamente todos los géneros literarios de la Biblia: lamento y alabanza, sabiduría y oración, confesión, protesta y esperanza. Esta riqueza ayuda a explicar por qué los Salmos han sido, a lo largo de los siglos, tan amados, tan citados y tan centrales en la devoción y la liturgia del pueblo de Dios.

Fue en el marco de un seminario dedicado a los Salmos donde el Dr. Wallace nos habló de los cinco libros que los componen, de su organización interna y de la historia que, en conjunto, relatan. Aquella enseñanza amplió nuestro horizonte y nos permitió ver la Biblia como una sola gran narrativa, una historia que corre de pasta a pasta. A la luz de esa narrativa, también aprendimos a mirar nuestra vida cotidiana con mayor esperanza.

Después de esos seminarios, nuestra manera de leer las Escrituras no volvió a ser la misma. Comprendimos la importancia de los contextos culturales y literarios para una lectura fiel, una lectura que busca escuchar el texto tal como lo escucharon sus primeros destinatarios. Aprendimos a recibir la Biblia con atención, respeto y confianza.

Al mismo tiempo, aprendimos a sostener un equilibrio necesario: aferrarnos con claridad a aquello que la Escritura afirma y revela explícitamente, y descansar con humildad en aquellas cosas que el texto no se propone explicar. Este enfoque nos liberó del afán y nos enseñó a leer con mayor madurez espiritual.

Descubrir que, a través de los cinco libros de los Salmos, es posible recorrer la historia de Israel y, a la luz de ella, comprender el gran drama de la redención, fue especialmente significativo. Los Salmos nos ayudaron a reconocer que el Dios del Nuevo Testamento es el mismo Dios del Antiguo Testamento: fiel, cercano y redentor.

La contribución del Dr. Wallace a nuestras vidas es difícil de medir y su fruto perdurará a través de nuestras generaciones. Con el tiempo, estos seminarios han sido traducidos al español y compartidos no solo en nuestra comunidad, sino también en países como Bolivia, Colombia, México, Nicaragua, Guatemala, etc... Su impacto se narra mejor a través de las vidas de muchos latinos que, bajo su influencia, hemos sido guiados a una comprensión más profunda de las Escrituras y a una manera más consciente y esperanzada de vivir la fe en nuestras comunidades.

Prólogo

W.H. Bellinger Jr., Universidad de Baylor (Emérito)

Robert Wallace ha escrito un libro encantador y perspicaz para ayudar a alumnos, personas de fe, eruditos, y pastores que se enfrentan a la lectura y el entendimiento del Antiguo Testamento. Los estudiantes en una clase de religión del Antiguo Testamento a menudo se abruman ante la tarea de leer tantas páginas desconocidas y pasadas de moda. De igual manera, los peregrinos de la fe que quieren crecer leyendo el Antiguo Testamento difícilmente saben cómo o dónde empezar. *Un Prisma de Canción* está escrito pensando en estos lectores y con la meta de ayudarles a disfrutar y aprender mientras leen las páginas del Antiguo Testamento. La "Canción" en el título del libro se refiere al libro de los Salmos como punto de partida. En muchos sentidos, los Salmos – como colección de oraciones y alabanzas del antiguo Israel – son el centro del Antiguo Testamento y su fe. Ofrecen un punto de partida de profundidad poderosa y gozo.

El Dr. Wallace es un intérprete honesto. El explora los temas abordados en el Antiguo Testamento desde un contexto distinto al que los lectores tienen en el siglo XXI. También señala temas que no están cubiertos. Sugiero cuatro razones para darse a la tarea de leer el libro del Dr. Wallace.

1. El libro proporciona los fundamentos para entender los Salmos como un lente para leer el Antiguo Testamento con sentido. Luego pasa a Génesis y la creación y provee el antecedente para una lectura llena, informativa de estos textos, enfatizando el contexto en el que se originó el Antiguo Testamento.

2. El libro también incluye atractivas joyas relacionadas al contexto de los lectores actuales, como la descripción del tribalismo en relación a *El*

Padrino (p. 50), la paráfrasis del nombre de Jacob "estafador" (p. 64), y la descripción de realeza como una forma imaginable, como lo es un piano de cola con una tela que lo "oculta" (p. 155).

3. El libro articula claramente la visión general del Antiguo Testamento y sus diversas partes al igual que cuestiones en textos específicos. El formato del libro también es variado. El Dr. Wallace incluye listas, bloques sombreados que exploran ciertos temas, citas de textos bíblicos, y preguntas de repaso al final de cada capítulo. Estos recursos visuales facilitan la interacción con el libro para el lector.

4. El libro aborda con conocimiento las diversas partes del Antiguo Testamento, como la historia, la profecía, la sabiduría práctica y escéptica, y los textos relacionados con el exilio. Los Salmos y estas otras partes del Antiguo Testamento surgieron en la antigüedad, y aún así son relevantes a la vida actual. El título y el enfoque del libro sugieren que las canciones del libro de los Salmos ofrecen a los lectores un prisma para entender el Antiguo Testamento. Un prisma refleja la luz, revelando nuestro entorno de forma única y llena de color. Eso aportan los Salmos al Antiguo Testamento.

Robert Wallace es un destacado maestro e investigador del Antiguo Testamento y pastor, y un excelente guía para los lectores del Antiguo Testamento. Fue mi estudiante en la Universidad de Baylor. Es un privilegio para mí felicitarlo por este excelente recurso que suma perspectiva para aquellos que leen el Antiguo Testamento. Estudiar el Antiguo Testamento requiere un punto de partida. He sugerido que un poderoso lugar para comenzar y considerar la teología del Antiguo Testamento es el libro de los Salmos. En *Un Prisma de Canción*, el Dr. Wallace sugiere el mismo comienzo para un estudio del Antiguo Testamento: "El libro de los Salmos camina junto a Israel en ese viaje" (p. 256). Te invito a ser parte de ese viaje y espero que encuentres alegría en el camino.

Introducción

> *Cada uno de estos libros es como un jardín que da cierta clase de fruta; por el contrario, el Salterio es un jardín que, además de su fruta única, también da algunas de aquellas de todos los demás.*
> —Carta de Atanasio a Marcelino

Un Prisma De Canción

En 1704, Isaac Newton publicó *Opticks: O, un tratado sobre las reflexiones, refracciones, inflexiones y colores*. La obra es una de las más significativas en la historia de la ciencia. Entre otros descubrimientos, los experimentos de Newton revelaron que lo que los seres humanos ven como un solo rayo de luz es algo mucho más complejo. Al pasar por un prisma, la luz blanca revela sus componentes básicos, y los colores individuales del arcoíris, desde el rojo hasta el violeta, son visibles. Algo que parecía simple era en realidad mucho más complejo. Sus experimentos proporcionaron el punto de partida para entender las maravillosas complejidades del espectro electromagnético.

Los experimentos de Newton también pueden servir como una parábola útil al examinar el texto bíblico. Si bien es fácil pensar en la Biblia como un solo libro, la Biblia es una biblioteca que contiene libros que fueron compuestos por varios autores a lo largo de cientos de años. Al igual que la luz, la Biblia puede tener una apariencia de unidad que oculta notables complejidades bajo la superficie. Los Salmos pueden servir como un "prisma" literario (y musical) útil que puede revelar los componentes básicos del texto. Los Salmos pueden ser un punto de partida para entender las maravillosas complejidades de la biblioteca tan diversa que es el Antiguo Testamento.

¿Por qué el libro de los Salmos?

La iglesia primitiva se dio cuenta que los Salmos aportan algo diferente a la historia bíblica. El libro tiene su propio material, pero también contiene una muestra de los temas que se encuentran en el resto de la Biblia Hebrea. Creación, pacto, patriarcas, éxodo, corrección profética, monarquía, exilio: el lector puede encontrar todos estos temas representados en la instantánea litúrgica de 150 piezas, llamada "Salmos". Cuando se publica una nueva traducción de la Biblia, los editores de la Biblia a menudo, ya sea consciente o inconscientemente, refuerzan este punto. Las Biblias se publican primero como un "Nuevo Testamento y Salmos", como si los lectores tuvieran los Salmos, tuvieran una representación bastante buena del Antiguo Testamento.

En los últimos años, la investigación educativa ha sugerido que los estudiantes aprenden mejor cuando la teoría está contextualizada y basada en el descubrimiento.[1] En lugar de aprender conceptos abstractos en un vacío, el material que está contextualizado conduce a una mejor comprensión y retención. Llevar esta teoría educativa al estudio de la Biblia significa que se necesita un contexto en el que hablar sobre el Antiguo Testamento.

En verdad, cualquier contexto podría funcionar para esta encuesta. De hecho, la "historia de la recepción" se ha convertido en un campo de estudios bíblicos cada vez más popular. Con la historia de la recepción, los académicos unen las disciplinas de la historia de la iglesia y los estudios bíblicos para observar cómo se ha leído un texto a lo largo de su historia. Los académicos discuten, por ejemplo, el uso de los Salmos por parte de Atanasio o las lecturas de la Torá por parte de los reformadores de la iglesia. Contextualizar el Antiguo Testamento ayuda a entender tanto el período histórico como los textos antiguos. Este texto proporcionará un panorama del Antiguo Testamento utilizando el libro de Salmos como contexto para ese panorama. ¿Qué mejor lugar para comenzar este panorama del Antiguo Testamento, que con un texto que es en sí mismo un mini panorama del Antiguo Testamento? Los Salmos como punto de partida para un resumen del Antiguo Testamento ofrecen beneficios únicos.

Es un lugar integral

Como señaló el padre de la iglesia primitiva Atanasio, el libro de Salmos (o "Salterio") alberga "algo del fruto de cada árbol en el resto del jardín".[2] Se puede hablar de cada tema significativo en la Biblia Hebrea a través del

---

1. D.E. Rose "El aprendizaje basado en el contexto," N.M Seel, ed., *Enciclopedia de las ciencias de aprendizaje* (Boston: Springer, 2012).

2. *Athanasius: La vida de Antony y la carta a Marcellinus*, trad. Robert C. Gregg (New York: Paulist Press 1980), 102.

lente de los Salmos. Incluso su forma y configuración brindan una oportunidad para hablar del canon y la canonización.

Mientras que los Salmos no incluyen material explícitamente del resto del Antiguo Testamento, si incluye una muestra de los temas que se tratan en este. Por ejemplo, aunque el nombre de Job no aparece explícitamente en los salmos, el sufrimiento de los justos es un tema común a lo largo del texto. Ocasionalmente, los salmos pueden ser canciones que representan una comprensión y apropiación de historias a las cuales no hacen referencia específica. El Salmo 29 dice que Dios "tiene su trono sobre el diluvio" (v. 10), utilizando la misma palabra para "diluvio" que aparece en Génesis 9. Incluso el silencio de los salmos sobre ciertos temas proporciona oportunidades interesantes para la conversación.

Es un lugar familiar

Los salmos son parte del lenguaje de la iglesia. Partes de los Salmos han llegado a ser incorporados en música de adoración, sermones, oraciones y bendiciones, así como en las paredes de la iglesia, bolígrafos, llaveros, imágenes inspiradoras, pisapapeles, platos, cubiertas de chequera, etc. Más allá de la iglesia, los salmos han logrado ser parte de la cultura popular. El Salmo 23 ha sido recitado en películas como *Titanic* y *Rescatando al Soldado Ryan*, así como en programas de televisión como *La Dimensión Desconocida*. Incluso ha sido mencionado por artistas de hip-hop como Coolio, Jay-Z y Tupac. ¡Ay del pastor que no lea el Salmo 23 junto a la tumba del recientemente fallecido! La familia en duelo nunca perdonará ese pecado tan grave, incluso si su ser querido no era particularmente religioso.

Si uno necesita contextualizar el Antiguo Testamento con un punto de entrada familiar, el omnipresente libro de los Salmos es una opción natural.

Es un lugar temprano

Los eruditos no tienen fechas precisas para la composición final de los textos del Antiguo Testamento. Al igual que la mayor parte del Antiguo Testamento, la colección de Salmos probablemente se juntó a lo largo de un período extenso. Sin embargo, los salmos representan el primer encuentro de Israel con sus tradiciones que poseen los eruditos contemporáneos. Los cantores en los salmos eran conscientes de sus historias. Su forma de cantarlas provee un vistazo de cómo eran entendidas. Dado que estas canciones se usaban originalmente en la adoración, los salmos representan un encuentro temprano e intencionalmente teológico con los textos.

Es difícil saber cuán amplio habría sido el acceso a estos textos bíblicos. Si los niveles de alfabetización en el Israel de la antigüedad eran relativamente bajos y la adoración pública era el medio principal por el cual la gente común se encontraba con la teología, entonces la "lectura" de las tradiciones de Israel en los salmos representaría las creencias teológicas de muchos, si no es que de la mayoría, de los adoradores en el antiguo Israel. Cuando pensaban en temas como la creación, la realeza y la Torá, estaban moldeados por este primer encuentro musical con la tradición.

Es un lugar litúrgico

El erudito bíblico G. W. Anderson escribió un artículo en 1963 titulado "El Credo de Israel: Cantado, No Firmado". En este texto, Anderson afirma que el Antiguo Testamento es un "documento confesional".[3] Al componer el Antiguo Testamento, Israel no intentaba escribir una teología sistemática. Estos textos surgieron de la formación de las ideas y prácticas teológicas de una comunidad en la adoración. Los salmos no son simplemente lo que Israel creía sobre la creación o el éxodo, sino cómo Israel creía que esos temas debían ser cantados en la adoración. Si bien no se sabe mucho acerca de la vida diaria de la gente común de la antigua Israel, no es irrazonable creer que la experiencia de adoración era la forma principal en que la persona común experimentaba las tradiciones del amplio texto bíblico.

Anderson observó que Israel siempre fue mejor glorificando a Dios que reflexionando en la teológica. Quizás esto se deba en parte al poder de la música. Es raro encontrar a alguien que no haya sido inspirado por la música. La música evoca pasión. La música tiene el poder de asistir a la memoria: los niños comienzan a aprender a leer cantando el abecedario. La música proporciona conexión comunitaria y, al mismo tiempo, es intensamente personal.

Todos los textos tienen agendas y ocasiones. Cuando parte de esa agenda es la música y la adoración, las historias se profundizan y adquieren un color que de otro modo podrían carecer.

Es un lugar canónico

Los lectores contemporáneos del Antiguo Testamento tienen una rica historia de dos milenios que podría proporcionar puntos de entrada fascinantes para contextualizar el Antiguo Testamento. El uso de la ley por parte

---

3. G.W. Anderson, "El credo de Israel: cantado no firmado," *Revista de Teología Escoses* 16/3 (1963): 277-85,

del reformador de la iglesia Martín Lutero podría ofrecer una interesante puerta de entrada a una discusión sobre la Torá. El uso de los Salmos en la Regla monástica de San Benedicto podría ser igualmente convincente. Podríamos utilizar las representaciones artísticas de historias bíblicas del Renacimiento italiano (o de cualquier otro país o periodo) para proporcionar un punto de entrada para discutir los textos por sí solos.

Un "canon" es simplemente una lista de libros que una comunidad ha establecido como útiles para la fe y la práctica. La comunidad afirma que algo único sucede dentro de dichos textos – se puede escuchar la voz de Dios. En el caso del canon Cristiano, la comunidad de fe reconoció y afirmó que desde Génesis hasta Apocalipsis tenían autoridad para la comunidad cristiana. Utilizar los Salmos como un punto de partida canónico—una puerta de entrada—hacia el resto del Antiguo Testamento proporciona un lugar especial, y quizás incluso sagrado, para comenzar.

Es un lugar hermoso

Cuando la NASA estaba tratando de determinar el sitio de aterrizaje para el Apolo 15, el comandante de la misión, Dave Scott, recibió la instrucción de decidir entre dos sitios. Uno de los sitios era más seguro, pero tenía menos interés científico. El otro sitio era una zona montañosa y rocosa. Sería un lugar de aterrizaje más peligroso, pero el área ofrecía mayor promesa científica. Scott optó por el sitio peligroso con la esperanza de confirmar algunas teorías sobre el origen lunar, pero añadió que el sitio montañoso ofrecía un beneficio adicional. Tenía "grandeza," y él creía que la exploración de lugares hermosos es algo que le hace bien al espíritu humano.

Los salmos ofrecen un importante encuentro teológico con las tradiciones de Israel, pero también representan un encuentro *artístico* intencional con esas tradiciones. Tienen grandeza, y es bueno para el espíritu humano explorar textos hermosos.

¿Qué son los Salmos?

Israel sabía cómo entrar en la presencia del Señor y sabía cómo comportarse al llegar ahí.
—W. H. Bellinger

El libro de los Salmos es el himnario del antiguo Israel. Los salmos son palabras que la comunidad dirigía a Dios en adoración. Mientras que gran parte de la Biblia representa "Así dice Yahvé a Israel", los salmos representan "Así dice Israel a Yahvé". Así que, mientras el resto de la Biblia contiene palabras *de* Dios, los salmos son palabras dirigidas *a* Dios que—si uno cree en la dirección divina a través del proceso canónico—ahora han regresado como palabras *de* Dios. En otras palabras, pasando el proceso para que estas canciones sean entendidas como "Sagrada Escritura", las palabras que Israel habló a Dios se convirtieron en palabras que Dios, mediante la acción humana, instruyó a Israel a preservar.

Los 150 cantos preservados no representan todos los cantos que Israel compuso en el milenio anterior a Jesús. Otros salmos han sido incluidos en los textos narrativos del Antiguo Testamento, como el Cántico de Débora en Jueces 5 o el Cántico de Ana en 1 Samuel 2. Algunos se han perdido en la historia. Sin embargo, los editores del texto bíblico preservaron y priorizaron estos 150 cantos como un solo y especial libro llamado "Salmos". Antes de usar los salmos como una puerta de entrada al resto del Antiguo Testamento, sería útil responder dos preguntas: "¿Qué son los salmos?" y "¿Por qué estas 150 canciones?".

¿Qué son los Salmos?

La organización judía de la Biblia hebrea se divide en tres secciones: Torá (Ley), Nevi'ím (Profetas) y Ketuvim (Escritos). La última de estas tres secciones en ser reconocida como Sagrada Escritura fueron los Escritos, que solo alcanzaron un estatus "oficial" al final del primer siglo de la era común. Dentro de esta colección de libros, los Salmos parecen haber sido los primeros en alcanzar un estatus canónico. En el Evangelio de Lucas, tradicionalmente fechado a mediados del primer siglo, se destacan los Salmos como únicos y se les menciona en una lista junto con la Torá y los Profetas: "[Jesús] les dijo: 'Esto es lo que les decía cuando aún estaba con ustedes: que era necesario que se cumpliera todo lo que está escrito acerca de mí en la ley de Moisés, en los profetas y en los salmos'" (Lucas 24:44).[1]

Es posible que, en el momento en que se escribió el Evangelio de Lucas, solo los Salmos hubieran alcanzado el estatus de Sagrada Escritura. Cuando el concilio judío de Jamnia sancionó el canon de la Biblia hebrea en el año 90 d.C., se debatió el valor de varios libros de los Escritos (por ejemplo, Eclesiastés, Cantar de los Cantares y Ester), pero el libro de los Salmos no fue uno de ellos.[2] Una vez redactado el Evangelio de Lucas (probablemente antes de Jamnia), los Salmos ya eran considerados como especiales.

La Forma y Estructura de los Salmos

Los 150 salmos tuvieron un recorrido interesante hasta llegar a la lista que los lectores encuentran en la Biblia actualmente. De hecho, aunque se le llama "el libro de los Salmos", el texto está dividido en cinco libros más pequeños. Se desconoce el origen de esta división en cinco libros, pero estas secciones pueden ofrecer una pista respecto a la organización del libro. Estos libros individuales dentro del Salterio podrían representar colecciones de cánticos que fueron recolectados con el tiempo (ver página 9). Históricamente, el libro de los Salmos se ha leído como una antología. En otras palabras, el libro completo se consideraba una colección de cánticos reunidos de manera aleatoria a lo largo del tiempo. Las interpretaciones de los salmos partían de la idea de que se podía escoger un salmo al azar para leer, de manera similar a como se podría elegir un himno al azar para cantar en un himnario contemporáneo.

El *Leccionario Común Revisado* (1994), aunque presenta lecturas consecutivas de otros libros de la Biblia, selecciona los salmos aparentemente al azar, con una conexión temática ocasional con las demás lecturas del domingo. La Regla de San Benito (siglo VI d.C.) exige a sus lectores leer todo el Salterio en una semana; sin embargo, los salmos se presentan en un orden mezclado. La Regla de Benito incluso reconoce que el orden que

---

1. Estoy utilizando mi propia traducción de pasajes bíblicos en este libro. Para más información, consulte la sección "Mi filosofía de traducción" en el capítulo 1.

2. Albert C. Sundberg Jr., Thomas J. Sienkewicz y James E. Betts, eds., "El Antiguo Testamento de la Iglesia Primitiva Revisitado", *Festschrift en honor a Charles Speel* (Monmouth, IL: Monmouth College, 1997).

prescribe no debe ser restrictivo, y si alguien no está conforme, puede organizar los salmos en el orden que mejor le parezca, siempre y cuando todos los 150 salmos sean leídos en una semana.[3] Aunque los salmos mismos han sido importantes a lo largo de la historia de la Iglesia, leerlos en su orden canónico no lo ha sido.

> ### Cinco "Libros" y Otras Colecciones en el Libro de los Salmos
>
> Los cinco libros de los Salmos están divididos de la siguiente manera:
>
> | | |
> |---|---|
> | Libro I | Salmos 1–41 |
> | Libro II | Salmos 42–72 |
> | Libro III | Salmos 73–89 |
> | Libro IV | Salmos 90–106 |
> | Libro V | Salmos 107–150 |
>
> Aunque la división en cinco libros es el principio organizativo principal de los Salmos, también existen otras colecciones dentro del Salterio. Los Salmos 42 al 84 se han denominado el Salterio Elohista debido a su preferencia por el nombre "Elohim" para referirse a Dios, en lugar de "Yahvé" (Yahweh). Dentro y alrededor del Salterio Elohista se encuentran los salmos de Asaf (Salmos 50, 73–83) y la colección de los hijos de Coré (Salmos 42–49, 84–89). Los "Cánticos de Ascenso" (Songs of Ascent) están en el Libro V (Salmos 120–134). Los Salmos de entronización (Enthronement Psalms) son los Salmos 93–99, y la colección de Aleluya (Hallelujah collection) corresponde a los Salmos 111–118. Los salmos también concluyen con una doxología de Aleluya (Salmos 146–150).

Los planes de lectura como estos refuerzan la creencia histórica de que el orden de los salmos es arbitrario y que, aunque los Libros I al V pueden contener colecciones de diferentes momentos en la historia de Israel, el libro en su conjunto fue ensamblado a lo largo del tiempo con poca (o ninguna) consideración a asuntos temáticos o léxicos. De hecho, algunos salmos se encuentran duplicados en diferentes libros (Sal 14 y Sal 53, Sal 40:13-17 y Sal 70, y Sal 60:5-12 y Sal 108), lo que refuerza la impresión de una compilación aleatoria a través del tiempo. La interpretación de los Salmos como una antología reunida al azar ha sido el enfoque interpretativo dominante durante años, pero interpretaciones recientes han demostrado de manera

---

3. *Regla de San Benito*, cap. 18.

convincente que los salmos tienen una historia editorial compleja, revelada en el propio texto.

Más recientemente, los estudiosos han comenzado a interpretar los Salmos como un solo libro complejo. Varias secciones del Salterio demuestran un claro propósito editorial. Algunos investigadores han evidenciado una organización intencional en el orden de los salmos por parte de la comunidad posterior.[4] Otros han mostrado cómo los salmos al inicio de cada libro individual dan forma a lo que sigue.[5] Otros más leen todo el libro de los Salmos, desde el Salmo 1 hasta el Salmo 150, como un microcosmo del camino de la fe.[6] En cada uno de estos enfoques, y en muchos otros, los salmos no son simplemente parte de una antología suelta compilada a lo largo del tiempo. El libro de los Salmos se convierte literalmente en un "libro" con un propósito editorial e incluso narrativo.

La Ocasión de la Biblia

El texto bíblico no surgió en un vacío, sino que fue escrito para responder a la cultura que lo rodeaba. A menudo, la composición de los textos era motivada por una circunstancia específica. Ningún individuo en el mundo antiguo se sentaba en la cafetería local de Jerusalén pensando: "Creo que voy a escribir un relato de la creación". Las historias se componían para responder a una necesidad dentro de la comunidad. Es mucho más probable que alguien pensara: "Otras personas dicen esto sobre la creación, ¡pero Yahvé es el rey! La creación sucedió así: 'En el principio...'". Las necesidades que los autores percibían en la cultura que los rodeaba influían en la forma en que se contaban las historias. Esto es evidente al observar las cartas de Pablo en el Nuevo Testamento, donde problemas específicos que enfrentaba el cristianismo primitivo motivaron que fueran escritas a las iglesias particulares. Por ejemplo, 1 Corintios 7:1 hace explícita la ocasión del texto con las palabras: "Ahora, con respecto a las cosas de que me escribisteis...".

Mientras que la naturaleza ocasional de las cartas es fácil de ver, es más difícil recordar que el resto de la Biblia también fue compuesto para abordar las preocupaciones que enfrentaban los autores antiguos. La

---

4. Gerald Wilson, *La edición del Salterio Hebreo*, Serie de Disertaciones de la SBL, n.º 76 (Chico, CA: Scholars Press, 1985).

5. Nancy deClaisse-Walford, *Leyendo desde el principio* (Macon: Mercer University Press, 1997).

6. Walter Brueggemann, "Limitados por la obediencia y la alabanza: Los Salmos como canon," en *Los Salmos y la vida de fe* (Minneapolis: Fortress, 1995).

sensibilidad hacia la ocasión histórica y cultural de un texto puede ser tan importante como la sensibilidad hacia su contexto literario. Así como es fácil recordar que el lenguaje de este texto antiguo debe ser traducido, también es fácil olvidar que la cultura del texto necesita ser traducida. De la misma manera en que conocer las características de la ciudad de Corinto en el siglo I puede ayudar al lector a comprender mejor lo que Pablo quiso decir cuando les escribió en 1 Corintios, conocer las características de las historias del diluvio que contaban las culturas que rodeaban a Israel puede ayudar al lector a comprender mejor lo que Génesis 6–9 intenta comunicar. En última instancia, comprender lo que un autor antiguo intentaba decir a su audiencia original ayudará a un lector fiel y contemporáneo a escuchar mejor lo que Dios le está diciendo.

Al afirmar que estos libros son Sagrada Escritura, una persona de fe está declarando que la influencia de la Biblia no concluye con esa ocasión original. Un texto escritural habla a diferentes contextos históricos dentro de una comunidad de fe. La sensibilidad hacia el contexto histórico original de un pasaje bíblico—en la medida en que se pueda conocer—puede aportar profundidad a la interpretación de ese texto en nuevos contextos históricos.

La naturaleza ocasional del texto implica que los autores asumen que sus lectores entenderán el lenguaje y las asociaciones que, lamentablemente, un lector contemporáneo podría pasar por alto. Esto es análogo a la manera en que alguien cuenta "chistes locales" o hace referencias sabiendo que otros amigos o miembros de la familia comprenderán el significado. Uno de los beneficios de estudiar el mundo antiguo que rodea al texto bíblico es que permite al lector contemporáneo "escuchar" mejor lo que el texto intenta decir. Un escritor contemporáneo estadounidense podría referirse a "Gettysburg", "Normandía", "Selma" o "el 11 de Septiembre" sin relatar las historias asociadas a esos términos. La mayoría de los lectores estadounidenses captarían la profundidad de significado asociada a ellos. De manera similar, los autores del texto bíblico podían estar seguros de que su audiencia sabría ciertas cosas y haría ciertas asociaciones. "Babilonia", "Egipto", "Ur de los caldeos" y "Nínive" eran lugares cargados de significados sociales y políticos importantes que a menudo se pierden para el lector contemporáneo.

> *Fechas Importantes en la Cronología de Israel*
>
> Dado que este libro se mueve fluidamente entre los salmos y el resto de la Biblia Hebrea, puede ser útil señalar algunas fechas importantes en la cronología de Israel.
>
> Siglos XX–XVII a. C.: Época de los Antepasados
> Siglos XVII–XIII a. C.: Época de la Opresión Egipcia
> Siglo XIII a. C.: El Éxodo de Egipto
> Siglos XIII–XI a. C.: Período de Asentamiento y Época de los Jueces
> 1000–931 a. C.: Monarquía Unida
> 931–722 a. C.: Monarquía Dividida
>   Reino del Norte de Israel (Capital: Samaria)
>   Reino del Sur de Judá (Capital: Jerusalén)
> 722–586 a. C.: Últimos Años del Reino del Sur de Judá
> 597 a. C.: Comienzo del Exilio/Primera Deportación a Babilonia
> 586 a. C.: Destrucción de Jerusalén y del Templo
> Década de 530 a. C.: Derrota persa de Babilonia/Fin del Exilio Babilónico
> Siglo V a. C.: Esdras y Nehemías Reconstruyen Jerusalén/Comienzo del Período del Segundo Templo

La Ocasión de los Salmos

Como ya se ha mencionado, el libro de los Salmos tiene una historia editorial larga y complicada. Una posible explicación para los cinco libros del Salterio es que estos libros representan etapas de composición. Cada libro de los Salmos podría reflejar, de alguna manera, cómo era el libro de adoración de Israel en algún momento de su historia. Esta explicación parece probable. El Salmo 72 puede aportar evidencia de una historia editorial escalonada. Al final del Libro II, el Salmo 72 es uno de los dos salmos atribuidos a Salomón, pero su último versículo dice: "Terminan aquí las oraciones de David, hijo de Isaí" (v. 20).

Es cierto que la mayoría de los setenta y tres "salmos de David" se encuentran en los dos primeros libros de los Salmos. Sin embargo, a pesar de la afirmación de Sal 72:20, las oraciones de David no terminan del todo con el Salmo 72. David aparece en la inscripción inicial de un salmo en el Libro III, dos salmos en el Libro IV y catorce salmos en el Libro V. Parece que el último versículo del Libro II representa un comentario editorial de lo que en su momento fue el final del libro de los Salmos. Posteriormente, se añadió el Libro III, seguido por los Libros IV y V.

Si bien no es posible saberlo con certeza, los temas que se encuentran en los libros individuales dan alguna indicación sobre sus ocasiones:
- Los Libros I y II enfatizan la monarquía Davídica
- El Libro III reflexiona sobre el exilio Babilónico
- El Libro IV busca respuestas tras el exilio
- El Libro V se consolida en el período del segundo templo

Esto no significa que los salmos individuales necesariamente hayan sido compuestos durante la ocasión sugerida para el libro en el que aparecen, sino más bien que el libro en sí fue editado, posiblemente con salmos nuevos y antiguos, para responder a las necesidades del pueblo en ese momento. Por ejemplo, es posible que el Salmo 110, un salmo que celebra la realeza Davídica, fuera un salmo antiguo preservado durante años por la comunidad. Alcanzó estatus canónico en el período del segundo templo, cuando el pueblo comenzó a esperar la llegada de un mesías que liberara a Israel.

La Poesía de los Salmos

A diferencia de las naciones que la rodeaban, Israel no utilizaba la poesía para contar sus historias. La poesía se empleaba en casi todos los demás géneros de escritura. Algunos salmos utilizan la poesía para relatar la historia de Israel de una manera que se asemeja a las historias épicas de las naciones vecinas (por ejemplo, Sal 78, 105, 106), pero en general, Israel prefería la prosa para narrar sus relatos.

Los salmos constituyen un género único dentro del texto bíblico, ya que representan no solo poesía, sino también composiciones musicales. Lamentablemente, la música de estos textos y muchas de las definiciones de los términos musicales se han perdido con el tiempo. Lo que permanece es una poesía compleja y hermosa, y comprender las características de esa poesía resulta útil al leer el texto. Esto tiene una aplicación más allá de solo los salmos. La poesía se utilizaba para el discurso profético. De hecho, la mayoría de los oráculos de los "profetas escritores" se conservan en forma poética. La poesía también se empleaba con fines didácticos, como en Proverbios y Job.

Paralelismo

La característica más común de la poesía hebrea es el paralelismo. El hebreo es una lengua flexiva, y las terminaciones de las palabras suelen tener la misma forma; por lo tanto, la rima no es difícil. Como resultado, la poesía hebrea se centra más en la estructura del texto. Una característica estructural común en un texto poético es la relación entre los versos. Algunos han dicho que, en lugar de rimar el sonido de las palabras, la poesía hebrea "rima el significado".

A menudo, el segundo verso de una estrofa parafrasea el primero. Esto se conoce como paralelismo sinonímico. Un ejemplo se encuentra en el Salmo 1: "Por eso los malvados no se sostendrán en el juicio, ni los pecadores en la congregación de los justos" (v. 5). Ocasionalmente, los salmos emplean ideas opuestas en el mismo verso; esto se llama paralelismo antitético. Este recurso es particularmente útil al hablar de los justos y los malvados, como en el último verso del Salmo 1: "Porque Yahveh conoce el camino de los justos, pero el camino de los malvados lleva a la perdición" (v. 6).

Otra forma importante de paralelismo es el "paralelismo sintético" o "paralelismo escalonado." En este caso, el segundo verso no parafrasea directamente el primero, sino que desarrolla aún más la idea inicial. En ocasiones, ninguno de los versos expresa un pensamiento completo. Por ejemplo, véase el Salmo 42:1: "Como el ciervo anhela las corrientes de agua, así te anhela mi alma, Dios." O el Salmo 29:1: "Tributad a Yahveh, hijos de Dios, tributad a Yahveh gloria y poder."

Los autores Hebreos demostraban su creatividad utilizando diferentes tipos de paralelismo en secuencia. En el Salmo 68:6, el autor utiliza hábilmente dos estilos distintos de paralelismo en un solo verso:

> Dios da un hogar al que vive solo.
> Dios libera a los cautivos con prosperidad.
> Pero los rebeldes habitan en tierra árida.

Las dos primeras líneas afirman la provisión de Dios para los olvidados en un paralelismo sinonímico. Las dos últimas líneas contrastan el favor de Dios sobre los cautivos y el juicio sobre los rebeldes en un paralelismo antitético. Estas tres líneas contienen tanto un paralelismo sinonímico como uno antitético, que giran en torno a la segunda línea.

Acróstico

Una de las características más impresionantes de la poesía hebrea es el acróstico. En un poema acróstico, cada verso, o grupos de versos, en un salmo comienza con letras sucesivas del alfabeto hebreo. Nueve salmos siguen un patrón acróstico.[7] El Salmo 119 es quizás el más famoso e impresionante. Este salmo tiene veintidós estrofas de ocho versos cada una, lo que lo convierte en el capítulo más largo de la Biblia con 176 versículos. Cada estrofa tiene ocho versos que comienzan con la misma letra hebrea, y cada estrofa sigue las letras sucesivas del alfabeto hebreo. Los primeros cuatro capítulos de Lamentaciones también son poemas acrósticos.

Los acrósticos probablemente facilitaban la memorización y demostraban la habilidad compositiva del autor. Además, los acrósticos ofrecen una metáfora de "integridad" o totalidad. Alguien que habla inglés podría decir "from A to Z", o "de la A a la Z" en español, para captar la misma idea.

¿Por qué estas 150 canciones?
Canon y Comunidad

"¿Por qué estas 150 canciones?" es una pregunta sobre el "canon." La palabra canon se ha utilizado varias veces hasta este punto. Para entenderla mejor, considera un momento de la historia reciente. El 25 de abril de 2014, el sitio web oficial de Star Wars hizo oficial una política sobre la que los fanáticos habían estado especulando durante meses: las historias del "Universo Expandido de Star Wars" ya no formaban parte oficialmente de la historia de Star Wars. Disney compró los derechos de las propiedades de Star Wars, planeando lanzar nuevas películas y series, y quería dar a sus escritores y directores la mayor libertad creativa posible. Decidieron que sería demasiado difícil integrar las nuevas historias en las tramas establecidas por los libros existentes. El anuncio lo hizo oficial. Las historias que los fanáticos más apasionados de Star Wars habían disfrutado durante años ya no eran "canon." Muchos fanáticos se enfurecieron. Tras el anuncio de Disney, algunos especularon que Disney había estado metido una guerra secreta contra las historias del "Universo Expandido de Star Wars." Algunos de ellos respondieron diciendo que era solo una estrategia comercial de Disney y negaron el estatus canónico a cualquier historia de Star Wars de Disney ambientada después de *El regreso del Jedi*.

Pero, ¿qué diferencia podía hacer realmente esta decisión? ¿Por qué les importaba a los fanáticos? ¿Por qué escribirían numerosos correos electrónicos y blogs protestando esta decisión? Los libros del Universo Expandido de Star Wars seguían existiendo y continuaban vendiéndose en librerías de todo el mundo. Disney no iba a confiscar las bibliotecas de los

---

7. Sal. 9, 10, 25, 34, 35, 111, 112, 119 y 145.

fanáticos. Los fanáticos seguían siendo dueños de los libros. Cualquiera podía leer estas historias cuando quisiera. ¿Por qué tanto alboroto? En pocas palabras, las historias que los fanáticos amaban ahora habían sido degradadas. Estos libros ya no eran "oficiales." Sus historias serían olvidadas en el legado de la franquicia de Star Wars, relegadas al papel de "universo alterno" o "apócrifos." ¡Si una franquicia de entretenimiento puede causar este tipo de controversia al declarar una lista oficial de textos ficticios, uno puede imaginar lo que está en juego cuando se trata de religión!

Comunidades y Canonización

En su sentido más básico, que un texto sea considerado "canónico" significa que es "oficial." Diferentes grupos religiosos tienen distintos cánones. Para el Islam, es el Corán. Para el Judaísmo, el canon está compuesto por los treinta y nueve libros que los cristianos denominan el "Antiguo Testamento". Para los Cristianos Protestantes, el canon incluye los treinta y nueve libros del Antiguo Testamento y los veintisiete libros del Nuevo Testamento. Para los Cristianos Católicos, el canon incluye los sesenta y seis libros de las Biblias Protestantes y textos Judíos adicionales escritos inmediatamente antes del Nuevo Testamento. Estos libros adicionales son conocidos como textos "deuterocanónicos" en la tradición Católica y como "Apócrifos" para los grupos que no los consideran canónicos.

A diferencia del canon de Star Wars, la Biblia no tuvo un organismo unificado y sancionador que hiciera declaraciones incuestionables y autoritarias sobre los textos "oficiales." Aunque algunos concilios Judíos y Cristianos sí realizaron pronunciamientos acerca de ciertos textos, esos concilios se reunieron cientos de años después de que los textos fueran compuestos y, probablemente, sus decisiones reforzaron las decisiones que las comunidades religiosas ya habían tomado a través de su práctica. Parte del reto es que los textos Judíos y Cristianos no provienen de un solo lugar ni de un solo momento en el tiempo. Se reunieron a lo largo de un extenso periodo y de una gran variedad de ubicaciones geográficas.

Algunos grupos religiosos cuentan historias dramáticas sobre el origen de sus textos sagrados. Para esos grupos, un texto se reunió de manera espectacular en un momento sagrado. Sin embargo, los cánones Cristiano y Judío tienen historias de origen mucho más sencillas. Los textos bíblicos se formaron a lo largo de siglos, de maneras poco notables. Gran parte del Nuevo Testamento tiene la forma que conocemos porque ciertas iglesias decidieron conservar la correspondencia que recibieron del Apóstol Pablo.

Diferentes iglesias guardaron, compartieron y copiaron las cartas de Pablo, y después de varias generaciones, las personas comenzaron a declarar formalmente que no eran cartas comunes, sino "escrituras". Para una persona de fe, Dios actuaba no solo en los autores que escribieron los textos, sino también en las comunidades que los recibieron. La comunidad desempeñó un papel al reconocer que Dios estaba haciendo algo extraordinario dentro de estos escritos aparentemente ordinarios. Así, comenzaron a compartirlos y preservarlos de generación en generación.

La Forma de los Salmos

Como se observa en el texto de Lucas 24, los Salmos eran consideradas sagradas escrituras. Pero, ¿cuántos salmos había? ¿En qué orden? La Septuaginta (LXX), que es la traducción griega de las Escrituras Hebreas, enumera los 150 salmos que se encuentran en el texto Hebreo tradicional. Aunque la LXX presenta los 150 salmos en el mismo orden, los salmos están divididos de manera diferente.

Numeración Hebrea	Numeración Griega
1–8	1–8
9–10	9
11–113	10–112
114–115	113
116:1-9	114
116:10-19	115
117–146	116–145
147:1-11	146
147:12-20	147
148–150	148–150
	151

Aunque existe un mito sobre la traducción de la LXX,[8] la fecha de finalización del texto se ha perdido en la historia. Si bien es probable que el Pentateuco se haya completado en el siglo III a. e. c. , otras partes de la Biblia Hebrea se tradujeron al griego en el siglo siguiente o poco después. Desafortunadamente, es difícil ser más precisos al respecto.

---

8. La historia cuenta que setenta (¿setenta y dos?) eruditos tradujeron el texto durante el reinado de Ptolomeo II Filadelfo en el siglo III a. C. Esta historia da lugar a la abreviatura "LXX" del texto, utilizando los números romanos para "setenta."

Para añadir a la confusión, el "Gran Rollo de los Salmos" fue descubierto entre los Rollos del Mar Muerto en 1956.[9] El rollo data de principios del siglo I e. c. , y aunque mantiene el orden canónico para las selecciones de los Salmos de Ascenso (Salmos 121–132), el rollo reorganiza varios salmos conocidos del salterio Hebreo tradicional de los Libros IV y V. El rollo también contiene varios salmos previamente desconocidos o no incluidos en el libro de los Salmos (incluyendo un "Salmo 151" en dos partes, más desarrollado).

Jesús reconoció los Salmos como Sagrada Escritura en Lucas 24; sin embargo, se debe considerar lo siguiente:

1. Los testimonios similares del texto Hebreo tradicional y la LXX (Septuaginta) podrían significar que la comunidad que produjo el Gran Rollo de los Salmos era una excepción con ideas propias y únicas sobre el canon; o

2. Las diferencias en los tres textos podrían representar distintas "familias textuales" que existían en el primer siglo, y la cuestión de "cual es la escritura establecida" podría no haber sido respondida por la gente sino hasta mucho después.

La respuesta a la pregunta "¿Cuál es el texto oficial?" podría preocupar más a los lectores contemporáneos que a los antiguos. Los Rollos del Mar Muerto también contenían copias tanto en hebreo como en griego del libro de Jeremías, y la copia griega de Jeremías es más de un 12 por ciento más corta.[10] Ambas parecían haber sido usadas y conservadas juntas, lo que implica aceptación.

La Formación Comunitaria y los Salmos Individuales

En realidad, el papel de la comunidad no se limitó a la preservación y transmisión del texto; también participaron en su composición. Para muchas personas, este tipo de participación comunitaria resulta inquietante y contrasta con la manera en que imaginan que se componen los textos en la actualidad. Se suele visualizar a un autor sentado en una cafetería, con una historia ardiendo en su mente, mientras escribe frenéticamente en una

---

9. Gerald H. Wilson, "El 'Rollo de los Salmos' de Qumrán (11QPsa) y el Salterio canónico: Comparación de la conformación editorial," *CBQ* 59/3 (1997): 448–64.

10. Joseph Blenkinsopp, *Una historia de la profecía en Israel* (Westminster John Knox Press, 1996), 130.

computadora portátil. Es fácil creer que un editor simplemente hizo correcciones, revisó la gramática y publicó el texto. Sin embargo, en la práctica, un solo autor puede enviar un texto a una editorial, pero esa editorial suele involucrar a editores, asistentes editoriales, correctores de estilo y departamentos de mercadotecnia y producción. Para cuando un libro es publicado, entre diez y cincuenta personas pueden haber hecho una contribución sustancial a su composición.

En el mundo antiguo, los textos también eran moldeados por las comunidades, aunque a menudo de manera menos oficial y durante períodos mucho más largos. Las comunidades primero preservaban los textos de forma oral. El periodo oral podía ser relativamente corto. En el caso del Nuevo Testamento, menos de una generación separa la vida de Jesús y la redacción de los Evangelios. Este periodo oral también podía extenderse durante un tiempo considerablemente mayor. Por ejemplo, los eventos del

La Septuaginta (LXX)

Aunque la Septuaginta fue una traducción de la Biblia Hebrea Judía, sigue siendo la traducción bíblica más importante en la historia del Cristianismo. Cuando los primeros misioneros Cristianos comenzaron a difundir la fe Cristiana, todos en su entorno hablaban Griego, gracias a las conquistas de Alejandro Magno en el siglo IV a. e. c. y a la expansión de la cultura Griega. La Septuaginta se convirtió en *la* Biblia para los primeros Cristianos. De hecho, la mayoría, si no es que todas, las citas del Antiguo Testamento en el Nuevo Testamento provienen directamente de la LXX.[†]

La Septuaginta contiene los treinta y nueve textos que los Protestantes normalmente consideran como el Antiguo Testamento. También incluye varios libros adicionales y adiciones a libros (por ejemplo, Ester y Daniel) que fueron escritos en los siglos previos al periodo del Nuevo Testamento. Estas adiciones suelen llamarse "Apócrifos" y representan la principal diferencia entre los "canones" Católico y Protestante. Los Católicos reconocen estos textos Judíos adicionales como Sagrada Escritura (llamándolos "deutero-canónicos"), mientras que los Protestantes no los reconocen. Es interesante notar que el primer concilio Judío, al discutir qué libros debían considerarse como escritura sagrada, omitió los Apócrifos de las listas aprobadas.

[†] En una Biblia en Inglés, estas citas han sido traducidas del Hebreo al Griego y finalmente al Inglés. La mayoría de los Antiguos Testamentos en Inglés, como las traducciones en este libro, se traducen directamente del Hebreo al Inglés. Por esta razón, si se compara una cita del NT de un pasaje del AT con el pasaje original del AT, es probable que el "espíritu" del versículo sea el mismo, pero la redacción puede ser bastante diferente.

libro de Rut están situados en la época de los Jueces, pero la evidencia sugiere que no fue escrito sino hasta después del exilio, ¡posiblemente ochocientos años después![11]

Los salmos proporcionan algunos ejemplos que revelan la formación comunitaria que ha tenido el texto. Uno de ellos se encuentra en el Salmo 51, un "Salmo de David". El encabezado especifica que la ocasión de este salmo es la oración de perdón de David después del incidente entre David y Betsabé. Cerca del final del salmo, el salmista se enfoca en lo que Dios requiere de la humanidad:

> ¡Señor soberano! Abre mis labios, y mi boca proclamará tu alabanza, porque no te complaces en el sacrificio; si te ofreciera un holocausto, no lo aceptarías. Los sacrificios que agradan a Dios son el espíritu humilde; Dios no desprecia un corazón humilde y arrepentido... (Salmo 51:15-17)

El salmo enfatiza que las manifestaciones externas de la adoración no son lo que Dios considera aceptable. De hecho, el salmo dice explícitamente que Dios no quiere sacrificios. Dios desea solamente un espíritu quebrantado y un adorador humilde.

Inmediatamente después de esta declaración general sobre la falta de interés de Dios en los sacrificios, el salmo presenta esta afirmación curiosa:

> [Oh Dios] ¡Haz bien a Sión con tu favor! Edifica los muros de Jerusalén. Entonces te agradarán los sacrificios justos, los holocaustos completos. Entonces se ofrecerán toros en tu altar. (Salmo 51:18-19)

Parece extraño que estos versículos ofrezcan pleno apoyo a los sacrificios, incluso llegando a decir que Dios "se complacerá" en ellos, cuando los versículos inmediatamente anteriores claramente rechazan los sacrificios.

Probablemente, gran parte de este salmo fue escrito antes del exilio y se conservó durante cientos de años, con el versículo 17 como el último versículo del salmo. Sin embargo, después del exilio, los libros proféticos de Hageo y Zacarías relatan la historia de las luchas de Israel por hacer

---

11. Si la autoridad de un texto está relacionada con su autoría, entonces este largo periodo de tiempo y la formación comunitaria pueden causar inquietud entre las personas de fe. Sin embargo, si se cree que la autoría última de este texto proviene de la inspiración de Dios, entonces este extenso proceso de conformación comunitaria no debería ser motivo de preocupación. Dios puede estar presente tanto en la composición de los textos como en su desarrollo a lo largo de los siglos.

de Yahvé su prioridad en la adoración. La reconstrucción del templo y de los muros estaba incompleta. Al cantar este amado salmo, es probable que algunos en la comunidad temieran que el rechazo del salmista hacia la importancia del sacrificio pudiera ser malinterpretado. El pueblo de Israel ya no le estaban dando prioridad al templo; un salmo de David que pareciera restarle importancia al culto en el templo no ayudaría a esta situación. Como resultado, personas bien intencionadas—y se puede creer que inspiradas por Dios—agregaron los versículos 18 y 19 al Salmo 51, pidiendo a Dios que reconstruyera la ciudad y recordando a los cantores la importancia del culto en el templo. La comunidad moldeó el texto para evitar que confundiera a los fieles. Dios puede obrar dentro de la composición y preservación del texto a través de los siglos.

Traduciendo los Salmos (y el resto de la Biblia)

Filosofía de la traducción

Por razones evidentes, la gran mayoría de las traducciones de la Biblia son realizadas por grandes comités de traducción. Traducir toda la Biblia es una tarea monumental que requiere experiencia en numerosos idiomas. Al intentar traducir más de 37,500 versículos, lo más lógico es dividir el trabajo y conquistar la meta.

Este tipo de traducción tiene varias fortalezas. Un comité puede incluir especialistas para secciones específicas de las Escrituras. Se pueden seleccionar expertos en los idiomas originales, como Hebreo, Griego, Arameo, o especialistas en epístolas, poesía, profetas, salmos, etc., para que aporten su conocimiento. Además de la diversidad de habilidades, un comité de traducción teológicamente diverso puede ofrecer revisiones cuidadosas para evitar sesgos ideológicos en la traducción. El comité de traducción de la "New Revised Standard Version" incluyó hombres y mujeres de tradiciones Católicas, Ortodoxas Griegas, Protestantes históricas y Protestantes evangélicas. Incluso incluyó a un traductor Judío para aportar experiencia en el Antiguo Testamento. Este tipo de equipo puede proteger contra la tendencia de "leer la fe" hacia el interior del texto.

Desafortunadamente, las fortalezas también pueden convertirse en debilidades. Las traducciones bíblicas realizadas por comités reflejan la redacción en la que el comité pudo ponerse de acuerdo. Como una vez comentó un colega, cuando un comité debe ponerse de acuerdo sobre un color, siempre resulta ser beige. Las traducciones vibrantes y "coloridas" sugeridas por un individuo tienen dificultades para sobrevivir al proceso del comité. Esta es una de las razones por las que la excepcional traducción individual de Eugene Peterson,[12] *The Message*, es mucho más colorida que las traducciones por comité, como la *New Living Translation* (Nueva Traducción Viviente), aunque ambas comparten la filosofía de ser más "legibles."

Aunque la filosofía de la traducción es un espectro, surgen dos énfasis principales. Una traducción de correspondencia formal intenta encontrar exactamente la palabra adecuada en el idioma de destino para captar el sentido de la palabra en el idioma original. La "forma" de la traducción "corresponde" lo más fielmente posible

La "forma" de la traducción "corresponde" lo mas fielmente posible al original, tanto en la elección de palabras como en el orden de las mismas. Esta es la filosofía de traducción más común. Algunos ejemplos incluyen la *Versión King James* (equivalente a la *Versión Reina-Valera*), la *Biblia de las Américas*, la *New Revised Standard Bible*, y muchas otras. Estas traducciones se enfocan en la forma y confían en que el lector investigue los aspectos históricos y culturales para comprender mejor el texto.

Las traducciones de equivalencia dinámica intentan captar el significado del texto original para los primeros lectores y traducir ese significado al idioma de destino. Estos traductores hacen un mayor esfuerzo por "traducir" la cultura así como las palabras. Muchas de estas traducciones se comercializan como "Biblias para niños" porque son fáciles de leer. Algunos ejemplos incluyen la *Nueva Traducción Viviente*, la *Traducción en Lenguaje Actual* (TLA) y *The Message*, siendo esta última probablemente el ejemplo comercial más extremo de esta filosofía de traducción.

Compara estas dos filosofías una al lado de la otra en sus versiones del Salmo 100:4

NRSV	*The Message*
Entren por sus puertas con acción de gracias y a sus atrios con alabanza. Denle gracias; bendigan su nombre. (Sal 100:4)	Entren con la contraseña: "¡Gracias!" Siéntanse como en casa, hablando alabanzas. Denle gracias. Adórenlo. (Sal 100:4)

---

12. Aunque *The Message* ha sido llamada una "paráfrasis," Peterson trabajó a partir de los idiomas originales. En mi opinión, una paráfrasis se realiza dentro del mismo idioma, como la "Living Bible" original. Cuando se trabaja entre diferentes idiomas, es más preciso llamarlo una traducción.

El texto hebreo contiene las palabras para "puerta", "acción de gracias" y "atrios", por lo que la NRSV utiliza esos equivalentes en inglés. En el mundo antiguo, las ciudades amuralladas y las guerras de asedio eran una realidad, y las puertas representaban un punto vulnerable que controlaba el acceso a la ciudad. No se permitía que cualquiera entrara a la ciudad. Las puertas solo se abrían para amigos cercanos. En un intento por traducir ese entendimiento cultural a los tiempos contemporáneos, Peterson elige la palabra "contraseñas" (passwords) como algo que las personas solo compartirían con alguien en quien confían (como una puerta abierta en el mundo antiguo). Aunque carece de cierta majestuosidad y "tono eclesiástico", traduce de manera elegante la expresión cultural de seguridad y confianza que viene de Dios.

Mi Filosofía de Traducción

Las traducciones en este libro son propias. La mayoría sigue una filosofía de traducción de correspondencia formal amplia. Esto se debe en parte a que los párrafos alrededor del versículo pueden proporcionar la traducción cultural para el lector y en parte a la familiaridad que muchos tienen con estos versículos.

Aquí están algunas de las decisiones que tomé en la traducción:

1. Las traducciones del Antiguo Testamento provienen del Texto Masorético Hebreo (TM). Los pocos versículos del Nuevo Testamento utilizan el texto Griego de la cuarta edición de la Sociedad Bíblica Unida. Aunque las traducciones comúnmente modifican el texto Hebreo o siguen una lectura de la Septuaginta en pasajes particularmente difíciles, estas traducciones procuran reproducir el TM tal como está.

2. Dado que los salmos son composiciones musicales, están llenos de términos musicales. Lamentablemente, el significado exacto de estos términos se ha perdido en la historia, y la etimología solo ayuda hasta cierto punto.[13] Como los salmos se utilizan para comprender otras secciones de la Biblia Hebrea, estas traducciones omiten términos transliterados como "Selah" o "Maskil".

---

13. Para una explicación útil sobre los términos, véase Nancy DeClaissé-Walford, *Introduction to the Psalms: A Song from Ancient Israel* (Chalice Press, 2004), pp. 151–155.

> ### El Exilio Babilónico
>
> Aunque el último capítulo de este libro está dedicado al exilio Babilónico, es importante tomar un momento para presentar la realidad del exilio desde el principio. Hablar del exilio Babilónico en un capítulo introductorio sobre el Antiguo Testamento puede parecer como empezar por el final, pero en muchos sentidos, el exilio es un comienzo. Marcó el fin del reino de Judá y del primer templo, pero inició el proceso de canonización. Durante esa crisis, el pueblo de Dios comenzó a preguntarse cuales libros debían ser preservados.
>
> La destrucción del primer templo en el año 586 a. e. c. motivó a las personas a hacerse la pregunta: "¿Qué deberíamos estar leyendo?" Antes de ese momento, 2 Reyes 22 narra una historia donde era posible perder un libro de Moisés y ni siquiera darse cuenta. La palabra escrita no era tan importante como el culto público en el templo. Solo después del exilio surgió una nueva vocación: la de "escriba". Esto permitió que los libros se transmitieran de generación en generación. La Torá (Génesis–Deuteronomio) fue la primera colección que se separó y se reconoció como especial. Tras el regreso de la comunidad del exilio, Esdras el escriba leyó esta colección especial de textos ante la comunidad reunida (Esdras 8:1-3).
>
> Después del regreso de Israel, el proceso de canonización comenzó en serio. Se recopilaron historias y fueron designadas "oficiales." Se escribieron libros para intentar explicar el significado teológico del exilio. Es probable que desde Josué hasta 2 Reyes hayan sido editados en su forma final en este periodo. Estos textos, junto con los Profetas Escritos (Isaías hasta Malaquías), constituyeron la segunda sección de las Escrituras Hebreas en ser canonizada. Para el siglo II a. e. c., un texto apócrifo conocido como la Sabiduría de Sirácides (Eclesiástico) también reconoce a los Profetas como especiales y oficiales.
>
> La última sección de material en ser oficialmente canonizada fue la que se llegó a conocer como los *Kethubim* o "Escritos". Los Escritos contienen Job, Eclesiastés, Rut, Ester, Cantar de los Cantares, Lamentaciones, Daniel y Salmos. La decisión final sobre qué libros permanecerían en los Escritos fue debatida incluso al final del primer siglo e. c.

3. La mayoría de las Biblias traducen el nombre personal de Dios (יהוה) como "el SEÑOR". En este texto, la palabra no se traduce y se translitera utilizando la vocalización tradicional "Yahweh."

4. El título de Dios *Yahweh Sabaoth* (יהוה צבאות) contiene una antigua metáfora militar. Aunque "Yahweh de los Ejércitos" o "Señor de los Ejércitos" transmitía asociaciones militares en lecturas antiguas en Inglés, esas asociaciones se han perdido en el uso contemporáneo de la frase. El título

enfatiza que los ejércitos del mundo y del cielo están bajo el control de Dios. Con esto en mente, y tomando inspiración de Eisenhower en la Segunda Guerra Mundial, este texto traduce el título como "Comandante Supremo Yahweh." Esta es la elección de "equivalencia dinámica" más marcada en estas traducciones.

5. Ya que Israel y las naciones a su alrededor tenían una visión profundamente patriarcal del mundo, la mayoría de las imágenes de Dios en la Biblia Hebrea son masculinas—aunque, de manera notable, hay algunas excepciones. Dios es una madre tierna en Oseas 11:3-4; una osa en Oseas 13:8; un ave madre en Deuteronomio 32:11-12; una mujer que da a luz en Deuteronomio 32:18 e Isaías 42:14; y una madre lactante en Isaías 49:15. Como la palabra *Elohim* (אלהים) se usaba para referirse de manera genérica a deidades en el Antiguo Oriente Próximo, en vez de usar sus nombres individuales (por ejemplo, el *Elohim* de Egipto o de Canaán), *Elohim* funciona como pronombre. Esta práctica se mantiene aquí y estas traducciones usan "Dios" como pronombre para lo divino (y ocasionalmente "lo divino" como pronombre para Dios).

6. En Génesis 2, el lector encuentra el árbol del conocimiento de *tov* y *ra'* (טוב y רע). Estas palabras se traducen tradicionalmente como "bien" y "mal", respectivamente. Lamentablemente, en inglés la palabra "evil" ("mal" en español) está asociada con el fracaso moral, pero *ra'* no necesariamente incluye esa connotación. Esto debe ser así porque Dios realiza acciones que se llaman *ra'*.[14] Aun así, esto no impide que los traductores usen "mal" para traducir la palabra.[15] El hebreo tiene una palabra que sí transmite el sentido de fracaso moral (רשע, *rasha'*, o "maldad"), que, por supuesto, Dios *nunca* posee. Dado que *tov* está explícitamente asociado con el orden creado y *ra'* suele ser lo opuesto a eso, estas traducciones entienden *ra'* como asociado con el caos o la destrucción más que con "maldad". Son momentos en los que la buena creación ordenada de Dios se deshace. Esto puede suceder por la maldad de la humanidad, o puede suceder porque Dios deshace lo que había hecho antes (como el diluvio).

---

14. Las plagas en Egipto y los exilios de Israel y Judá son dos ejemplos que a menudo se mencionan como el "*ra*" que Dios hizo.

15. Esto conduce a traducciones que generan incomodidad entre las personas de fe, como en la Versión Reina-Valera de Éxodo 32:14: "y Jehová se arrepintió del mal que dijo que había de hacer a su pueblo."

7. Como en muchas culturas, el afecto se expresa con una amplia gama de palabras. Una palabra significativa en la Biblia Hebrea es el *chesed* (חסד) de Dios. Evidentemente, transmite varios elementos. Es el amor maravilloso de Dios asociado con el pacto. También es una palabra que comunica un amor de "bondad". Estas traducciones enfatizan el aspecto "pactual" y la elección de Dios de amar, optando por "amor comprometido."

8. Al igual que la mayoría de las culturas antiguas, los Hebreos no estaban seguros de la función del cerebro. En el cuerpo humano, la mayor parte de la acción parecía ocurrir en otras partes. Como resultado, la razón y las emociones se atribuían a distintos órganos. El corazón, *lav* (לב), se consideraba el lugar de la toma de decisiones y generalmente se asociaba con la razón.[16] Las emociones se sentían en las entrañas o los riñones, *kilyoht* (כליות). Estas traducciones intentan asociar de manera consistente la palabra Hebrea para "corazón" con "mente" o "pensamiento", y la palabra Hebrea para "riñones" con las emociones.

Leyendo el Antiguo Testamento a través de los Salmos

Cuando enseñaba de tiempo completo en la universidad, nuestro departamento tenía como objetivo para las clases de Introducción a la Biblia "ayudar a los estudiantes a leer la Biblia de mejor manera."[17] Ese es el objetivo modesto de este libro. Nos acercaremos al Antiguo Testamento a través de los salmos. A menudo, esto tomará la forma de lecturas intertextuales, señalando dónde los salmos se conectan con las tradiciones establecidas del Antiguo Testamento. En otros casos, la interpretación consistirá en notar dónde los salmos guardan silencio respecto a algún tema que es relevante en otras partes del Antiguo Testamento. Por ejemplo, ¿qué significa que las mujeres en las historias de los antepasados tengan un papel destacado en Génesis y estén completamente ausentes en el Salterio? Los salmos también son útiles para observar cómo el Antiguo Testamento asume o expresa cuestiones teológicas. Por ejemplo, los temas del sufrimiento y la adoración se superponen considerablemente en el texto bíblico (aunque rara vez en las experiencias de adoración Cristiana contemporánea).

---

16. En Hebreo, "poner el corazón en" no significa "desear". Significa "pensar en".

17. Habíamos decidido que "ayudar a los estudiantes a leer bien la Biblia" era una meta demasiado ambiciosa para lograr en un semestre de quince semanas. Solo esperábamos poder avanzar un poco hacia "leerla mejor."

Este libro no es exhaustivo. Se podría profundizar mucho más en cada tema; sin embargo, este enfoque cubre asuntos importantes que ayudan a obtener una comprensión general del Antiguo Testamento y, se espera, a leer mejor la Biblia.

Preguntas para Profundizar

1. Si, como parece probable, el texto de la Biblia se formó a lo largo del tiempo como resultado de una autoría compuesta en lugar de un solo autor, ¿esto desafía la autoridad de las Escrituras para las personas de fe? ¿O la creencia en la autoría y dirección de Dios en el proceso canónico proporciona apoyo a la autoridad de las Escrituras, independientemente de quién haya escrito el texto?

2. El milagro de Pentecostés proclama que el mensaje del evangelio puede ser traducido. Cuando se traduce, sigue siendo "el evangelio", no "el evangelio en traducción". Cuando la Biblia se traduce del Hebreo, Arameo y Griego, se le llama "la Biblia", no "la Biblia en traducción", aunque las traducciones difieran en la interpretación de los versículos. ¿Cómo puede una persona de fe reconciliar el reto de que diferentes traducciones se autodenominen "la Biblia"?

3. ¿Cómo afecta el origen musical del libro de los Salmos la manera en que se lee el texto? ¿El "arte" del lenguaje afecta el significado?

4. ¿Encontraste alguna elección realizada por el autor en su filosofía de traducción particularmente interesante o desafiante?

5. La iglesia primitiva utilizó la Septuaginta como su Antiguo Testamento, y probablemente la Septuaginta fue la base de las citas del Antiguo Testamento en el Nuevo Testamento. Sin embargo, las Biblias contemporáneas tienen Antiguos Testamentos traducidos del idioma y canon de la Biblia Hebrea Judía, sancionada a finales del siglo I e. c. . ¿Cómo deberían los cristianos procesar esa historia tan compleja?

Las Antiguas Historias (Génesis 1–11)

> La historia hasta ahora: En el principio, el Universo fue creado. Esto ha hecho enojar a mucha gente y, en general, se considera que fue una mala decisión.
> —Douglas Adams, *El restaurante al final del universo*

Los Salmos y la Creación

La creación está presente a lo largo del libro de los Salmos. El universo, la tierra y el mar son celebrados por su belleza y diversidad en el Salmo 104. La humanidad es reconocida por su lugar especial en el orden creado en el Salmo 8. La creación es un producto maravilloso, formado por las manos de Dios en el Salmo 8, ordenado en el Salmo 104, y también es un acto violento de Dios que trae orden al caos en el Salmo 74.

En su esencia, los relatos de la creación en el antiguo Oriente Próximo se trataban de realeza. Muchas historias antiguas de la creación de las culturas que rodeaban a Israel utilizaban estos relatos para establecer cual dios era supremo en el panteón. El Dios que crea el universo es el dios verdaderamente soberano, y el reinado de Dios sobre Israel, las naciones y el universo es algo que los salmos celebran en abundancia.

La creación en el antiguo Oriente Próximo también tenía que ver con la derrota de dragones. Los océanos siempre han sido aterradores e impredecibles. No se necesita mucho tiempo en la playa para aprender la lección: "Nunca le des la espalda al mar." Muchas culturas del antiguo Oriente Próximo personificaban su miedo al océano hablando de monstruos aterradores, y la creación era la derrota de estos monstruos. En Babilonia, el "abismo" era personificado por el malvado dragón del caos de agua salada llamado "Tiamat". En Canaán, "Lotán" o "Leviatán" era una serpiente del caos maligna que servía al dios del mar. "Rahab" era otra representación del caos, posiblemente relacionada con las tormentas que aterrorizaban a los marineros en el mar.

Estos "dragones" formaban parte de la comprensión cultural de los autores bíblicos al relatar las historias de la creación de Israel, y ocasionalmente esos dragones aparecen de manera sutil y, en el caso del salmo del exilio, Salmo 74, de manera no tan sutil en el texto. En el exilio, el pueblo de Judá había perdido todo aquello que les proporcionaba seguridad y certeza. Ninguna de las características de la identidad nacional podía ya brindar consuelo. En ese tiempo de crisis y desesperanza, la comunidad entonó cantos de lamento y desesperación colectiva.

En medio de su lamento por la situación y la pérdida, los cantores volvieron su atención hacia Dios. Con sus vidas en caos, la comunidad exiliada de Judá recordó lo que su Dios, Yahvé, podía hacer con el caos: "Pero Dios es mi rey desde tiempos antiguos, el que obra salvación en medio de la tierra. Dividiste el mar con tu poder..." (Salmo 74:12-13a). Al enfrentarse a las ruinas humeantes del templo y de Jerusalén, se afirma a Yahvé como rey. Esta es una confesión importante, ya que Judá había perdido a su rey humano. Esta confesión real lleva inmediatamente al salmista a celebrar el poder creador de Dios.

Génesis 1 presenta una visión similar y real de Dios: "Y dijo Dios: 'Que haya un firmamento en medio de las aguas, y que separe las aguas de las aguas'" (Génesis 1:6). Génesis 1 no detalla los medios que Dios utilizó para la creación. En cambio, el texto presenta una imagen real de un Dios trascendente y poderoso que puede simplemente hablar para que el universo exista. Yahvé es rey sobre toda la creación, y las aguas caóticas, poderosas e incontrolables, no son un problema para Yahvé. Por la fuerza en el Salmo 74 o por la palabra en Génesis 1, los mares fueron divididos.

El Salmo 74 hace eco del poder de Dios, pero, a diferencia de Génesis 1, ofrece más detalles sobre el "cómo" de la creación de Dios, de manera sorprendente: "Tú [Dios] dividiste el mar con tu poder. Quebrantaste las cabezas del dragón en las aguas. Aplastaste las cabezas de Leviatán. Lo diste por comida a los habitantes del desierto" (Salmo 74:13-14).

En la mayoría de las representaciones contemporáneas de la fe, la creación no se expresa como un acto violento. Sin embargo, en el Salmo 74, la creación es un acto de violencia extrema. El dragón y Leviatán tienen sus cabezas destrozadas, y Leviatán es triturado para servir de alimento. ¿Por qué el salmo presentaría la creación como un acto violento? Tal vez porque la cultura circundante creía que la "lucha violenta" era el modo de ser de la creación del universo. Considera este fragmento de la tablilla 4 de la historia de la creación Babilónica, el *Enuma Elish*, donde el dios Babilónico Marduk celebra su victoria sobre el dragón maligno de las aguas del caos, Tiamat.[1] Después de su victoria, Marduk utiliza sus aguas como base para la creación del universo:

> La partió como un pez plano en dos mitades;
> Una mitad de ella la estableció como cubierta para el cielo.
> Colocó un cerrojo, puso un centinela,
> Y les ordenó que no dejaran salir sus aguas.

Aunque en Génesis 1 no se menciona explícitamente a un dragón caótico maligno, parece hacer eco a las consecuencias de la batalla en el *Enuma Elish*.

> Y Dios dijo: "Que haya una gran bóveda en medio de las aguas, que separe las aguas de las aguas". Así, Dios hizo una gran bóveda y separó las aguas que estaban debajo de la bóveda de las aguas que estaban encima de la bóveda, y así fue. (vv. 6-7)

Aunque no aparecen explícitamente en Génesis 1, los dragones del caos y los monstruos marinos sí aparecen en otros relatos de la creación en el texto bíblico. Al igual que el Salmo 74, el Salmo 104 es un himno de la creación que celebra el poder de Yahvé. Aunque los especialistas no conocen con certeza el contexto original del himno, el texto tiene algunos de los mismos ecos de dragones:

> ¡Cuántos seres vivos has hecho, Yahvé!
> ¡Todos ellos hechos con sabiduría! ¡La tierra está llena de tus criaturas!
> ¡Este es el mar! ¡Grande, espacioso y ancho!
> ¡Allí hay seres que se arrastran y tantos seres vivos que no se pueden contar!
> ¡Pequeños y grandes!
> ¡Allí navegan los barcos, y el Leviatán que tú formaste juega en él!
> (vv. 24-26)

---

1. James B. Pritchard, "La epopeya de la creación," trad. E. A. Speiser, en *Textos del Antiguo Cercano Oriente Relacionados con el Antiguo Testamento (ANET)*, ed. James B. Pritchard, 3ª ed. con suplemento (Princeton: Princeton University Press, 1969), pp. 60–72. En adelante citado como ANET.

A diferencia del Salmo 74, el Leviatán en el Salmo 104 no es aterrador ni maligno, sino elebrado como una creación de Yahvé. El Leviatán fue creado para jugar en el mar junto con los otros animales. El Salmo 104 recuerda a los lectores que una serpiente caótica acuática puede ser aterradora para la humanidad, pero Yahvé no se intimida. En el Salmo 104, Yahvé es el creador de todas las cosas, incluyendo al Leviatán. Yahvé es tan poderoso que el Leviatán es solo un juguete. El Salmo 148 va aún más lejos y anima a los monstruos marinos a alabar a Yahvé: "¡Alaben a Yahvé desde la tierra, ustedes, dragones de las profundidades! (v. 7). Estos son los mismos "monstruos marinos" que Dios creó en Génesis 1:21 y el mismo abismo mencionado en Génesis 1:2: "La tierra era deforme y vacía, las tinieblas cubrían la superficie del abismo, y el viento de Dios se movía sobre la superficie de las aguas."

Génesis 1 contiene varias alusiones sutiles a la historia del *Enuma Elish*. La palabra traducida como "abismo" (deep) comparte una conexión etimológica con el nombre "Tiamat" y aparece incluso en paralelo con "monstruos marinos" en Salmo 148:7. El "viento tempestuoso" del Salmo 148 y el "viento" o "aliento" de Dios que sopla sobre la superficie de las aguas en Génesis 1 también recuerdan al Enuma Elish, donde Marduk sopla un "viento maligno" en el rostro del dragón del caos acuático.

> [Marduk] extendió su red y la atrapó,
> Y él soltó el viento maligno que estaba detrás de él sobre su rostro.
> Cuando Tiamat abrió la boca por completo,
> Él introdujo el viento maligno, mientras ella aún no había cerrado los labios.

El Salmo 104 también relaciona las aguas y el viento al inicio del canto: "Tú estableciste el soporte de tu aposento en las aguas, y sobre él pusiste las nubes como tu carroza y cabalgas sobre las alas del viento" (v. 3).

Además del viento y las aguas, los relatos de la creación también enfatizan cómo se formaron los cielos. Después de la derrota de los dragones y el Leviatán en el Salmo 74, el texto dice en los versículos 16-17: "Verdaderamente, tuyos son el día y la noche. Tú estableciste la luz y el sol. Tú fijaste todos los límites de la tierra. Tú planeaste el verano y el invierno." Asimismo, en el Salmo 104:19-20 leemos: "Dios hizo la luna para las estaciones. El sol conoce su ocaso. Tú traes la oscuridad y llega la noche, y en ella salen todas las criaturas del bosque."

LAS ANTIGUAS HISTORIAS (GÉNESIS 1–11)

Considera este pasaje del *Enuma Elish*. Después de que Tiamat fue derrotada,

> Las estrellas, sus imágenes, como las estrellas del Zodíaco, él fijó.
> Estableció el año y lo dividió en secciones;
> ...
> Hizo brillar al dios Luna, la noche le confió.
> Lo designó, un ser de la noche, para determinar los días;
> Cada mes sin cesar lo cubría con la corona...

Considera también este pasaje en Génesis 1:14-16, después de que las aguas fueron separadas:

> Y Dios dijo: "Que haya luces en la bóveda de los cielos para separar el día de la noche y que sirvan como señales para indicar las estaciones, los días y los años, y que funcionen como luminarias en la bóveda de los cielos para alumbrar la tierra." Y así fue. Dios hizo dos grandes luminarias: la mayor para gobernar el día y la menor para gobernar la noche, y también hizo las estrellas.

El texto bíblico intencionalmente hace eco de relatos de creación anteriores. La historia violenta de la creación, como se expresa en el *Enuma Elish*, era el motivo común de creación en todo el antiguo Oriente Próximo. Diferentes culturas podían cambiar los nombres de los dioses y algunos detalles específicos, pero los elementos de sus relatos habrían sido familiares tanto para la cultura general como para los autores bíblicos.

Estas conexiones entre el texto bíblico y un texto más antiguo del antiguo Oriente Próximo pueden incomodar a las personas de fe. Puede parecer que la Biblia plagió la historia de la creación de una fuente pagana. Es útil recordar que los autores de las narrativas bíblicas ciertamente no fueron las primeras personas en reflexionar sobre la creación del universo. Los autores del texto bíblico eran producto de su cultura y, de manera natural, tomaron elementos de la historia de la creación generalmente aceptada y los usaron al "corregir" la comprensión cultural de la creación. Los relatos bíblicos de la creación comparten de forma natural la estructura narrativa de "historia de la creación" conocida:

1. Dios vence al caos.
2. Dios divide las aguas.
3. Dios crea el sol, la luna y las estrellas.

4. Dios crea a la humanidad.
5. Dios descansa.

El público original del autor esperaba estos elementos. De hecho, el autor necesitaba incluirlos para que la historia tuviera credibilidad ante su audiencia. Una carrera de autos comienza con: "Pilotos, enciendan sus motores." Una película de Star Wars comienza con: "Hace mucho tiempo, en una galaxia muy, muy lejana." Un cuento de hadas comienza con: "Érase una vez." En el antiguo Oriente Próximo, una historia de la creación debía incluir la división de las aguas. El viento o aliento de Dios debía tener un papel. Lo que más importa no son las áreas en las que estos relatos de la creación coinciden, sino las correcciones teológicas que las narrativas bíblicas ofrecen en sus diferencias. Salmos 74, 104, 148 y Génesis 1 y 2 cuentan historias de la creación aludiendo a los relatos familiares de la cultura circundante y luego *transformándolos* al hablar de Yahvé, el Dios de Israel.

En el Sermón del Monte, en Mateo 5, Jesús dedica mucho tiempo a corregir malentendidos de la Torá en una serie de *antítesis*. Cada una de estas comienza con: "Han oído que se dijo… pero yo les digo…". De muchas maneras, todo el texto bíblico es una serie de antítesis, ya que la Biblia ofrece una visión diferente para la humanidad que la visión comúnmente aceptada por la cultura. El texto bíblico podría decir: "Han oído que se dijo sobre el diluvio, pero yo les digo…", o "Han oído que se dijo sobre la Torre de Babel, pero yo les digo…", o "Han oído que se dijo sobre la realeza, la riqueza o el poder, pero yo les digo…".

Génesis 1 y los demás relatos bíblicos de la creación presentan contrastes dramáticos respecto a las creencias del resto del antiguo Oriente Próximo. Génesis 1 fácilmente podría haber comenzado: "Han oído que se dijo que el universo fue creado por el maligno dragón de agua salada, pero yo les digo que un Dios poderoso y soberano, con dominio sobre todo el universo, simplemente habló y el universo llegó a existir". En la *Enuma Elish*, el universo es creado como una ocurrencia secundaria—un trofeo de guerra. En Génesis 1, un solo dios crea sin una razón expresada. El Dios de Israel consideraba que la creación era mejor que la "no creación" y formó un universo que es llamado "bueno" a lo largo del capítulo.

De la misma manera, el Salmo 74 afirma que fue Yahvé, y no el dios Babilónico Marduk ni el dios Cananeo El, quien aplastó las cabezas del monstruo marino y rompió a Leviatán en pedazos como parte del proceso creativo. La naturaleza violenta del acto creativo sería especialmente significativa al recordar el contexto del Salmo 74. Con el entorno del exilio del salmo, es fácil de entender. Para que Judá saliera del exilio, Dios necesitaba realizar un acto milagroso y creativo. En el pasado, Yahvé pudo aplastar a los antiguos dragones, dividir el caos y dar origen a la creación ordenada. Ahora, Judá necesitaba que Babilonia fuera derrotada, que el caos humeante de Jerusalén fuera reorganizado y que un nuevo Israel surgiera del exilio.

La Humanidad: Creación y Caída

Salmo 8: Un Poco Menor que Dios

En *Guía del Viajero Intergaláctico*, Douglas Adams se refiere en tono de broma a la humanidad como la tercera forma de vida más inteligente en la Tierra, justo detrás de los delfines.[2] La humanidad rara vez comparte esta opinión. El texto bíblico ofrece varias perspectivas sobre el lugar que ocupa la humanidad en la jerarquía del universo. Considera el Salmo 8:4-8:

> ¿Qué es el ser humano para que te acuerdes de él,
> o el hijo del hombre para que lo cuides?
> Lo hiciste un poco menor que Dios,
> y lo coronaste de gloria y majestad.
> Le diste dominio sobre las obras de tus manos;
> todo lo pusiste bajo sus pies:
> todas las ovejas y los bueyes, y también las bestias del campo,
> las aves del cielo y los peces del mar,
> y todo lo que pasa por las corrientes del mar.

En el Salmo 8, la humanidad es coronada apenas por debajo de Dios (o de los dioses, dependiendo de la traducción)[3] y puesta como gobernante sobre el resto de la creación. Todos los seres humanos son realeza. Esta perspectiva sobre la humanidad refleja la visión real de los humanos que se encuentra en Génesis 1: "Y Dios bendijo a [la humanidad] y les dijo: 'Sean fecundos, multiplíquense y llenen la tierra. Sométanla y ejerzan mayordomía sobre los peces del mar, las aves del cielo y sobre todo ser viviente que se mueve sobre la tierra'" (1:28).

---

2. Douglas Adams, *The Hitchhiker's Guide to the Galaxy* (Nueva York: Balantine Books, 1980), pp. 156–167.

3. La palabra hebrea "Elohim" puede ser una forma plural que significa "dioses" o un título singular para "Dios". Diferentes traductores la interpretarán de manera distinta.

Ejercer "mayordomía" o tener "dominio" hace explícito el llamado real de la humanidad en Génesis 1. Dios es, en última instancia, soberano, pero la tierra es un feudo para que la humanidad lo gobierne bajo supervisión divina. Sin embargo, la responsabilidad real en la Biblia se evalúa de manera diferente a como uno podría esperar. Históricamente, la mayoría de los gobernantes ven sus posiciones como autoridad suprema. El rey obtiene lo que el rey quiere. En la Biblia, sin embargo, los buenos y malos reyes son evaluados por cómo utilizan su reinado y poder. Si un rey utiliza su autoridad para mejorar su propia posición, se le considera un mal rey para la nación (cf. Deuteronomio 17:14-20). Si el rey usa su posición y autoridad para seguir las instrucciones de Dios, se le considera un buen rey para la nación. Cabe decir que Israel y Judá tuvieron pocos buenos reyes en su historia.

La mayordomía de la humanidad sobre la creación se evalúa con esa misma comprensión del reinado. Si la humanidad quiere ser fiel al llamado para el que fue creada, no puede gobernar la creación de manera explotadora. Esto se hace más explícito en la narrativa de la creación de Génesis 2: "El Dios Yahvé tomó al hombre y lo puso en el jardín de Edén para que lo sirviera y lo protegiera" (2:15). Al hombre en Génesis 2 se le ordena servir y proteger el jardín, no explotarlo. En última instancia, el gobierno de la humanidad sobre la creación debe reflejar el gobierno de Dios sobre toda la creación. Dios no es un tirano dominante. La humanidad tampoco debería serlo.

IMAGEN DIVINA

El gobierno de la humanidad sobre este mundo debe reflejar el gobierno de Dios, ya que la humanidad está directamente subordinada a Dios. Sin embargo, existe una razón aún más fundamental para que la humanidad refleje el gobierno divino. En Génesis 1, se dice que la humanidad fue creada a "imagen de Dios". Más adelante en la historia bíblica, el Dios de Israel es sumamente restrictivo en cuanto a las imágenes de lo divino. De hecho, la humanidad es la única imagen de Dios permitida en el mundo.

Al igual que la Biblia, otros relatos antiguos del Oriente Próximo acerca de la creación vinculan el origen de la humanidad directamente con los dioses. Consideremos la Tabla VI del *Enuma Elish*, donde, después de derrotar a Tiamat, Marduk dice:

"Tomaré sangre y formaré hueso,
Haré al hombre,

Crearé al hombre que habitará la tierra".
...
Ataron a [Qingu] y lo presentaron ante Ea,
Le impusieron y le cortaron la sangre.
De su sangre creó a la humanidad,
Impuso a los hombres el trabajo de los dioses y liberó a los dioses de ello.

En el *Enuma Elish*, los seres humanos tienen una conexión especial con los dioses, ya que fueron creados a partir de la sangre de un dios derrotado. El papel de la humanidad en esta historia es de servidumbre. Los dioses quieren estar tranquilos e imponen su servicio sobre la gente. Esto contrasta fuertemente con la visión bíblica de la creación humana. El Dios de Israel descansa después de la creación, pero solo después de confiarle el gobierno de la creación a toda la humanidad. Para el Dios de Israel, los seres humanos no son siervos sino realeza.

Una vez más, la Biblia le transmite un mensaje contracultural a su audiencia. En el resto del antiguo Oriente Próximo, solo los reyes tenían una responsabilidad real. Los seres humanos eran simplemente siervos, creados para facilitar la vida de los dioses. En el Salmo 8 y en Génesis 1, toda la humanidad recibe un llamado real. Mientras que las naciones alrededor de Israel creían que solo el rey portaba la imagen de lo divino, la Biblia afirma que *toda* la humanidad, tanto hombres como mujeres, fueron creados a imagen de Dios. Mientras que el epílogo del *Enuma Elish* animaba a la humanidad a regocijarse en Marduk para que Marduk hiciera fértil la tierra, las primeras palabras que el Dios de Israel dirige a la humanidad contienen una bendición divina. El Dios de Israel llama a la humanidad a ser fecunda y llenar la tierra. Mientras que Marduk mantiene una relación transaccional con la humanidad—la bendición es una recompensa por el servicio fiel—la bendición de Yahvé es un acto de gracia.

Génesis 3 y Salmo 104: Trabajadores Diligentes

La vida en el mundo es difícil. La mayoría de las autoridades de la antigüedad no tiene problema en explicar por qué la vida es tan complicada. Si el mundo fue creado a partir de un dragón caótico y maligno, ¿qué tan buena se puede esperar que sea la vida? Cuando el "caos" es la materia prima, es obvio que el sufrimiento abundará en el mundo.

Sin embargo, la Biblia no acepta esta premisa. Todo lo contrario. El texto bíblico deja claro que cuando el Dios de Israel creó a partir de lo profundo, la creación fue "buena". De hecho, en Génesis 1:31 se dice que toda la creación era "muy buena". La creación fue precisamente lo que Dios quiso crear. Pero si eso es realmente así, ¿por qué la vida es tan difícil?

Algo cambió después de la buena creación de la humanidad en Génesis 1. El Salmo 104 refleja un cambio similar respecto al optimismo del Salmo 8. Mientras que el Salmo 8 utiliza lenguaje real al hablar de los seres humanos y celebra a la humanidad como creada apenas por debajo de lo divino, el Salmo 104 ofrece una descripción más común de las personas. Después de una larga celebración de los animales, las montañas y los cuerpos celestes, finalmente se menciona a la humanidad en dos pasajes:

> [Tú, Dios] eres quien hace crecer la hierba para el ganado
> y plantas para que las personas las cultiven—para que broten de la tierra.
> Vino para alegrar el corazón humano, aceite para hacer brillar el rostro,
> y alimento para fortalecer el corazón humano. (vv. 14-15)
> ...
> Las personas salen a su trabajo y laboran hasta el anochecer. (v. 23)

La responsabilidad real de la humanidad no aparece en el Salmo 104. En el Salmo 8, los seres humanos son creados un poco menores que Dios. En el Salmo 104, la humanidad se limita a sacar plantas de la tierra, comer y beber para alegrarse, y trabajar y laborar hasta la tarde. ¿Qué ha cambiado? ¿Por qué ahora la humanidad tiene que cultivar plantas en lugar de "recibir toda planta como alimento" (Génesis 1:30)? ¿Por qué los seres humanos necesitan ser consolados? ¿De dónde provienen todo este trabajo y esfuerzo?

La ocasión del Salmo 104 probablemente es posterior al exilio de Judá. El salmista ha presenciado la arrogancia y desobediencia del pueblo de Dios y el sufrimiento que causó. Después del exilio, el salmista aún quería celebrar a Dios como creador. Sin embargo, el salmo contiene un recordatorio de que, aunque Dios es rey sobre la creación, la humanidad simplemente forma parte de ella y tiene un papel que llevar a cabo, al igual que el resto de la creación.

En Génesis 3, la humanidad muestra la misma arrogancia y desobediencia que llevaron a Judá al exilio. La perfección idílica de la creación y del jardín no dura mucho en la narrativa bíblica. Dios deseaba crear criaturas "a nuestra imagen" (Gén 1:26) y ciertamente tenía un plan para lograrlo. Desafortunadamente, la humanidad decidió que quería "ser como Dios" sin consultar a lo divino. La imagen ya no quería reflejar lo divino, sino definir por sí misma lo que es bueno y malo.

Los castigos por desobedecer a Dios y consumir el fruto del Árbol del Conocimiento del Bien y del Mal explican por qué la vida puede ser difícil en este mundo. También ayudan a entender el cambio en la visión de la humanidad desde el Salmo 8 hasta el Salmo 104. En Génesis 3:17b-18 leemos que

> la tierra está maldita por tu culpa.
> Con dolor comerás de ella todos los días de tu vida.
> Te producirá espinos y cardos,
> y comerás plantas del campo.

El comportamiento de Judá que provocó el exilio probablemente le recordó al salmista las acciones de los primeros seres humanos. Esto podría explicar por qué, al hablar de la humanidad, el salmista utiliza palabras que evocan los castigos divinos de Génesis 3: "trabajo", "labor" y "plantas para que la gente obtenga alimento de la tierra".

El erudito bíblico James Sanders ha dicho que el canon es autocorrectivo.[4] En otras palabras, la Biblia es eficaz para evitar que los lectores saquen los pasajes de contexto, si se lee en su totalidad. Uno se pregunta si el hecho de ubicar a la humanidad en el Salmo 104 entre el resto de la naturaleza—justo después de las aves, las cabras y los leones jóvenes, y antes de las criaturas marinas y el Leviatán—funciona como una corrección teológica para recordar a la humanidad que no debe malinterpretar el mensaje de que "la humanidad es rey." A la humanidad se le ha confiado una responsabilidad real sobre este mundo, pero también forma parte del resto de la creación junto con las aves, las cabras, los leones jóvenes e incluso el Leviatán.

La visión fuertemente antropocéntrica de la creación en el Salmo 8 ha sido reemplazada por una visión más ecocéntrica. La humanidad es otro grupo de criaturas que debe depender de Dios para su sustento. El Salmo 104 proviene de un contexto que recuerda la realeza de Israel y Judá como explotadora y egoísta. Como resultado, Dios los envió al exilio. Génesis 3 recuerda que los planes del hombre y la mujer eran egoístas, y Dios los desterró del jardín.

---

4. James A. Sanders, *De la historia sagrada al texto sagrado* (Filadelfia: Fortress, 1987), p. 7.

LA CREATIVIDAD HUMANA Y LA IMAGEN DE DIOS

El Salmo 33 y la descendencia de Caín

La palabra hebrea que se traduce como "crear" en Génesis 1 es *bara'* (ברא). Esta palabra solo se utiliza con Dios como sujeto, lo que sugiere que *bara'* representa un tipo de creación que solo Dios puede realizar. Sin embargo, esta palabra para creación aparece únicamente tres veces en Génesis 1. El término más común para describir lo que Dios hace en la creación es *'asa* (עָשָׂה), que a menudo se traduce como "hacer" u "obra". Esta palabra se utiliza frecuentemente cuando se habla de la creación fuera del libro de Génesis. En el Salmo 33, se dice: "Por la palabra de Yahvé, fueron hechos (*'asa*) los cielos, y todo su ejército por el soplo de su boca divina" (v. 6). En el Salmo 19, los cielos cuentan las obras (*'asa*) de Dios: "Los cielos proclaman la gloria de Dios, y el firmamento anuncia las obras (*'asa*) de sus manos" (v. 1). En el Salmo 8:3, el cielo es la obra (*'asa*) de los dedos de Dios: "Cuando contemplo tus cielos, obra (*'asa*) de tus dedos, la luna y las estrellas que tú formaste...".

Dios ha creado a la humanidad con esta misma capacidad creativa. Aunque solo Dios puede *bara'*, tanto la humanidad como Dios pueden *'asa*. De hecho, después de celebrar lo que Dios ha hecho en el Salmo 33, el salmista pasa a hablar de los seres humanos: "[Dios], quien formó sus corazones a la vez, observa también todas sus obras (*'asa*)" (v. 15). Después de formar a la humanidad, Dios observa todas sus "obras", utilizando el mismo término Hebreo que describe los actos creativos de Dios en los salmos 8 y 19. El Salmo 90 también refleja este tipo de capacidad creativa en los seres humanos. El salmista en el Salmo 90 ora para que Dios prospere sus esfuerzos creativos, la obra de sus manos: "Que la gracia del Señor nuestro Dios esté sobre nosotros. Afirma la obra de nuestras manos; sí, afirma la obra de nuestras manos" (v. 17). Es evidente que llevar la imagen de Dios implica una dimensión creativa. Tal vez la humanidad no pueda crear de la misma manera en que Dios "creó" los cielos y la tierra, pero sí tiene la capacidad de "hacer", "trabajar" y "formar". De hecho, el Salmo 33 recuerda al lector que Dios observa las "obras" o "hechos" de la humanidad.

El impulso creativo de la humanidad se manifiesta en la genealogía de Caín. Considera Génesis 4:17, 20-22:

Caín conoció a su esposa, ella concibió y dio a luz a Enoc; y Caín edificó una ciudad, y le puso el nombre de "Enoc" en honor a su hijo... Adá dio a luz a Jabal, quien fue el antepasado de los que habitan en tiendas y crían ganado. Su hermano se llamaba Jubal, quien fue el antepasado de todos los que tocan el arpa y la flauta. Zilá también tuvo hijos: Tubal-caín, quien forjó toda clase de herramientas de bronce y de hierro. La hermana de Tubal-caín fue Naamá.

Ciudades, animales domesticados, música y trabajo en metales: el texto bíblico deja claro que todos los elementos de la civilización fueron creados por seres humanos. Caín ciertamente no es el héroe de la historia en Génesis 4, pero él y su descendencia reflejan el impulso creativo presente en los portadores de la imagen de Dios, incluso en aquellos cuyas vidas están marcadas por el pecado.

Los Apkallu

Al igual que en los relatos de la creación, los autores bíblicos en Génesis 4 vuelven a corregir creencias generalmente aceptadas en la cultura circundante. Muchas de esas culturas creían en seres semi-divinos, comúnmente llamados "Apkallu", quienes eran responsables de proveer la cultura al mundo.[5]

El arte asirio representa a los Apkallu con cabezas de humano, ave o pez. Ellos realizaban el trabajo de los dioses en el mundo como mensajeros de los dioses y consejeros de los reyes. La mayoría de las culturas del antiguo Oriente Próximo creían que los dioses proporcionaban las formas de civilización—arte, música, trabajo en metales—a los Apkallu, y que los Apkallu transmitían esos aspectos de la cultura a los reyes. En otras palabras, las maravillas de la cultura solo estaban disponibles para aquellos a quienes los dioses decidían mostrar su favor. Una vez que la bondad de los dioses había sido ganada y su paciencia comprada, los dioses le otorgaban los beneficios de la cultura a los líderes de la sociedad. El pueblo común debía esperar que, tarde o temprano, esos beneficios llegaran a ellos.

Génesis 1 ya habría desconcertado las expectativas de la sociedad antigua sobre la humanidad al afirmar que todo ser humano porta la imagen de Dios y tiene un llamado real hacia la creación. Ese mensaje contracultural y profético continúa en Génesis 4 con una palabra radical, desafiante

---

5. Para una discusión más completa sobre los Apkallu, véase *Dictionary of Deities and Demons in the Bible* por Karel van der Toorn, Bob Becking y Pieter Willem van der Horst (2ª ed. rev.; Boston: Brill, 1998).

y hermosa sobre la humanidad. El resto del antiguo Oriente Próximo creía que la civilización solo podía establecerse mediante la obediencia estricta al rey designado divinamente y a un dios que *quizá* se inclinara a mirar a la humanidad con favor. La Biblia responde en la genealogía de Génesis 4, dejando claro que los dioses no otorgan la cultura a la humanidad, y que los Apkallu no la entregan. Nadie le está negando dones a los seres humanos hasta que su ego sea satisfecho. El Dios de Israel no raciona las bendiciones, entregándolas poco a poco conforme los humanos van ganando su favor mediante la obediencia. Dios muestra gracia desde el principio. Dios le confía el trabajo y la protección de este mundo a los seres humanos. Dios le otorga la imagen divina a toda la humanidad, y Génesis 4 deja claro que parte de lo que la imagen divina concede es la creatividad.

Aún más sorprendente es el hecho de que este mensaje de empoderamiento respecto a la humanidad proviene de la genealogía de Caín. Aunque Caín cometió el primer asesinato por frustración ante sus propias insuficiencias, su linaje es el que le provee la cultura a la humanidad. Históricamente, los intérpretes han tenido dificultades con este pasaje. ¿Es la música malvada porque provino del linaje de Caín? ¿Es problemático fabricar tiendas de campaña? ¿Son malas las ciudades? ¿Es maligno el trabajo en metales?

Parece claro que la Biblia no considera que ninguna de estas cosas sea irremediablemente malvada. El apóstol Pablo era fabricante de tiendas de campaña. Jesús y los discípulos cantaron antes de salir de la última cena. En Apocalipsis, el cielo se representa como una ciudad santa. En otras palabras, el destino final de la humanidad es una imagen redimida de la contribución humana al mundo. Más que una advertencia sobre los supuestos diseños malignos del linaje de Caín, este pasaje es probablemente una señal de la poderosa y extensa gracia de Dios. Ni siquiera el acto egoísta de Caín y su linaje caído pudo suprimir el poder creativo de la imagen de Dios. La imagen de Dios sigue presente en la humanidad pecadora, y aun los seres humanos caídos pueden aportar de manera significativa y creativa a la cultura del mundo.

Mientras que los dioses del resto del antiguo Oriente Próximo controlan y le proveen a la humanidad solo lo que ellos deciden que esta deba tener, el Salmo 33 dice que Yahvé "observa las acciones de la humanidad". Mientras que los dioses del antiguo Oriente Próximo le proveen productos terminados a la humanidad, el Dios de Israel le otorga paleta y pinceles y observa lo que los humanos crearán. Los dioses del antiguo Oriente Próximo quieren siervos. Yahvé desea co-creadores que pastoreen este mundo.

Diluvio

Cada cultura del antiguo Oriente Próximo relataba una historia acerca de un diluvio catastrófico. Parecía formar parte de la memoria cultural compartida. Curiosamente, aunque la historia de un diluvio global es muy común fuera de la Biblia, dentro de ella no se discute mucho más allá de Génesis 6–9. La historia del diluvio aparece con mayor frecuencia en menciones sutiles a lo largo de los textos. Como un compositor que regresa sutilmente a ciertos temas en una composición, el diluvio aparece en alusiones a lo largo del texto bíblico después de su exposición en Génesis.

Hay "diluvios" de agua que se mencionan en varios salmos. Sin embargo, la palabra utilizada explícitamente para el diluvio global en Génesis 6–9 solo aparece una vez en el Salmo 29:10. Aquí se usa para celebrar la relación soberana de Dios con la creación:

"Yahvé se sienta sobre el diluvio, Yahvé se sienta como rey para siempre." El diluvio está asociado con el reinado de Dios sobre la creación. Esto es consistente con la narrativa de Génesis, donde el diluvio fue resultado del rechazo de la humanidad a la instrucción de Dios.

Sin embargo, con mayor frecuencia, el "diluvio" solo se menciona de manera alusiva. En el Salmo 18:13-15, el salmista celebra la liberación de Dios de una situación desesperada usando un lenguaje que evoca el diluvio catastrófico:

> Yahvé tronó en los cielos,
> y la voz del Altísimo habló.
> Envió flechas y los dispersó,
> y grandes relámpagos y los desbarató.
> Se vio el fondo del mar
> y quedaron al descubierto los cimientos del mundo
> por tu reprensión, oh Yahvé,
> por el soplo de tu nariz.

El Salmo 88 utiliza imágenes del diluvio en un contexto de desesperación. El salmista se muestra frustrado por la falta de respuesta de Dios ante sus peticiones repetidas. Usa la imagen del diluvio para hablar de la ira de Dios: «Tu ira ha pasado sobre mí; tus terrores me han destruido. Cada día me rodean como agua, por completo me envuelven» (vv. 16-17). Sin embargo, el Salmo 104:5-9 puede contener una alusión más explícita al diluvio de Génesis 6–9:

> Tú estableciste la tierra sobre sus cimientos,
> para que jamás sea removida.
> La cubriste con el abismo como con un manto,
> y las aguas se posaron sobre los montes.
> A tu represión huyeron las aguas,
> al sonido de tu trueno se apresuraron.
> Los montes se elevaron,
> y los valles descendieron al lugar que les asignaste.
> Pusiste un límite que no traspasarán,
> para que no vuelvan a cubrir la tierra.

Estos versículos evocan al diluvio universal en Génesis. Sin embargo, como ya se ha visto, el Salmo 104 es un himno a la creación. Más que una discusión sobre el diluvio, estos versículos podrían interpretarse como una expresión poética de las aguas del caos en la creación, lo cual estaría en consonancia con el contexto del resto del Salmo 104. ¿Se trata de un diluvio? ¿O de la creación temprana?

Una dificultad para definir una interpretación es que la narrativa del diluvio es en sí misma una historia de la creación, o más bien, una historia de la "des-creación". Génesis 6–9 alude intencionalmente a la creación para mostrar a Dios deshaciendo la creación. En Génesis 1, Dios divide las aguas. En las narrativas del diluvio, Dios permite que las "aguas de arriba" se reúnan con las aguas de abajo y "reinicie" la creación. Dios ha decidido seguir el consejo clásico sobre tecnología: "¿Ya intentaste apagarlo y volverlo a encender?" La creación ha salido mal, y la historia del diluvio es Dios comenzando de nuevo.

Dios no se alegra ni está ansioso por el reinicio. A diferencia de otras deidades del antiguo Oriente Próximo, Yahvé es compasivo y paciente. Al igual que en el Salmo 78:38-39, las narrativas del diluvio demuestran la naturaleza paciente y tolerante de Yahvé:

> Dios, siendo compasivo, perdona su iniquidad,
> y no los destruye.
> Una y otra vez refrena su ira divina,
> y no desata todo su furor.
> Dios recordó que eran carne—
> un soplo que pasa y no vuelve.

Compárese la paciencia de Yahvé con Israel a la de los dioses en la *Epopeya de Atrahasis*,[6] otra narrativa de diluvio del antiguo Oriente Próximo:

> El dios se perturbó por el alboroto de [la humanidad].
> Enlil escuchó su clamor.
> (Y) dijo a los grandes dioses:
> "Se ha vuelto opresivo el clamor de la humanidad.
> Por su alboroto no se puede dormir."

El ruido de la humanidad era un problema tan grande que Enlil intentó un embargo (por parte de los dioses), una plaga y una sequía para disminuir el ruido. Cuando esos planes fracasaron, Enlil exigió que los dioses inundaran la tierra para que pudieran concentrarse. La humanidad fue salvada gracias a la intervención no autorizada de un dios que advirtió a Atrahasis sobre el cataclismo inminente.

Otro antiguo relato épico, la *Epopeya de Gilgamesh*, también contiene una historia de un diluvio que es anterior a la narrativa bíblica. En la historia de Gilgamesh no se expresa explícitamente la razón del diluvio; sin embargo, tanto la *Epopeya de Atrahasis* como la de *Gilgamesh* terminan sus relatos del diluvio con el deseo de los dioses de controlar la población humana. Esto podría implicar que el ruido también era el problema en la historia de Gilgamesh.

En este mundo de dioses caprichosos y fácilmente distraídos, la Biblia ofrece nuevamente una corrección al reflexionar sobre el diluvio. La narrativa bíblica no intenta "probar" el diluvio. Un diluvio universal formaba parte del entendimiento cultural en todo el antiguo Oriente Próximo. Los autores bíblicos decían: "Cuando pienses en el diluvio, piénsalo de esta manera," de forma similar a como lo hicieron con el relato de la creación.

En ciertos aspectos, una fe politeísta tiene mayor facilidad para explicar una calamidad como un diluvio global. Primero, un dios malicioso puede intentar destruir la tierra, y luego un dios misericordioso puede salvar a la humanidad. Sin embargo, un monoteísta necesita explicar cómo el dios que envía el diluvio es el mismo dios que salva a las personas.

La Biblia se diferencia de otras narrativas antiguas sobre el diluvio al cambiar primero los motivos para la destrucción de la humanidad. La respuesta de Yahvé es significativamente diferente a la de los dioses de la cultura circundante de Israel. Mientras que otras autoridades antiguas

---

6. Pritchard, "Atrahasis," *ANET*, 104–106.

hablan de dioses dispuestos a destruir a toda la humanidad porque no pueden dormir o quieren controlar a la población, la Biblia muestra a un dios que se duele de que la situación haya llegado hasta ese punto.

> Yahvé vio cómo los actos destructivos de los seres humanos se multiplicaban en la tierra. Toda inclinación de sus pensamientos era sólo destructiva cada día. Yahvé lamentó haber creado a la humanidad en la tierra y se afligió profundamente. Así que Yahvé dijo: "Borraré de la faz de la tierra a la humanidad que he creado, desde los seres humanos hasta los animales, desde los seres que se arrastran hasta las aves del cielo, porque me pesa haberlos hecho." (Génesis 6:5-7).

Las acciones inmorales de la humanidad, y no su ruido, son tan penetrantes que Dios desea que la creación se deshaga a sí misma.

La historia en Génesis es similar a los problemas que lo divino tiene con Israel más adelante en la historia: "¡Cuánto se rebeló [Israel] en el desierto! Afligieron a Dios en el desierto. Repetidamente pusieron a prueba a Dios y provocaron al Santo de Israel" (Salmo 78:40-41). Al igual que el antiguo Israel en el desierto, toda la humanidad en Génesis 6 ha estado poniendo a prueba a Dios una y otra vez. De hecho, una provocación específica se discute en uno de los pasajes más enigmáticos del Antiguo Testamento.

> Cuando los seres humanos comenzaron a multiplicarse sobre la faz de la tierra y les nacieron hijas, los seres divinos (seres celestiales) vieron que las hijas de los humanos eran hermosas y tomaron como esposas a todas las que eligieron. Yahvé dijo: "Mi espíritu no permanecerá para siempre en los humanos, porque no son más que carne. Sus días serán ciento veinte años." En aquellos días, y también después, había Nefilim en la tierra. Los seres divinos (seres celestiales) se unieron con las hijas de los humanos y ellas tuvieron hijos de ellos. Estos fueron los grandes guerreros de la antigüedad, hombres de renombre. (Génesis 6:1-4)

Mientras que el público original probablemente comprendía exactamente a qué se refería el término "Nefilim," los intérpretes posteriores se han encontrado desconcertados. La palabra aparece dos veces en la Biblia Hebrea: una vez en Génesis 6 y otra en Números 13, cuando los espías infieles probablemente invocaron esta historia para asustar al pueblo de Israel y evitar que obedecieran a Yahvé y tomaran la tierra de Canaán. La ocasión histórica exacta a la que se refiere este pasaje es desconocida y probablemente incognoscible. Algunos intérpretes se preguntan si este pasaje y los Nefilim podrían estar de alguna manera relacionados con los Apkallu mencionados anteriormente, aunque lo que el texto intenta decir exactamente sobre ellos probablemente se ha perdido en la historia.

Aunque las circunstancias precisas detrás de este pasaje son inciertas, la función narrativa es clara. La inmoralidad humana comienza a romper las barreras entre lo humano y lo divino. La maldad es un cáncer que se extiende por la creación, y Yahvé necesita responder. Lo divino está bajo ataque y, en muchos sentidos, el relato bíblico del diluvio puede leerse como un acto de autodefensa. Sin embargo, en medio de la desobediencia y el pecado, se encuentra la fe. Noé halla gracia ante Dios y es salvado, de manera similar al salmista en el Salmo 18:16: "Dios extendió su mano desde lo alto y me tomó; me sacó de las aguas profundas." Al seguir las instrucciones de Yahvé, la familia de Noé sobrevivió.

Después del diluvio, Dios promete a Noé que nunca más destruirá al mundo por medio de un diluvio. Este pacto no es una promesa de buscar castigos más creativos en el futuro. Es una declaración sobre el compromiso de Yahvé con la creación. El diluvio fue una des-creación, y Dios decidió nunca más "des-crear". Dios no renunciará a la humanidad. Los seres humanos no tienen que vivir bajo la amenaza constante de la destrucción—preocupados de que una acción o palabra equivocada haga que Dios abandone a la humanidad y la condene al olvido.

Esto representa otro contraste con las historias del antiguo Oriente Próximo. Los otros dioses también prometen no inundar al mundo, pero en realidad deciden ser más creativos en sus castigos futuros. Su principal deseo parece ser controlar la población humana. En la tablilla XI de *Gilgamesh*,[7] los dioses prometen no volver a inundar la tierra. Más bien, prometen:

> En lugar de que tú causes el diluvio, ¡Ojalá un león se hubiera levantado para disminuir a la humanidad!
> En lugar de que tú causes el diluvio, ¡Ojalá un lobo se hubiera levantado para disminuir a la humanidad!
> En lugar de que tú causes el diluvio, ¡Ojalá una hambruna se hubiera levantado para disminuir a la humanidad!
> En lugar de que tú causes el diluvio, ¡Ojalá una peste se hubiera levantado para disminuir a la humanidad!

El Dios de Israel subvierte nuevamente las expectativas culturales y no desea controlar a la población humana. De hecho, Yahvé bendice a Noé y a su

---

7. "La Epopeya de Gilgamesh," *ANET*, 95.

familia, mostrando la preocupación opuesta en una conexión directa con el primer relato de la creación en Génesis 1 y en una refutación directa a la cultura circundante: "Dios bendijo a Noé y a sus hijos, y les dijo: 'Sean fecundos, multiplíquense y llenen la tierra'" (Gén 9:1). La humanidad recibe otra oportunidad, y queda claro que Yahvé no va a renunciar a la relación.

Torre

Al igual que el "diluvio," la Torre de Babel no se menciona explícitamente en los Salmos. Sin embargo, el orgullo humano y la desobediencia que llevaron a la construcción de la torre son temas que se abordan con frecuencia en los salmos. Lamentablemente, parecen ser un tema común.

A lo largo del texto del Antiguo Testamento, los nombres revelan algo sobre el carácter. Si conoces el nombre de alguien, tienes una idea de su carácter. Las personas en Génesis 11 no quieren que Dios defina su carácter; más bien, en el versículo 4, desean "hacerse un nombre" por sí mismos. La humanidad debe ser creada a imagen de Dios y reflejar el carácter de Dios—el nombre de Dios. El salmista reconoce el peligro de alejarse del nombre de Dios y buscar otros dioses para definir el carácter: "Aumentarán los dolores de los que van tras otro dios. No ofreceré sus libaciones de sangre, ni pronunciaré sus nombres con mis labios" (Salmo 16:4). El salmista también reconoce que solo Dios debe definir el carácter humano: "Yahvé es la porción de mi herencia y mi copa; tú sostienes mi suerte" (Salmo 16:5).

Como se discutió anteriormente, una de las características poéticas de los salmos es conocida como paralelismo. A lo largo de los salmos, el "nombre" de Dios aparece en paralelismo sinónimo con "justicia" (Sal 7:17; 89:16; 143:11), "gloria" (8:1; 29:2; 66:2; 102:15), "bondad" (52:9; 54:6), "poder" (54:1), "amor inagotable" (109:21; 115:1; 138:2), "fidelidad" (115:1; 138:2), "ayuda" (124:8), "creador" (124:8) y "misericordioso" (135:3). Evidentemente, el nombre de Dios refleja una amplia gama de características. Estas son las características que la humanidad fue creada para reflejar al portar la imagen de Dios.

Lamentablemente, la humanidad en Génesis 11 no tiene ningún deseo de reflejar el carácter divino. Ellos han decidido seguir su propio camino: "Y dijeron: 'Vamos, construyamos para nosotros una ciudad y una torre cuya cúspide llegue hasta los cielos. Hagámonos un nombre; no sea que seamos dispersados sobre la faz de toda la tierra'" (v. 4). Dios ha expresado su deseo de que la humanidad "llene la tierra". Aparentemente, la humanidad no está interesada en esa tarea. Han decidido establecerse en un solo lugar, definir su propio carácter y desafiar a Dios. El desafío está implícito en la altura de la torre. La palabra para "cielos" es la misma que en Génesis 1:1 y sugiere que esta torre alcanzaría el mismo límite de la creación, justo hasta la puerta de Dios.

Sin embargo, la humanidad no logra alcanzar esos elevados objetivos. De hecho, la Biblia introduce algo de humor en la historia al insinuar que, aunque los humanos pretendían construir una torre hasta el límite de la creación, Dios ni siquiera podía verla: "Entonces Yahvé descendió para ver la ciudad y la torre que los hombres edificaban" (Gén 11:5). Dios entonces encamina de nuevo a la humanidad hacia el cumplimiento de su llamado divino de llenar la tierra, dispersándolos "desde allí sobre la faz de toda la tierra. Así dejaron de construir la ciudad" (11:8).

La Biblia vuelve a hacer una declaración contracultural sobre lo que creía la cultura circundante. Esta historia parece hacer una afirmación general sobre una característica arquitectónica común de Babilonia conocida como zigurat. Estas estructuras en forma de pirámide solían ser templos con habitaciones para los dioses. También es posible que la Biblia sea más específica en su crítica. Considere este pasaje del *Enuma Elish*:[8]

> Los Anunnaki [dioses menores] abrieron la boca y le dijeron a Marduk, su señor:
> "Ahora, oh señor, tú que has logrado nuestra liberación,
> ¿Cuál será nuestro homenaje hacia ti?
> Construyamos un santuario cuyo nombre será llamado 'he aquí, una cámara para nuestro descanso nocturno'; ¡descansemos en él!"
> ¡Construyamos un trono, un recinto para su morada! El día que lleguemos, en él descansaremos."
> Cuando Marduk escuchó esto, su rostro resplandeció con brillo, como el día:
> "Construyan Babilonia, cuya edificación han solicitado. Que se moldee su ladrillería.
> La llamarán 'El Santuario'." Los Anunnaki tomaron las herramientas;
> Durante un año entero moldearon ladrillos.
> Cuando llegó el segundo año,
> Elevaron la cabeza de Esagila igualando a Apsu.
> Después de construir una torre tan alta como Apsu,
> Establecieron en ella una morada para Marduk, Enlil y Ea.

---

8. "La epopeya de la creación", *ANET*, 68.

En el *Enuma Elish*, se menciona específicamente una torre construida con ladrillos moldeados como un lugar de descanso para los dioses ahora que la creación ha terminado. Los dioses menores son celebrados por Marduk por esta maravillosa torre. Mientras que Marduk puede disfrutar de esta morada fija, Yahvé no lo hace. De hecho, la torre en la narrativa bíblica es un ataque directo contra Dios y un rechazo al llamado de Dios para que la humanidad viva conforme al carácter divino.

Conclusión

La Biblia comienza con imágenes familiares para una audiencia del antiguo Oriente Próximo. La creación, el Gran Diluvio y la Torre habrían sido relatos presentes en la conciencia popular de la mayoría de las culturas del antiguo Oriente Próximo. La Biblia toma estos conceptos familiares pero ofrece correcciones:

- "Han oído decir que un dios creó el universo después de una batalla y que hizo a las personas para ser sirvientes, pero yo digo que Dios creó a toda la humanidad a su imagen divina, con una responsabilidad real, y todo lo que Dios creó fue bueno."

- "Han oído decir que la humanidad es simplemente sirviente del rey, dependiente del favor de los dioses para la cultura, pero yo digo que Dios creó a la humanidad con la capacidad, la responsabilidad y el deseo de crear."

- "Han oído decir que un dios enojado inundó la tierra debido al ruido de la humanidad, pero yo digo que Dios expresó tristeza al inundar la tierra debido al pecado de la humanidad."

- "Han oído decir que la Torre de Babilonia fue celebrada, pero yo digo que fue un acto de egoísmo y desafío, y Dios tomó las medidas apropiadas."

Cada una de las historias utiliza elementos de las tradiciones que una audiencia antigua habría escuchado y reconocido. En todo el Oriente Próximo, se entendía generalmente que la creación provenía de la organización de las aguas caóticas por parte de los dioses. Frecuentemente, la supremacía final de un dios sobre las demás deidades y la creación de la tierra era el resultado de que el dios héroe del panteón luchara contra el dios maligno de las aguas del caos.

De todas las historias clásicas, la creación es de lo que los salmos desean cantar. Los salmos continúan con la visión diferente que la Biblia tiene para el mundo: un mundo creado "bueno" por un solo Dios. Ese Dios, a quien descubrimos en Génesis 2 que se llama "Yahvé," creó a toda la humanidad a su imagen divina. Los seres humanos sirven y protegen esta creación, gobernándola como Dios gobierna el universo. Este Dios es misericordioso y paciente, y ha prometido nunca abandonar su relación con la humanidad. Sin embargo, como resultado de las decisiones de la humanidad, Dios cambiará de estrategia en la forma en que se desarrolla esa relación en Génesis 12.

Preguntas para Profundizar

¿Qué significa para la inspiración del texto el hecho de que las historias dentro de la Biblia sean similares a otras historias del Oriente Próximo, pero sean precedidas por ellas?

2. En la narrativa del diluvio, Dios "se arrepiente" de haber creado a la humanidad. En la historia de Caín y Abel, Dios anima a Caín a "elegir lo correcto". A partir de estos y otros pasajes en la Historia Primitiva, ¿qué implicaciones se pueden extraer sobre el carácter de Dios?

3. Los seres humanos suelen tener una alta opinión de sí mismos. ¿Qué significa la perspectiva cambiante de la Biblia hacia los humanos? Después de todos los fracasos de la humanidad, ¿por qué Dios sigue confiando en ellos?

4. Con la comprensión bíblica de "dominio" vinculada al "servicio" y la "protección", ¿cuáles son las implicaciones para la responsabilidad de la humanidad hacia el mundo? ¿Para la ecología? ¿Para la relación entre los seres humanos?

5. ¿Cómo funciona la imagen creativa de Dios en las vocaciones contemporáneas, más allá de los trabajos de ministerio a tiempo completo?

Ancestros

"Fredo, eres mi hermano mayor y te quiero. Pero nunca vuelvas a ponerte del lado de alguien en contra de la familia. Nunca."

—Michael Corleone, *El Padrino*

Los Salmos y la Identidad Ancestral

Las historias de Abraham, Isaac y Jacob no se desarrollan más allá del libro del Génesis. Los nombres de los antepasados aparecen fuera de Génesis, pero solo se mencionan de manera positiva, apelando a las interpretaciones heroicas y justas que un lector podría asociar con ellos. Se dice que el secreto para tocar jazz bien es saber qué notas no tocar. Tal vez haya verdad en observar qué historias los salmos deciden no contar. Esto ciertamente brinda posibilidades interpretativas cuando se trata de los antepasados.

"Abraham" solo se menciona cuatro veces en los salmos, y tres de esas referencias están en el Salmo 105. Mientras que el Salmo 104 se centra en la creación del cosmos por parte de Yahvé, el Salmo 105 es un salmo postexílico que se enfoca en la creación de un pueblo escogido por Yahvé. El salmo es un repaso histórico del viaje del pueblo de Israel desde Abraham hasta el Éxodo, con un énfasis general en la fidelidad constante de Yahvé.

Aun con la escasez de referencias, las historias de los antepasados le brindaban identidad a Israel. La fuerte conexión tribal con la identidad da contexto a las narrativas bíblicas. Mientras que la sociedad estadounidense del siglo XXI siempre está en movimiento, los primeros oyentes de la historia bíblica probablemente se sorprendieron de que Abram, a los setenta y cinco años, dejara la tierra de su padre por mandato de Yahvé.

En Génesis 12, Dios le dijo a Abram que se fuera, y Abram se fue. La autoridad con la que habló Yahvé fue ciertamente diferente a la de los dioses locales de la época, quienes más bien reforzaban las normas y entendimientos culturales. La autoridad de Yahvé era análoga a la autoridad que Jesús mostró al llamar a los discípulos. En Mateo 4, cuando Jesús vio a dos hombres trabajando en el negocio de pesca de su familia y los llamó a seguirlo, ellos se fueron. ¡Sin duda, los primeros oyentes del evangelio se sorprendieron! Jesús transmitía una autoridad tan fuerte que las personas dejaban a un lado el propósito y la identidad asociados con la familia para seguirlo.

Aunque Abram desafió sus propias obligaciones tribales al responder al llamado de Yahvé, el concepto de identidad tribal sigue presente a lo largo de la historia de los antiguos Hebreos. El pueblo de Israel se identificaba precisamente así: un grupo de personas descendientes de alguien cuyo nombre fue cambiado de "Jacob" a "Israel." Ellos cantan acerca de esa identidad tribal en el Salmo 22: "¡Todos los que temen a Yahvé, alaben a Dios! ¡Todos los descendientes de Jacob, honren a Dios! ¡Cada generación de Israel, asómbrense ante Dios!" (v. 23). Los antiguos Hebreos querían recordar a "su gente" en sus cantos e historias; sin embargo, existen diferencias fascinantes entre la manera en que Israel cantaba acerca de sus antepasados en los salmos y la forma en que contaban sus historias en Génesis.

Identidad Tribal

Cuando le propuse matrimonio a mi esposa, su familia no me apoyó de inmediato. Yo era del "Midwest," no de Misisipi. Su madre objetó: "¡No conocemos a su gente!" En la mente de mi suegra, mi identidad estaba ligada a "mi gente." ¿Venía de alcohólicos? ¿De personas trabajadoras? ¿De personas irresponsables? Ella creía firmemente que si conocías a "mi gente," entonces podrías conocerme a mí. Como no los conocía, no podía saber qué clase de persona era yo. No bastaba con conocerme y hablar conmigo. Quería que su hija se casara dentro de una familia donde pudiera conocer a "su gente."

Aunque la reacción de mi suegra podría ser típica en algunas partes del sur de los Estados Unidos, en la cultura contemporánea la identidad suele ser más individualista. Es algo que uno construye por sí mismo, no algo necesariamente ligado a la familia o los antepasados.

Sin embargo, la identidad en el antiguo Oriente Próximo se parecía más a la visión de mi suegra, o a la lealtad incuestionable a la familia que se muestra en la película *El Padrino*. La familia y la tribu eran la ventana a través de la cual se entendía a los individuos. La primera lealtad de una persona siempre era hacia la familia y la tribu. Las identidades tribales podían estar asociadas con regiones geográficas, pero incluso los grupos nómadas entendían la identidad a través de la familia y la tribu. La lealtad familiar podía implicar la participación obligatoria en disputas tribales e incluso en venganzas de sangre.

El Pacto de Abraham

En el Salmo 105, se recuerda a Abraham como el portador del pacto. Aunque el salmo se centra principalmente en cómo Yahvé cumple fielmente con estos acontecimientos, utiliza un par de títulos poco comunes para los patriarcas: "[Yahvé] no permitió que nadie los oprimiera; reprendió a reyes por causa de ellos, diciendo: 'No toquen a mis ungidos; no hagan daño a mis profetas'" (Salmo 105:14-15). En Génesis 20:7, Dios le llama a Abraham "profeta" en la advertencia que le da a Abimelec. Sin embargo, en este salmo, los tres patriarcas reciben ese título. (Esto también ocurre en 1 Crónicas 16:23, que cita este salmo). Los tres antepasados también son llamados "ungidos" de Dios, o *masíaj*—la raíz Hebrea de la palabra "Mesías" (El griego traduce *masíaj* como "Cristo." Por ejemplo, confesar a "Jesucristo" es confesar a "Jesús es el Mesías"). Claramente, el salmo ofrece una valoración completamente positiva de los patriarcas. Son superhéroes de la fe: antepasados de un pueblo elegido, portadores de un pacto divino, profetas y mesías.

Sin embargo, la narrativa de Génesis cuenta una historia diferente. Abraham sí cree en las promesas de Yahvé y se le considera justo, pero también enfrenta luchas de fe. El nombre de Jacob puede traducirse al Español como "estafador" o "manipulador," y aun cuando su nombre se cambia a "Israel," la etimología sugiere que el nuevo nombre significa "el que se esfuerza o lucha con Dios." Mientras que los salmos presentan a los antepasados como superhéroes, en la narrativa de Génesis un lector podría preguntarse cómo es posible que estos seres humanos imperfectos sean los instrumentos a través de los cuales Dios cumplirá la promesa.

El Pacto de Yahvé

Después del fracaso de la humanidad en general en Génesis 1–11, Yahvé decide tomar un enfoque diferente. En lugar de interactuar con toda la humanidad al mismo tiempo, Yahvé decide apartar a un pueblo que construirá el puente para volver a llevar al resto de la humanidad a una relación con Yahvé. Cuando el salmo recuerda este acontecimiento, se mencionan a los tres patriarcas como los medios a través de los cuales Yahvé estableció el pacto con Israel:

> Dios recuerda el pacto y las cosas que Dios ordenó para siempre—¡por mil generaciones! Dios estableció el pacto que hizo con Abraham y la

> promesa jurada a Isaac, para Jacob como un estatuto para Israel, como un pacto eterno. (Salmo 105:8-10)

El salmo recuerda el pacto de la tierra de Canaán que Yahvé prometió a los antepasados, diciendo: "A ti te daré la tierra de Canaán como tu porción de herencia" (v. 11). Sin duda, la audiencia original en el exilio que escuchó el Salmo 105 necesitaba desesperadamente oír estas palabras de ánimo en un momento en el cual estaban desterrados.

Además de la promesa específica de la tierra, Yahvé hizo y confirmó varios pactos en las historias de los antepasados. La referencia del salmista al "pacto" probablemente le recordaría a la audiencia original de todas las promesas que Yahvé le hizo a los antepasados, de las cuales la primera le llegó a Abram en Génesis 12:

> Yahvé le dijo a Abram: "Sal de tu tierra, de entre tus parientes y de la casa de tu padre, hacia la tierra que te mostraré. Y haré de ti una gran nación. Te bendeciré y engrandeceré tu nombre, y serás una bendición. Bendeciré a los que te bendigan, y maldeciré a los que te maldigan. Y en ti serán benditas todas las familias de la tierra." (vv. 1-3)

Unos capítulos después, en Génesis 15, el pacto de Génesis 12 es reafirmado y Yahvé le da detalles más específicos. Pasaron diez años entre esos capítulos, y Abram aún no había visto respuesta alguna a la promesa divina. Cuando Abram le preguntó a Yahvé si su siervo de confianza Eliezer heredaría su riqueza y la responsabilidad de la promesa, Yahvé le aseguró que la adopción no sería la forma en que se cumpliría la promesa.

> Pero de repente la palabra de Yahvé vino a él diciendo: "Este no será tu heredero, sino uno que saldrá de tus propias entrañas será tu heredero." Y [Dios] lo sacó afuera y le dijo: "Mira ahora hacia el cielo y cuenta las estrellas, si puedes contarlas." Y Dios le dijo: "Así será tu descendencia." (Gén 15:4-5)

"Saldrá de tus propias entrañas" es la manera, no muy delicada, en la que Yahvé le deja claro a Abram que él será el padre biológico de un hijo. Aunque era una práctica aceptada en el antiguo Oriente Próximo, que una pareja sin hijos adoptara un heredero, Dios no usaría la adopción como medio para manifestar la promesa. Después de afirmar esto, Yahvé le ordena a Abram que

> Y Dios le dijo: "Tráeme una becerra, una cabra y un carnero, cada uno de tres años, una tórtola y un pichón." Entonces él tomó todos estos animales y los partió por la mitad (aunque no partió las aves). Luego colocó cada mitad de los animales frente a la otra, de manera que correspondieran entre sí. Cuando las aves de rapiña descendieron sobre los cadáveres, Abram las ahuyentó. (Gén 15:9-11)

Aunque la mayoría de las traducciones al Español dicen que los pactos se "hacen," el Hebreo utiliza el verbo "cortar" (karat) al formar pactos. Es posible que los pactos se "cortaran" debido a las acciones que ocurren durante una ceremonia de pacto. Al formar este pacto, los animales son literalmente cortados por la mitad y las mitades se colocan una frente a la otra. La parte responsable de cumplir el acuerdo pasa entre las mitades de los animales para dar a entender que el pacto se selló. La implicación parece ser esta: "Si no cumplo mi parte de la promesa, que me suceda lo mismo que a estos animales." Génesis 15:17-18a dice: "Cuando el sol se puso y oscureció, de repente apareció un horno humeante y una antorcha de fuego que pasaron entre los pedazos. Aquel día, Yahvé hizo un pacto con Abram..."

En Génesis 15, el texto implica que es Yahvé quien pasa entre los animales. En otras palabras, esta ceremonia le asegura a Abram que Yahvé es quien asume la responsabilidad de cumplir la promesa. En Génesis 12, cuando Abram tiene setenta y cinco años, Dios lo llama a dejar la tierra de su familia y sus obligaciones, y sin dudar ni preguntar, Abram obedece y se va. Diez años después, sin una respuesta visible a la promesa, Abram tiene preguntas y necesita más seguridad de que las promesas de Dios se cumplirán. Yahvé le brinda esa certeza a través de esta ceremonia de pacto.

La expresión más detallada del pacto de Abraham, más de una década después de Génesis 15, aparece en Génesis 17:1-8:

> Cuando Abram tenía noventa y nueve años, Yahvé se le apareció y le dijo: "Yo soy el Dios Todopoderoso. Camina delante de mí y sé intachable, y estableceré mi pacto entre tú y tu descendencia, y te multiplicaré en gran manera." Entonces Abram se postró rostro en tierra. Dios le dijo: "He aquí mi pacto contigo: Serás el antepasado de una multitud de naciones. Ya no te llamarás 'Abram', sino que tu nombre será 'Abraham', porque te he hecho padre de muchas naciones. Te haré sumamente y excepcionalmente fecundo. Haré que de ti salgan naciones y reyes. Estableceré mi pacto entre mí, tú y tus descendientes después de ti por generaciones—para ser un pacto eterno—para ser tu Dios y el Dios de tus descendientes

después de ti. Y te daré a ti y a tu descendencia después de ti la tierra en la que ahora peregrinas, toda la tierra de Canaán, como posesión perpetua. Y yo seré su Dios."

Esta celebración del pacto ocurre veinticuatro años después del llamado inicial de Abram. Yahvé cambia el nombre de Abram, que irónicamente significa "Padre exaltado", por "Abraham", que significa "Padre de muchos". La esposa de Abraham, Sarai, también recibe un cambio de nombre a Sara, aunque desafortunadamente, el matiz del cambio de significado en su nombre no es claro.

La expresión del pacto en Génesis 17 también solicita una respuesta de Abraham y de sus generaciones sucesivas. En Génesis 12 y 15, parece que las promesas de Dios se dan sin condición. Sin embargo, en Génesis 17, Yahvé pide a Abraham que demuestre su participación en el pacto mediante la señal de la circuncisión. Debido a la comprensión del Oriente Próximo antiguo sobre la identidad tribal, la participación de la tribu de Abraham en la señal de la circuncisión reflejaría también el compromiso de Abraham. La circuncisión es un símbolo externo de la identidad del pacto y una marca tangible de fe. Deja claro quién forma parte del pacto y sirve como un acto adicional de fe para Abraham, considerando lo que Dios le pedirá después y el posible efecto de la circuncisión sobre la fertilidad de Abraham.

Dios también le asegura a Abraham en Génesis 17 que no ha terminado con sus responsabilidades biológicas. Dios le dice a Abraham que todos estos beneficios del pacto vendrán del hijo biológico de él y Sara. Al escuchar que su esposa, ya en la postmenopausia, quedará embarazada, Abraham se ríe (reflejando la respuesta de Sara más adelante) y le ofrece un compromiso a Dios en el versículo 18: "Abraham le dijo a Dios: '¡Ojalá Ismael viva delante de ti!'". Dios promete bendecir al hijo de Agar, pero deja claro nuevamente a Abraham que él y Sara serán padres, y ese hijo—cuyo nombre será "risa", o Isaac, en honor a su reacción—será quien lleve la promesa.

Omisiones de los Salmos: Agar

Ciertamente, Abraham demuestra fe en sus encuentros con lo divino. En Génesis 17, cuando se enfrenta a la idea inverosímil de que dos adultos mayores tengan un hijo, él obedece todos los mandatos que Dios le da. Es lógico entender por qué los salmos celebran a este ancestro fiel como un profeta especialmente ungido por Dios.

Sin embargo, en los salmos (y en otras partes de la Biblia Hebrea) está notablemente ausente cualquier discusión sobre las luchas que tuvo Abraham en su camino de fe. Su estancia en Egipto en Génesis 12:10-20 no aparece en los salmos. El texto no aclara si Dios apoyó este intento de evitar una sequía en la nueva tierra a la que Yahvé lo había guiado. Mientras estuvo en Egipto, Abraham mintió sobre su relación con su esposa para salvar su vida. Cuando Dios intervino para castigar al faraón por querer tomar a Sarai como esposa, Abraham salió de Egipto con más riquezas de las que tenía al entrar. Es probable que durante esta estancia en Egipto la esposa de Abram adquiriera una sirvienta egipcia que desempeñaría un papel importante en otra parte descuidada de la historia: Agar.

Aunque "Abram le creyó a Yahvé" en Génesis 15, la elaborada ceremonia del pacto aparentemente no fue suficiente para que Abram y Sarai confiaran en que Yahvé cumpliría la promesa sin ayuda. Inmediatamente después de la escena del pacto en Génesis 15, Sarai decide ayudarle a Dios a cumplir la promesa de un hijo biológico. Abram y Sarai habían lidiado con la infertilidad durante años, por lo que recurrieron a una práctica culturalmente aceptada, suponiendo que Yahvé la utilizaría para cumplir la promesa.

En una sociedad agrícola sin sistemas de jubilación, los hijos eran necesarios para el trabajo y la seguridad en la vejez. Dentro de la cultura del antiguo Oriente Próximo, los matrimonios se centraban más en la descendencia que en el afecto, y los contratos matrimoniales comúnmente incluían disposiciones para obtener herederos si la pareja tenía problemas de infertilidad.[1] A veces se designaba una sustituta, a menudo una sirvienta. Después de un periodo acordado de infertilidad, el esposo podía tener relaciones sexuales con la sustituta. Si la sustituta quedaba embarazada, el hijo de esa relación se consideraba legalmente el heredero principal del esposo. Después de enterarse de la promesa de Dios de que Abram sería padre biológico de un hijo, Sarai asume que Dios debe referirse a este tipo de arreglo, ya que ella está más allá de la edad fértil, y obliga a su sirvienta egipcia, Agar, a servir como esposa sustituta para Abram.

Cuando Agar queda embarazada, parece que la promesa de Dios a Abram se cumple. En esta sociedad patriarcal, el estatus de una mujer estaba ligado a su capacidad de tener hijos, y de esta manera, Agar ha superado a

---

1. Un ejemplo clásico de esta práctica se encuentra en textos de una antigua ciudad conocida como "Nuzi". Los textos datan a un periodo posterior al asociado con los antepasados, pero podrían demostrar que la práctica existía dentro de la cultura. Véase "Real Adoption", *ANET*, 220.

Sarai. Sarai lucha por aceptar la posición elevada de Agar, y su inseguridad la lleva a violar la convención cultural y expulsar a Agar del campamento.[2] Aunque la promesa de un heredero biológico parece haberse cumplido, la promesa de Dios y la expectativa social no resultan tan convincentes como la inseguridad de su esposa, y Abram permite el exilio de Agar y su muerte casi segura en el desierto.

Aunque fue un escándalo cultural, los lectores atentos podrían anticipar el exilio de Agar. Dios le dejó claro a Abram en Génesis 15 que era responsabilidad divina cumplir la promesa. Incluso, Dios llegó al extremo de pasar entre los animales sacrificados para dejar este punto inequívocamente claro. Sin embargo, Abram interpretó esta promesa a través de su propia perspectiva cultural y decidió que Sarai tenía razón al utilizar los medios a su alcance para "ayudar a Dios" a cumplir la promesa. El episodio de Agar parece estar fuera del plan de Dios para establecer un pueblo escogido (un hecho que Dios confirma en Génesis 17). Agar no es mencionada en los salmos ni en ningún otro texto fuera de Génesis en la Biblia Hebrea. El lector podría fácilmente descartarla como una víctima inocente: otra mujer desafortunada y marginada en el mundo antiguo que cayó presa de quienes ocupaban posiciones más poderosas que la suya.

Sin embargo, a lo largo de la Biblia, Yahvé demuestra constantemente su cuidado por los rechazados y marginados, y trae juicio sobre quienes no hacen lo mismo. En el Salmo 82:1-4, Dios revela la expectativa divina:

> Dios preside en la asamblea divina.
> En medio de los dioses, Dios dicta sentencias justas.
> ¿Hasta cuándo juzgarán
> a favor de sus favoritos que honran solo a los malvados?
> Hagan justicia verdadera al débil y al huérfano.
> Defiendan al oprimido y al pobre.
> ¡Protejan al débil
> y liberen al necesitado de la mano de los malvados!

---

2. Los textos antiguos del Oriente Próximo prohíben específicamente que la primera esposa expulse a los hijos nacidos de esta relación de sustitución. Es probable que el público original de este texto se haya sorprendido por la violación de la convención social por parte de Sarai.

En el Salmo 82, el lector descubre lo que Dios espera de la humanidad, porque es lo que Dios espera de sí mismo.[3]

Una vez más, la Biblia muestra que el carácter de Dios se define por la gracia, y Yahvé sorprende al lector al interceder a favor de Agar. Aunque Agar y su hijo por nacer, Ismael, no forman parte del plan del pacto, Dios se niega a abandonarlos como lo hicieron Abram y Sarai. Dios se encuentra con Agar en el desierto y provee para ella. En Génesis 16:10, Agar recibe un honor que solo se había otorgado a los hombres en las historias de los antepasados; a ella se le da una promesa ancestral: "El mensajero de Yahvé le dijo: 'Multiplicaré tanto a tus descendientes que será imposible contarlos.'" Su descendencia quizá no sea el medio a través del cual Yahvé cumplirá el pacto, pero ella será bendecida. Además del honor ancestral, Agar—la humilde esclava egipcia—es la única persona en la Biblia que le da un nombre a Dios. Debido a la provisión de Yahvé para ella, Agar llama a Dios "El-Roi", que se traduce como "Dios ve" o "Dios provee."[4]

Una vez que este encuentro en el desierto ha tenido lugar, Yahvé, de manera curiosa, le pide a Agar que regrese con su ama abusiva. Varios intérpretes han tenido dificultades con esta petición de Yahvé.[5] ¿Por qué Dios enviaría de regreso a esta mujer con sus abusadores? ¿No es esto un acto de crueldad? Sin embargo, Dios podría estar actuando dentro de las expectativas culturales que Sarai violó. Aunque obligar a Agar a actuar como sustituta para Abram quizá no formaba parte del plan de Yahvé, Dios no permite que Abram y Sarai simplemente despidan a Agar y finjan que no existe. Como ellos decidieron asumir la responsabilidad de traer una nueva vida a través de una sustituta, Dios los obliga a honrar esa responsabilidad. El regreso de Agar con Abram y Sarai podría ser un acto que los avergüenza culturalmente y los obliga a recibirla de nuevo en el campamento. La Biblia no registra ningún otro abuso por parte de Sarai hasta años después.

---

3. Para una lectura interesante sobre el Salmo 82 y su definición del carácter divino, véase J. Clinton McCann, "El texto más importante de toda la Biblia: Hacia una teología de los Salmos", en *Soundings in the Theology of the Psalms: Perspectives and Methods in Contemporary Scholarship*, editado por Rolf Jacobson (Minneapolis: Fortress, 2011), pp. 63–75.

4. Curiosamente, el nombre que Agar le da a Dios es notablemente similar al nombre que Abraham le da al lugar de la ofrenda de Isaac en Génesis 22. Abraham nombra el sitio "Yahveh-Yiré," que se traduce como "Yahveh verá," y que a menudo se interpreta de manera idiomática como "Yahveh proveerá."

5. Una interpretación convincente y fascinante de este relato proviene de Phyllis Trible, *Textos de terror: Lecturas literario-feministas de narrativas bíblicas* (Filadelfia: Fortress Press, 1997).

Es importante señalar que, aunque los "no elegidos" no sean aquellos a través de quienes Dios cumplirá la promesa, Dios los ama y provee constantemente para ellos. Debemos rechazar la tendencia a creer que "no elegido" significa "rechazado." La "elección" de la descendencia de Abraham es una declaración vocacional, no una declaración de valor. Los hijos de la promesa son quienes están llamados a hacer posible la reconciliación de toda la humanidad con Dios, tal como Dios le dijo a Abram en Génesis 12:3.

Puede que Sara se haya visto obligada a recibir de nuevo a Agar en el campamento, pero aún así no sentía cariño por Ismael. Al ver que Ismael es capaz de "hacer reír a Isaac" (Gén 21:9), decide enviarlos lejos otra vez. Las tradiciones culturales del antiguo Oriente Próximo permitían que, si la primera esposa finalmente podía tener hijos, la sustituta y su hijo fueran liberados con una compensación económica. Dios le asegura a Abraham que cuidará de Ismael, y que puede hacer lo que Sara le pide. Sara los deja en libertad, pero aparentemente sin compensación, lo cual va en contra de la costumbre cultural. Una vez más, Dios se encuentra con Agar e Ismael en el desierto y provee para ellos. "¡Levántate!", dice Dios. "Alza al muchacho y tómalo de la mano, porque haré de él una gran nación" (Gén 21:18). Una vez más, Dios muestra su gracia hacia los marginados.

Omisiones de los Salmos: Isaac y la Akedá

Isaac no desempeña un papel importante en los Salmos. Su nombre solo se menciona una vez en el Salmo 105, y únicamente dentro de una lista junto a los otros patriarcas. De hecho, Isaac solo se menciona fuera del Génesis en la expresión "Abraham, Isaac y Jacob". Esto probablemente no debería sorprendernos, ya que Isaac tampoco tiene un papel protagónico en la narrativa de Génesis. La mayoría de las historias sobre Isaac lo presentan como una figura secundaria, interactuando con alguno de los otros antepasados (es decir, Abraham e Isaac o Isaac y Jacob). Incluso en la historia donde se elige a su esposa, Isaac no participa en la elección (Gén 24). Su única historia solo en Génesis es similar a la de su padre, quien mintió sobre su relación con su esposa para protegerse (Gén 26:6-33). Esta historia muestra que Isaac cometió los mismos errores que su padre. ¡Incluso hasta su historia solo parece no tratarse realmente de Isaac! El Salmo 105 probablemente hace referencia a estas dos historias en las que Dios protege a Abraham del faraón y a Isaac de Abimelec:

> Cuando eran pocos en número y extranjeros en la tierra,
> Vagando de nación en nación,

de un reino a otro pueblo,
Dios no permitió que nadie los oprimiera
y reprendió a reyes por causa de ellos.
"¡No toquen a mis ungidos!
¡Ni hagan daño a mis profetas!" (vv. 12-15)

Una historia en Génesis que involucra a Isaac actúa como el clímax de la historia de Abraham. Se le conoce como la "Akedá," o "La atadura". En Gén 22, después de que Ismael es oficialmente desheredado en Gén 21, Dios se presenta ante Abraham y le dice: "Toma a tu hijo—tu único hijo Isaac—a quien amas y ve a la tierra de Moría, y ofrécelo allí en holocausto sobre uno de los montes que yo te indicaré" (v. 2). Aunque el sacrificio humano no era raro en las religiones de fertilidad que rodeaban a Abraham, él nunca anticipó esta petición de Yahvé, especialmente después de que pasaron más de veinticinco años para que se cumpliera la promesa de descendencia.

Si Abraham tiene reservas sobre esta petición, el texto nunca las revela. Abraham muestra la misma obediencia a esta solicitud en Génesis 22 que mostró al inicio del viaje en Génesis 12. Nuevamente, Dios le dice a Abraham que vaya a un destino que será especificado después. Sin embargo, esta vez Abraham debe ofrecer a Isaac como sacrificio. Sin hacer preguntas ni protestar, Abraham obedece.

La historia en Génesis 22 es dolorosa de leer. La conversación entre Isaac y Abraham es tierna y difícil. Isaac se dirige a Abraham como "Padre", y dos veces Abraham llama a Isaac "Hijo mío." La conversación se vuelve aún más trágica al darse cuenta de que, en la narrativa de Génesis, Abraham e Isaac nunca vuelven a hablar después de este diálogo. ¿Por qué pondría Dios a Abraham en este tipo de prueba? ¿Qué pretende demostrar? Después de intervenir para evitar el sacrificio, Dios revela sus motivaciones al final, en el versículo 12: "[El mensajero de Yahvé] dijo: '¡No le hagas daño al niño! ¡No le hagas nada! Porque ahora sé que verdaderamente temes a Dios. No me has negado a tu hijo, tu único hijo.'"

Hasta este punto de la historia, la obediencia de Abraham ha estado relacionada con las promesas de recompensa de Dios. Las tareas que Dios le asigna a Abraham siempre incluyen una recompensa por la obediencia. "Ve... y serás una gran nación." "Cree... y tus descendientes tendrán la tierra." Dios también ha declarado que Isaac es la persona a través de quien vendrán las recompensas de la promesa. En Génesis 17:21a, Yahvé dice explícitamente: "Pero yo estableceré mi pacto con...".

Al pedir el sacrificio de Isaac, Yahvé no solo está pidiendo a Abraham que entregue a un hijo—¡lo cual ya sería suficientemente difícil! Yahvé le pide también que renuncie a los beneficios de la promesa: tierra, un gran nombre y una gran nación. A Abraham se le pide demostrar en esta prueba si sigue a Yahvé por la bendición prometida o si lo sigue simplemente porque Dios es digno de obediencia. La fe obediente sin interés en la recompensa se conoce como "piedad desinteresada."

Piedad Desinteresada

La piedad desinteresada es la fe que sigue a Dios sin importar a dónde lleve. Si una persona sigue a Dios por una recompensa personal, esa persona no es diferente al delfín entrenado que salta a cambio de un pescado como premio. Al pedirle que ofrezca a Isaac, a Abraham se le pide que demuestre que su obediencia es más fuerte que la de un delfín. Abraham demuestra que así es. Incluso si el llamado de Dios requiere que Abraham renuncie a la bendición prometida y a su amado hijo, Abraham muestra en Génesis 22 que está dispuesto a hacerlo.

Los salmos no hacen referencia específica a la Akedá (la atadura de Isaac) ni a esta prueba de Abraham, pero sí celebran la fe que no busca una recompensa. De hecho, Sigmund Mowinckel, un estudioso de los salmos del siglo XX, creía que una característica de todos los salmos definidos como "himnos" era que esos salmos reflejaban piedad desinteresada.[6] El cantor, sobrecogido por la grandeza de Dios, ofrece alabanza sin pensar en una recompensa.

El Salmo 150 es la mejor representación de este tipo de fe. Al final de una doxología celebratoria de los salmos 146–150, el Salmo 150 ofrece un llamado abundante a la alabanza:

> ¡Alaben a Yahvé! Alaben a Dios en su santuario santo.
> Alaben a Dios en la inmensidad del firmamento.
> ¡Alaben a Dios por su poder divino!
> ¡Alaben a Dios por su grandeza incomparable!
> ¡Alaben a Dios con sonido de trompeta!
> ¡Alaben a Dios con arpa y lira!
> ¡Alaben a Dios con pandero y danza!
> ¡Alaben a Dios con cuerdas y flauta!
> ¡Alaben a Dios con címbalos resonantes!

---

6. Sigmund Mowinkel, *Los Salmos en el culto de Israel* (trad. D. R. Ap-Thomsa; 2 vols.; Nashville, Abingdon Press, 1962), p. 181.

¡Alaben a Dios con címbalos de júbilo!
Todo lo que respira, ¡alabe a Yahvé!
¡Alaben a Yahvé! (vv. 1-6)

El Salmo 150 es el único salmo que no ofrece ninguna razón específica para alabar a Yahvé.[7] Israel llama a los oyentes a alabar a Yahvé sólo porque Yahvé es digno de alabanza, no por victorias, respuestas o bendiciones. Otros salmos pueden alabar a Yahvé por una liberación o sanidad celebrada, pero el Salmo 150 simplemente ofrece alabanza.

Abraham demuestra este tipo de fe al ofrecer a Isaac. A Abraham se le había prometido tierra, un gran nombre y una nación, que vendría a través de Isaac. Después de todos los años con sus altibajos, Abraham aprendió que no se trata de la recompensa. Se trata de Yahvé.

Omisiones en los Salmos: Jacob el Truhan

Jacob no está exactamente omitido de los salmos. De hecho, las menciones de Jacob superan ampliamente a las de Abraham. "Jacob" es mencionado treinta y cuatro veces, frente a solo cuatro menciones de Abraham,[8] y ese número ni siquiera incluye las ocasiones en que se menciona "Israel" para referirse a la persona de Jacob, como en el Salmo 22:23:[9] "¡Todos los que temen a Yahvé, alaben a Dios! ¡Todos los descendientes de Jacob, honren a Dios! ¡Cada generación de Israel, muéstrese asombrada ante Dios!" Lo que falta en las menciones de "Jacob" en los salmos es cualquier reflexión sobre su personalidad controladora y manipuladora. Al igual que Abraham, Jacob es recordado de manera positiva en los salmos. De hecho, aparentemente está incluido en la celebración de los antepasados del Salmo 105 como "profetas" y "mesías."

Una posible razón de esto podría ser que, para la época en que se escribieron los salmos, "Jacob" se entendía más comúnmente como una metonimia para la nación de Israel.[10] Dos ejemplos se pueden ver en el

---

7. Walter Brueggemann, "Limitados por la obediencia y la alabanza: Los Salmos como canon," en *Los Salmos y la vida de fe* (Minneapolis: Fortress Press, 1998), pp. 189–213.

8. Salmos 14:7; 20:1; 22:23; 24:6; 44:4; 46:7; 46:11; 47:4; 53:6; 59:13; 75:9; 76:6; 77:15; 78:5, 21, 71; 79:7; 81:1, 4; 84:8; 85:1; 87:2; 94:7; 99:4; 105:6, 10, 23; 114:1, 7; 132:2, 5; 135:4; 146:5; y 147:19.

9. Nota también Salmos 46:7, 11; 75:9; 76:6; 81:1, 4; 84:8; y 94:7.

10. Una metonimia es cuando se utiliza una palabra para representar otra cosa con la que está relacionada. Un ejemplo clásico es usar "Washington" para referirse al gobierno federal de los Estados Unidos.

Salmo 14:7: "¿Quién traerá la liberación para Israel desde Sion? Yahvé restaura la fortuna de su pueblo, Jacob se alegrará. ¡Israel se regocijará!", y en el Salmo 44:4: "Tú eres mi rey, oh Dios. Tú ordenas la liberación de Jacob." En ninguno de estos ejemplos parece probable que el salmista se refiera al antiguo patriarca. Más bien, "Jacob" significa "la nación."

Jacob incluso supera a Abraham en cuanto a la relación con Yahvé. Aunque Abraham suele ser considerado el "padre de la fe," los salmos prefieren usar la frase "Dios de Jacob" para referirse a Yahvé,[11] como en el Salmo 20:1: "Que Yahvé te responda en el día de la angustia. El nombre del Dios de Jacob te exalte." Aunque los salmos nunca mencionan la personalidad compleja de Jacob, el hecho de que utilicen su nombre es un recordatorio interesante de su pasado difícil. Gran parte del período de la vida del patriarca cuando era conocido como "Jacob" está asociado con el control manipulador y el engaño. Aunque su nombre fue cambiado a "Israel" dos veces cerca del final de su historia, los salmos suelen usar el nombre "Jacob" con mayor frecuencia al recordar al astuto patriarca.

El nombre de Jacob es cambiado a "Israel" en dos ocasiones dentro de las narrativas de Génesis: una vez por el hombre con el que lucha en Génesis 32:28 y otra vez por Dios en Génesis 35:9. Desafortunadamente, en ambos casos, el cambio de nombre no perdura. Parece que Jacob nunca logra vivir efectivamente bajo su nuevo nombre. En los textos que siguen inmediatamente a ambos eventos, se le sigue llamando "Jacob."

Jacob parece ser la única persona en el texto bíblico para quien esto representa un problema. "Abram" es conocido universalmente como "Abraham" después de su cambio de nombre. El texto y los lectores recuerdan a Oseas como "Josué" y a Simón como "Pedro." Sin embargo, Jacob sigue siendo "Jacob" mucho tiempo después de ambos intentos de cambiar su nombre. Incluso Yahvé parece preferir "Jacob" al recordarle a Moisés los antepasados en la historia del Éxodo: "Así dirás a los hijos de Israel: 'Yahvé me ha enviado—el Dios de sus padres, el Dios de Abraham, Dios de Isaac y Dios de Jacob'" (Éxodo 3:15).

El secreto podría estar en el significado de cada nombre. Como ya se ha mencionado, los nombres ofrecen una visión del carácter en la Biblia Hebrea. Cuando Esaú y Jacob nacieron, sus padres los nombraron en función de sus rasgos evidentes. Esaú estaba "cubierto de vello rojizo," así que le pusieron un nombre que combinaba "rojo" y "velludo." A Jacob le dieron su nombre porque nació sosteniendo el talón de su hermano. Sus

---

11. Sal 20:1; 24:6; 46:7, 11; 75:9; 76:6; 81:1, 4; 84:8; 94:7; 114:7; 146:5.

padres convirtieron la palabra "talón" en un verbo. El sentido idiomático del nombre Jacob sería "el que hace tropezar a otro" o, de manera más coloquial, "embaucador" o "tramposo." Cabe preguntarse si "Israel" nunca logró imponerse porque "Jacob" reflejaba mejor su personalidad.

No todas las acciones de Jacob fueron "astutas." A menudo, Jacob aprovechaba cada oportunidad para mantener el control de su destino—a veces recurriendo al engaño. En Génesis 25, Jacob intercambia un plato de sopa con un hambriento Esaú por el derecho a ser considerado el primogénito. Así, no solo heredaría dos tercios de la riqueza de su padre, sino que también sería responsable de la administración de la familia— decidir dónde pastar el ganado, qué y dónde sembrar los cultivos, quién se casa con quién, etc. Desde el inicio de la historia, el lector puede ver claramente que Jacob está más capacitado para esas responsabilidades que Esaú. A Esaú se le describe como cazador y "hombre del campo." Jacob, en cambio, es llamado "hombre civilizado, que habita en tiendas." El lector antiguo sin duda percibiría ecos de Gilgamesh, el rey civilizado, en la figura de Jacob, mientras que Esaú recuerda a Enkidu, el hombre salvaje y velludo. La adquisición del derecho de primogenitura por parte de Jacob no implicó mucha "astucia." Los términos eran simples y comprendidos. Al igual que el lector, Esaú reconoció que no tenía interés en liderar a la familia y "despreció su primogenitura."

Sin embargo, Jacob le hizo honor a su nombre al robar la bendición de su padre que le correspondía a su hermano. Por indicación de su madre, Jacob se disfrazó de su hermano Esaú para engañar a su padre y recibir la bendición en Génesis 27. Los votos y juramentos eran muy importantes en el antiguo Oriente Próximo. Cuando alguien invocaba a un ser divino en una promesa, esa promesa se consideraba irrompible. Es decir, una vez que Isaac le pidió a Dios que bendijera a Jacob (creyendo aparentemente que era Esaú), Isaac no podía retractarse de esa bendición. Era como un contrato firmado. Cuando se descubrió el engaño de Jacob, la única opción de Isaac para bendecir a Esaú fue ofrecerle una bendición que, en términos generales, significaba: "La vida para ti será difícil, pero eventualmente, todo estará bien."

Por temor a perder la vida, Jacob huyó de su familia y de la tierra prometida. Después de haber crecido, sin duda, escuchando las historias de la fe de su abuelo Abraham, Jacob debió suponer que, en su intento de asegurar la promesa, la había perdido. En un bello momento de consuelo divino, Yahvé se encuentra con Jacob en Betel. En un sueño, Dios se le aparece y le da una ilustración del puente que sus descendientes cruzarían para estar con lo divino. Dios entonces le hace una promesa a Jacob en Génesis 28:13-15:

> Y de repente, Yahvé estaba sobre ella y dijo: "Yo soy Yahvé, el Dios de Abraham tu padre y el Dios de Isaac. La tierra sobre la que estás acostado te la daré a ti y a tus descendientes. Y tus descendientes serán como el polvo de la tierra. Te extenderás al occidente, al oriente, al norte y al sur. Y todas las familias de la tierra serán bendecidas por ti y por tus descendientes. Y he aquí, yo estoy contigo y te protegeré dondequiera que vayas. Y te haré volver a esta tierra porque no te abandonaré hasta que haya cumplido lo que te he dicho."

Después de una teofanía que ofreció este tipo de seguridad divina, uno podría suponer que Jacob despertaría con una nueva fe. Seguramente, ahora que Dios se le había aparecido y le había dado esta palabra de consuelo, Jacob emprendería su viaje con una nueva confianza en la provisión de Dios. Sin embargo, Jacob tenía una necesidad persistente de controlar cada situación y, al despertar, "hizo un voto":

> Si Dios está conmigo, y me protege en este viaje que realizo, y me da pan para comer y ropa para vestir, y regreso en paz a la casa de mi padre, entonces Yahvé será mi Dios. Y esta piedra que he puesto como pilar sagrado será la "Casa de Dios" y ciertamente te daré el diezmo de todo lo que me des. (Génesis 28:20-22)

Esta confesión no es exactamente la fe de su abuelo Abraham. Dios habló con Abraham, y Abraham fue. Dios habló con Jacob, y Jacob inició largas negociaciones contractuales para asegurarse de que lo divino cumpliría la parte de Dios en el trato. Jacob deja en claro que solo después de que Dios cumpla con la lista de expectativas de Jacob, Yahvé será el Dios de Jacob.

Jacob llega sano y salvo a la tierra de su tío, y después de una estancia de veinte años con su tío y suegro, Jacob descubre a primera instancia de qué lado de la familia proviene su personalidad. Labán engaña a Jacob para que se case con Lea, la hija mayor, en lugar de Raquel, la hija con la que Jacob realmente quiere casarse. Luego, Jacob manipula la reproducción de los rebaños de Labán para poder formar sus propios rebaños. Al final de la etapa de Jacob con su tío, el había demostrado las habilidades administrativas que el lector sabía que lo harían la mejor elección para el "primogénito" al inicio de la historia.

De la misma manera que la Akedá es el clímax narrativo de la historia de Abraham y es ignorada por los salmos, la lucha de Jacob en el vado del río Jaboc también es ignorada por los salmos. En Génesis 32, Jacob vive un evento que sirve como metáfora de toda su vida.

> Y Jacob se quedó solo. Entonces un hombre luchó con él hasta el amanecer. Pero cuando vio que no podía vencerlo, tocó la articulación de su cadera, y la cadera de Jacob se dislocó mientras luchaba con él. Y el hombre dijo: "¡Suéltame! Ya está amaneciendo." Pero Jacob respondió: "No te soltaré hasta que me bendigas." El hombre le preguntó: "¿Cuál es tu nombre?" Y él respondió: "Jacob." Entonces el hombre dijo: "Ya no te llamarás Jacob, sino Israel, porque has luchado con Dios y con los hombres, y has vencido." (Génesis 32:24-28)

A lo largo de su vida, Jacob ha intentado mantener la ventaja en todas sus negociaciones, tanto con los humanos como con Dios. Después de que Jacob le confiesa su nombre al hombre, lo cual sería una confesión de su carácter—"soy un tramposo"—el hombre redefine el viaje de vida de Jacob con un cambio de nombre. Ya no es Jacob, "el que engaña y hace tropezar a otros"; ahora es "Israel", o "el que lucha y prevalece con Dios". En otras palabras, el hombre ha tomado el deseo incesante de Jacob por el control y lo ha reinterpretado como un deseo de nunca rendirse.

La Biblia no proporciona detalles sobre la identidad del "hombre" que lucha con Jacob junto al Jaboc. La tradición ha vinculado a este hombre con un ser divino debido al nombre que Jacob le da al lugar. "Y Jacob llamó a aquel lugar Peniel, porque 'he visto a Dios cara a cara, y mi alma fue liberada'" (Gén 32:30).

La naturaleza divina del "hombre" resulta algo problemática. Se podría suponer que el Dios de toda la creación podría derrotar a Jacob en una lucha. Una explicación probable es que ver el "rostro de Dios" es una metáfora para Jacob. El combate lo obligó a confesar y asumir su carácter a lo largo de su vida. Si el término es metafórico, la Biblia podría estar dando una pista sobre la identidad del "hombre" en el siguiente capítulo.

Después de la difícil noche de Jacob, sale al encuentro de Esaú en Génesis 33. Sin saber cómo reaccionaría Esaú, Jacob organiza a sus esposas e hijos según su preferencia, de modo que su esposa e hijo favoritos tengan la mejor oportunidad de escapar si Esaú responde con violencia. Probablemente, para sorpresa de todos, Esaú recibe a Jacob con una gracia y perdón notables. Después de que Jacob intenta comprar el favor de Esaú, este le pide que conserve sus regalos porque se hizo rico durante la ausencia de Jacob. Sin embargo, Jacob insiste en que Esaú acepte los presentes y dice: "No, por favor, si he hallado gracia ante tus ojos, acepta este presente de mi mano, porque en verdad, he visto tu rostro como si viera *el rostro de Dios*, pues me has aceptado" (Gén 33:10). Ver a Esaú fue como ver el "rostro de Dios". Uno se pregunta si la Biblia busca dar al lector una pista sutil sobre la identidad del hombre que se negó a dar su nombre junto al río Jaboc. Tal vez, después de veinte años, Esaú y Jacob resolvieron sus problemas luchando junto al Jaboc. Quizá fue el mismo Esaú quien transformó el nombre de Jacob en Israel como un acto de perdón.[12] Independientemente de esto, como Yahvé había prometido al inicio de su viaje, Jacob regresó a casa después de veinte años y se reconcilió con un Esaú ahora rico y un padre anciano (pero aún vivo).

José

Aunque no es un antepasado de toda la nación de Israel, José suele incluirse entre las historias de los antepasados, ya que se le considera el padre de dos de las tribus más grandes del reino del norte: Efraín y Manasés. De hecho, debido al poder y la posición de la tribu en la nación del norte, "José" se utiliza frecuentemente como un metónimo para referirse a todo el reino del norte. En el Salmo 78, otro salmo histórico, "José" y su hijo "Efraín" se usan para referirse al reino del norte al hablar del exilio de las tribus del norte por parte de Dios: "Dios rechazó la tienda de José y no escogió la tribu de Efraín" (v. 67).

La manera en que se narra la historia de José en el Génesis también contrasta con las historias principales de los antepasados. Las historias de Abraham, Isaac y Jacob ofrecen al lector pequeños vistazos a episodios individuales en las vidas de los antepasados, como "Abraham y el faraón", "Isaac y Abimelec", o "Jacob y Esaú". La narrativa de José es más cohesionada en la forma en que se desarrolla la historia. Esta historia ha sido llamada una "novela corta," ya que presenta un flujo narrativo con desarrollo de personajes y drama.

El libro de los Salmos proporciona más profundidad a la narrativa de José que a las otras historias de los antepasados. De hecho, en el Salmo 105 se narra brevemente todo el arco de la historia de José:

---

12. Esa posibilidad añadiría otro interesante paralelo a la antigua historia de Gilgamesh y Enkidu. Gilgamesh y Enkidu lucharon hasta que Gilgamesh "giró su rodilla con el pie en el suelo" y ganó el combate. Una vez que lo hizo, la "furia de Enkidu se calmó" y ambos se convirtieron en grandes amigos.

> Dios mandó hambre sobre la tierra
> y rompió todo sustento de pan.
> Dios envió delante de ellos a un hombre, José,
> que fue vendido como esclavo.
> Sus pies fueron oprimidos con grilletes,
> hierro rodeó su cuello.
> Hasta el momento en que se cumplió lo que había dicho.
> ¡La palabra de Yahveh lo probó justo!
> El rey mandó llamarlo y lo soltó.
> El gobernante de los pueblos lo dejó en libertad.
> Lo puso como señor de su casa,
> y gobernador de todas sus posesiones,
> para enseñar a sus funcionarios como él quisiera,
> y a sus ancianos como le pareciera sabio. (vv. 16-22)

Naturalmente, el salmo omite algunos de los detalles precisos de la vida de José en favor de una visión más general. Sin embargo, resulta interesante que, considerando la falta de detalles sobre las vidas de los antepasados principales, en el salmo se encuentre un resumen general de toda la historia de José.

Además, el salmo ofrece una interpretación teológica de la experiencia de José en Egipto. En el Salmo 105:17, el salmista dice que Dios envió a José a Egipto antes de la hambruna. Aparentemente, la estancia de José en Egipto formaba parte de un plan divino para proveer a Egipto durante la hambruna y para su instrucción. La posición de José en Egipto le dio a la familia de Jacob una oportunidad única. El Salmo 105:23-34 comparte el resultado de esto: "Israel llegó a Egipto, y Jacob vivió como extranjero en la tierra de Cam. Dios hizo a su pueblo sumamente fructífero, y más poderoso que sus enemigos."

Omisiones en los Salmos: Mujeres Olvidadas

De las omisiones en las vidas de los antepasados en el libro de los Salmos, quizá la más preocupante sea la de las mujeres. Aunque hay pocas menciones de los patriarcas fuera del libro de Génesis, las mujeres que desempeñan papeles significativos en sus historias son mencionadas aún menos.

En Génesis 16, Agar recibió una promesa ancestral y se le permitió nombrar a lo divino. Desafortunadamente, no vuelve a ser mencionada en la Biblia Hebrea. Sara tuvo un papel en la promesa al mostrar tanto fe como duda, y su participación en la historia también se olvida en la vida de adoración de Israel. Rebeca tuvo un papel activo al intentar asegurar que las promesas de Dios se cumplieran, y también es omitida de la narrativa bíblica fuera de Génesis. Al igual que Sara y Raquel, Rebeca enfrentó el problema de la esterilidad. Después de finalmente quedar embarazada, Dios le dijo que su hijo menor sería favorecido sobre el mayor: "Y Yahvé le dijo: 'Dos naciones hay en tu seno. Dos pueblos divididos saldrán de tus entrañas. Un pueblo será más fuerte que el otro, y el mayor servirá al menor'" (Génesis 25:23).

Al escuchar este oráculo, Rebeca utilizó la agencia que tenía para defender la palabra de Dios cuando vio que este oráculo estaba en peligro en Génesis 27. Cuando Isaac planeaba bendecir a su hijo favorito Esaú y (quizá sin saberlo) alterar los planes de Dios, Rebeca organizó que Jacob se hiciera pasar por Esaú para asegurar la bendición. Rebeca también fue quien sugirió que Jacob huyera a la casa de su hermano en el norte de Siria hasta que Esaú se calmara. Luego manipuló a Isaac para que sugiriera que Jacob viajara a la casa de Labán. Al igual que Jacob, Rebeca siempre tenía el control, aunque siempre luchaba para defender las promesas de Dios que escuchó cuando estaba embarazada.

De todas las matriarcas, el legado de Raquel es el más perdurable fuera de Génesis. En Génesis 35, Raquel murió al dar a luz a Benjamín cerca de Belén. Como resultado, Raquel se convirtió en una figura representativa para el duelo por la pérdida de hijos. Aunque no se le menciona en los salmos, aparece en la poderosa poesía de Jeremías 31. Raquel aporta la voz de una madre lamentando el exilio de la nación en el versículo 15: "Así dice Yahvé: 'Se escucha una voz en Ramá, llanto y amargo lamento. Raquel llora por sus hijos y rehúsa ser consolada por sus hijos, porque ya no existen.'" En Mateo 2, cuando Herodes ordena la muerte de los niños menores de dos años en un intento de matar al joven Cristo, también se cita el pasaje de Jeremías, y Raquel se convierte en compañera del dolor.

Lea, la hermana de Raquel, no es mencionada fuera de Génesis excepto por una breve mención en Rut 4. Así que el lector debe decidir: ¿es mejor ser recordada por el dolor o no ser recordada en absoluto? En la desgarradora historia de Lea, ella espera cada vez que su capacidad de dar un hijo haga que Jacob la ame. Aunque nunca es la favorita de Jacob, sí es favorecida por Dios. Dios siempre tiene en cuenta a los "no elegidos." Dios "abre su matriz" y permite que Lea tenga seis de los doce hijos de Jacob. Sus hijos se convierten en los antepasados de la mitad de las tribus de Israel. Su hijo, Judá, sería la tribu de David y, más tarde, de Jesús. El texto no da ninguna razón para el estatus favorecido de Lea más allá del hecho de que Jacob prefería a Raquel. En otras palabras, Dios está una vez más del lado de los marginados, eligiendo a Lea para ser la madre de una parte especial de la promesa. Por difícil que sea la historia de Lea, tiene un final positivo. Ya que Raquel muere en el parto y es sepultada cerca de Belén, Lea es la esposa que Jacob entierra con él en la "Tumba de los Patriarcas" en Hebrón. En la muerte, Lea finalmente se convierte en la esposa favorita.

Conclusión

Este libro ha partido de la premisa de que los salmos contienen todos los temas importantes de la Biblia hebrea. ¡Sin embargo, las historias de los antepasados ciertamente han puesto a prueba esa tesis! Aunque el Salterio sí hace referencia a los patriarcas, faltan aspectos importantes (incluso cruciales) de las narrativas ancestrales: las luchas de fe de Abraham, la Akedá (el sacrificio de Isaac), la personalidad colorida de Jacob y todas las importantes contribuciones de las mujeres. ¿Qué debemos pensar de estas omisiones? ¿Por qué, cuando Israel canta, sólo canta sobre los hombres, y sólo los menciona como "profetas" y "mesías"?

Ciertamente, el libro de los Salmos no teme abordar las partes difíciles de la vida. El libro recuerda el pecado del gran rey David en el Salmo 51. La mitad de los salmos contienen características de lamento, muchos de ellos en boca de David. El libro de los Salmos es, de forma constante, un libro real sobre personas reales que a menudo enfrentan luchas verdaderas. Sin embargo, los salmos no muestran interés en recordar la vida "real" (es decir, difícil) de los antepasados, sino únicamente sus llamados como "profetas" y "mesías."

No obstante, los salmos se cantaban en un tiempo diferente y respondían a una necesidad distinta a la del Génesis. El Salmo 105, que presenta la historia más completa de los antepasados en los Salmos, resalta cuatro lecciones importantes de esas historias:

1. Dios prometió la tierra a los antepasados y a sus descendientes.
2. Dios protegió a los antepasados cuando eran pocos y andaban errantes de "nación en nación."
3. Dios protegió a José durante su esclavitud.
4. José ascendió al poder y fue una bendición para Egipto.

Como siempre, la ocasión del texto es importante. El Salmo 105 probablemente se ubica en el Libro IV, después del exilio. La nación de Judá había sido destruida y el pueblo de Dios estaba disperso por todo el antiguo Cercano Oriente, con comunidades en Babilonia, Egipto, Israel y otros lugares. Los fieles intentaban comprender su lugar en un mundo donde sus vidas se parecían mucho a las de sus antepasados "errantes." En ese contexto, no era tan importante recordar la humanidad de los antepasados; la realidad de la propia humanidad de los exiliados probablemente era suficiente. Era mucho más importante recordar lo que Yahvé hizo por y con los antiguos antepasados. Cuando los fieles se encuentren nuevamente como minoría entre las naciones, deben aferrarse a Yahvé. Yahvé los protegerá y los levantará para que sean una bendición para las naciones. Entonces, podrán ser "profetas" y "mesías."

Preguntas para Profundizar

En narrativas provenientes de una época completamente patriarcal (y que a menudo son patriarcales en sí mismas), las mujeres desempeñan un papel importante y, en ocasiones, notablemente activo. Sin duda, no hay una respuesta sencilla para esta aparente contradicción, pero ¿cuál podría ser una posible explicación?

Los salmos omiten varias historias que históricamente han sido importantes para las personas de fe. Además, agregan títulos a los antepasados que normalmente no se asocian con ellos (como "mesías"). ¿A qué podrían deberse estas selecciones?

¿Por qué podría haber querido Dios que Agar regresara con Abraham para cumplir una responsabilidad que Dios nunca le ordenó (es decir, el hijo con Agar)?

¿Dónde se puede encontrar una identidad más tribalista en la sociedad contemporánea? ¿Dónde se puede encontrar una identidad más individualista? ¿Cuáles son las advertencias y bendiciones de cada una?

La Biblia muestra de manera constante que la "no elección" no significa "rechazo." Los individuos que no continúan la línea elegida reciben grandes bendiciones (por ejemplo, Ismael y Esaú). ¿Qué significa esto respecto a la manera en que los cristianos hablan sobre la "elección?"

El Éxodo

> *Esto no es un momento, es el movimiento / Donde todos los hermanos más hambrientos con algo que demostrar fueron / Los enemigos se nos oponen, tomamos una postura honesta / Avanzamos como Moisés, reclamando nuestra Tierra Prometida…*
>
> —Alexander Hamilton,
> *Hamilton* de Lin-Manuel Miranda

Éxodo y los Salmos

La historia del éxodo de los antiguos hebreos de Egipto ha resonado con diversos grupos a lo largo de la historia. Poco después de la firma de la Declaración de Independencia, se comisionó a un comité para diseñar el primer sello nacional, y Benjamin Franklin propuso a Moisés de pie en la orilla con las manos extendidas sobre el Mar Rojo.[1] La narrativa del éxodo fue una metáfora central para los teólogos de la liberación que luchaban por la reforma social en América Latina.[2] Los cánticos espirituales afroamericanos contenían regularmente imágenes del éxodo y referencias a Moisés. Canciones como "Go Down, Moses," "Wade in the Water" y "Bound for Canaan Land" resonaban entre quienes anhelaban libertad y justicia. El Movimiento por los Derechos Civiles en EUA en la década de 1960 recurrió a la misma historia en canciones como "We Shall Not Be Moved"

---

1. Derek Davis, *Religión y el Congreso Continental, 1774–1789: Contribuciones a la Intención Original* (Nueva York: Oxford University Press, 2000), p. 138.

2. La obra que dio inicio al movimiento suele asociarse con Gustavo Gutiérrez, *Teología de la liberación: Historia, política y salvación* (Maryknoll, NY: Orbis, 1988).

y en los discursos de Martin Luther King Jr.[3] Incluso Lin-Manuel Miranda utilizó una referencia a Moisés y el Éxodo en la canción "My Shot" de su galardonado musical *Hamilton*, estrenado por primera vez en 2015.

Parte del atractivo de la narrativa del éxodo radica en su capacidad para hablar en diferentes contextos. La liberación de Israel por parte de Dios no es una liberación espiritual relegada a algún futuro ideal "allá afuera" en algún lugar, ni tampoco es el éxodo exclusivamente una acción política. El éxodo es tanto espiritual como político. Dios desaprueba el trato injusto del faraón hacia los hijos de Israel en la historia, y Dios interviene para afectar milagrosamente esa historia. Para algunos, el éxodo constituye la metáfora central de salvación en la historia del Antiguo Testamento. Yahvé demuestra tanto poder como amor por el pueblo de Israel, actuando de manera tangible en la historia a favor de un pueblo sin poder bajo un régimen injusto y opresor.

Aunque los salmos pueden ser selectivos en cuanto a las historias de los antepasados, los salmos están llenos de imágenes del éxodo, especialmente en la segunda mitad del libro. Para los salmos, a partir del Libro III (Salmo 73), el exilio proporciona el contexto histórico, y el pueblo de Judá deseaba desesperadamente que Dios realizara un nuevo éxodo. Esta historia de liberación se volvió formativa cuando el pueblo exiliado en Babilonia comenzó a recopilar sus relatos. La comprensión de Israel sobre sí mismo y sus orígenes fue moldeada por un pueblo en exilio que buscaba una historia que hablara a su situación. La historia del éxodo fue la historia que preservaron. La esperanza de restauración política y de perdón espiritual dio forma a su vida de adoración y a los cantos que entonaban.

Como se vio en el capítulo anterior, el Salmo 105 ofrece una introducción útil a la narrativa del éxodo:

Entonces Israel llegó a Egipto,
y Jacob vivió como extranjero en la tierra de Cam.
Dios hizo a su pueblo sumamente fructífero,
y más poderoso que sus enemigos.
Dios hizo que el corazón de sus enemigos se volviera para odiar a su pueblo,
y para tratar con traición a los siervos de Dios. (vv. 23-25)

---

3. El último discurso de Martin Luther King Jr., "He estado en la cima de la montaña" ("I've Been to the Mountaintop"), asocia de manera premonitoria el final de su ministerio con la muerte de Moisés, el día antes de su asesinato. Véase "Martin Luther King's Final Speech: 'I've Been to the Mountaintop,'" ABC News, 3 de abril de 2013, https://abcnews.go.com/Politics/martin-luther-kings-final-speech-ive-mountaintop-full/story?id=18872817.

Después de que la familia de Jacob se mudó a Egipto, Israel se multiplicó rápidamente y pronto superó en número a sus enemigos. El salmo dice que los enemigos respondieron a esta amenaza tratando con traición a Israel. De esta manera, esto coincide con Éxodo 1:7-10:

> Pero los hijos de Israel fueron fecundos, se multiplicaron en gran manera y llegaron a ser muy numerosos. Su presencia se fortaleció, y la tierra se llenó de ellos. Surgió un nuevo rey sobre Egipto que no conocía a José. Él dijo a su pueblo: "Miren, este pueblo—los hijos de Israel—es más numeroso y más fuerte que nosotros. Vengan, seamos astutos, porque si siguen multiplicándose, en caso de guerra podrían unirse también con nuestros enemigos, luchar contra nosotros y escapar del país."

El pasaje del Éxodo proporciona una razón adicional para la opresión. En Éxodo, las inseguridades de Egipto conducen a la opresión de los Hebreos. En el Salmo 105:25, Yahvé interviene, haciendo que los enemigos ejerzan violencia sobre el pueblo de Dios. Las "mentes que Dios volvió" contra el pueblo en el salmo evocan el "endurecimiento del corazón del faraón" mencionado en Éxodo, lo cual provocó la salida de Egipto. La acción de Yahvé al causar la decisión original de los egipcios de oprimir a los antiguos hebreos probablemente representa el contexto del exilio en el salmo, especialmente considerando el sufrimiento del pueblo en el Salmo 105:25. El mensaje profético a Israel (de Josué a Malaquías) explica el exilio como el juicio de Dios ante la desobediencia del pueblo. El contexto posexílico del Salmo 105 muestra cómo esta creencia teológica se incorporó en la vida litúrgica de Israel mediante la re-narración de la historia del éxodo.

El contexto del exilio también ayuda a interpretar la narración del Salmo 106. El Salmo 105 relata la creación por parte de Yahvé de un pueblo escogido, enfatizando la fidelidad de Dios. Sin embargo, el Salmo 106 cuenta la historia de la rebelión de Israel a pesar del amor y la misericordia constantes de Dios hacia los hijos de Israel. Cuando el Salmo 106 menciona a Israel en Egipto, refuerza la teoría de la "opresión egipcia como juicio de Dios":

> Pecamos como nuestros antepasados.
> Hemos cometido iniquidad y maldad.
> Nuestros antepasados en Egipto no consideraron tus obras.
> No recordaron la abundancia de tu amor constante.
> Se rebelaron en el mar, el Mar Rojo. (vv. 6-7)

Antes del exilio, Israel parecía entender su historia de origen nacional como la liberación de un pueblo pequeño, indefenso y fiel de la opresión egipcia por parte del Dios de Israel. Las voces proféticas cuestionaron la comprensión de la parte del "pueblo fiel" en esa historia. Ezequiel refleja este cambio de perspectiva en su predicación inmediatamente antes de la destrucción de Jerusalén. Él desafía la historia nacional de Israel al afirmar que fueron infieles, incluso en Egipto:

> [Israel] se rebeló contra mí y no estuvo dispuesto a obedecerme. No desecharon ninguna de las cosas detestables que sus ojos contemplaban. No abandonaron los ídolos de Egipto. Por eso decidí derramar mi ira y todo mi enojo sobre ellos en medio de la tierra de Egipto. Actué así para que mi nombre no fuera profanado ante los ojos de las naciones que estaban allí, ante quienes me di a conocer al sacarlos de la tierra de Egipto. Así que los saqué de la tierra de Egipto y los llevé al desierto. (Ezequiel 20:8-10)

Para Ezequiel, la opresión en Egipto fue un juicio por la idolatría de los antiguos Hebreos. La liberación de Dios fue simplemente para la gloria de Dios. De la misma manera, el relato en los Salmos surge del recuerdo del éxodo a través de la dolorosa realidad del exilio.

Moisés

El nombre "Moisés" aparece solo ocho veces en el libro de los Salmos.[4] Estas menciones se agrupan entre los Salmos 77–106, en los salmos que probablemente se reunieron durante la lucha de Israel con la realidad de su identidad en el exilio. James Sanders comentó una vez que "en situaciones de crisis, solo lo antiguo, probado y verdadero, tiene verdadera autoridad."[5] En tiempos de exilio, los salmistas recurren a una figura ancestral con la autoridad necesaria para ayudar a Israel en una situación desesperada.

La voz de Moisés es la elección lógica para guiar a Israel durante el exilio. En la tradición judía, él es el arquetipo del profeta. El trabajo de un profeta es llevar la palabra de Dios al pueblo, y en el Antiguo Testamento, nadie hizo eso mejor que Moisés. Moisés habla fuera de la Torá en el único salmo asociado con él en el canon, el Salmo 90, que se dirige directamente al momento de crisis en la historia de los salmos y en la vida de Israel. De

---

4. Sal 77:20; encabezado de Sal 90; Sal 99:6; 103:7; 105:26; 106:16, 23, 32.

5. James Sanders, "Adaptable for Life: The Nature and Function of Canon," en *From Sacred Story to Sacred Text* (Filadelfia: Fortress, 1987), p. 21.

hecho, los Salmos 90–100 han sido llamados "libro de Moisés" por sus numerosas alusiones a Moisés y a la historia del éxodo.[6] En un tiempo de crisis, cuando el pueblo ha perdido la confianza en la institución en la que había depositado su fe, vuelve su atención hacia aquel que vino antes que David.

De manera similar al recuerdo que el Salterio tiene de los patriarcas, cuando canta sobre Moisés, lo hace solo en términos positivos. El encabezado del Salmo 90 lo llama "el hombre de Dios". El Salmo 99:6 identifica a Moisés y a Aarón como "sacerdotes" de Yahvé. En el Salmo 105:6, ambos son llamados "elegidos" de Dios. En el Salmo 106:23, Moisés es llamado el "elegido." Incluso el fracaso de Moisés en Números 20 es recordado en el Salmo 106:32 como culpa de la congregación incrédula de Israel, no de Moisés.

Además de omitir cualquier imagen negativa, los salmos tampoco mencionan ningún contexto histórico de Moisés. Los salmos no dicen nada sobre la adopción de Moisés en la corte real de Egipto, el asesinato que cometió, su matrimonio con una mujer Madianita, ni ninguna de las situaciones que llevaron a que Moisés tuviera cualidades únicas para el papel de libertador. Los salmos simplemente consideran a Moisés como aquel a quien Yahvé "eligió" y "envió."

El Llamado

Cuando la Biblia narra la historia de una persona llamada por Yahvé, el relato suele seguir una fórmula similar, o una "tipo de escena."[7] Normalmente, la experiencia sigue este patrón:

1. Dios se aparece (teofanía).
2. Dios ofrece una comisión.
3. La persona presenta una objeción.
4. Dios ofrece una reafirmación.
5. Una señal confirma la palabra de Dios.

No todas las experiencias de llamado contienen todos estos elementos, pero esta lista representa la fórmula generalmente aceptada al contar la historia. Diferentes personas responden a Dios de diferentes maneras. Por ejemplo, Ezequiel no presenta ninguna objeción al llamado de Dios. Jeremías objetó

---

6. Marvin Tate, *Salmos 51–100* (Dallas: Word Books, 1990), xxvii.

7. Para la discusión clásica sobre el tipo de escena de llamado profético, véase N. Habel, "La forma y el significado de las narrativas de llamado," *ZAW* 77 (1965): 297–323.

diciendo que era demasiado joven para ser tomado en serio. En Isaías 6:5, la objeción de Isaías fue simplemente que era "un hombre de labios impuros." Por otro lado, Moisés tiene el récord de más objeciones al llamado de Dios:
- "¿Quién soy yo?" (Éxodo 3:11)
- "¿Quién eres tú?" (Éxodo 3:13)
- "¿Y si no me creen?" (Éxodo 4:1)
- "No hablo bien" (Éxodo 4:10)
- "Envía a otro." (Éxodo 4:13)

En casi la mitad (3) de las ocasiones en que se menciona el nombre de Moisés en el Salterio, él y su hermano Aarón aparecen en igualdad de condiciones. Esta estrecha relación probablemente se debe al recuerdo de la experiencia del llamado de Moisés. Se necesitaron dos capítulos de convencimiento, dos señales milagrosas y una promesa de que Moisés no tendría que hablar directamente con el pueblo antes de que finalmente aceptara el llamado de Dios. Dios respondió a cada una de las objeciones de Moisés y lo reafirmó durante toda la conversación. Aarón fue la parte final de la reafirmación de Dios para Moisés, después de que Moisés suplicó que enviara a alguien más. Aunque aparentemente frustrado por los intentos de Moisés de evadir su llamado durante dos capítulos, Yahvé aceptó enviar a Aarón para que hablara como intermediario de Moisés. Moisés fue el profeta de Dios y Aarón debía servir como "profeta" de Moisés ante el faraón y el pueblo. Es probable que por esta asociación los salmos hablen de "Moisés y Aarón" juntos con tanta frecuencia.

El Nombre Divino

El acto más significativo de reafirmación que Yahvé le ofrece a Moisés es darle el nombre divino. Cuando Moisés objeta: "Cuando me pregunten: '¿Cuál es el nombre de [Dios]?' ¿qué les responderé?" Dios responde con "אהיה אשר אהיה," pronunciado "*Ehyeh asher Ehyeh.*" Lamentablemente, esta frase es difícil de traducir elegantemente al Español. El nombre de Dios parece estar en primera persona y está relacionado con el verbo Hebreo "ser" ("to be"); sin embargo, el Hebreo bíblico no tiene la misma noción de "tiempo verbal" que el Inglés o el Español. Cualquier tiempo verbal en Inglés o Español podría corresponder a la conjugación del nombre de Dios. Cuando los traductores de la Septuaginta vertieron la frase al Griego, tuvieron que elegir un tiempo verbal. Así, la tradujeron en tiempo presente, dando origen a la frase en Inglés "I Am who I Am" ("Yo soy el que soy"). Dado que la iglesia Cristiana primitiva usó la Septuaginta como su Biblia, las declaraciones de "Yo soy" en el Evangelio de Juan son una alusión directa a la traducción de este pasaje en la Septuaginta, haciendo referencia a la afirmación de divinidad de Jesús.

Sin embargo, el tiempo presente no es la única opción de traducción. Es posible y gramaticalmente correcto traducir cada אהיה ("ehyeh") como cualquier tiempo del verbo "ser" en Español o Inglés. En otras palabras, "Yo fui," "Yo soy" o "Yo seré" son traducciones fieles del Hebreo. La palabra aparece dos veces alrededor de un pronombre relativo, lo que permite todas las permutaciones, por ejemplo, "Seré lo que fui" o "Soy lo que seré", como traducciones apropiadas. Para añadir mayor complejidad lingüística, algunos estudiosos creen que el nombre divino está en la "forma causativa" del verbo Hebreo "ser." En otras palabras, el nombre divino podría traducirse como "Yo hago que sea" o, de manera idiomática, "Yo soy el creador." Si los nombres brindan información sobre el carácter, es interesante que el nombre de Dios sea difícil de captar de manera completa más allá de su "existencia" o "ser."

Otra elección fascinante que hace Yahvé con el nombre divino es que está conjugado. Es decir, Dios dice el nombre divino en primera persona "Yo soy", pero luego le indica a Moisés que identifique a Dios ante el pueblo en Egipto en tercera persona, por ejemplo, "'Él es' me ha enviado." Esta conjugación en tercera persona del nombre es la que comúnmente se translitera como "YHWH" y se conoce como el "tetragrámaton" o "cuatro letras." Esta palabra Hebrea es traducida por la mayoría de las versiones bíblicas como "el SEÑOR", aunque desafortunadamente eso puede ocultar su carácter distintivo. Yahvé es el nombre que distingue al Dios de Israel de los dioses de otras naciones. Otras naciones podían tener "Elohim" (dioses), pero solo existe un "Yahvé." Esto se puede ver en el Salmo 83:18: "Para que sepan que tú, cuyo nombre es Yahvé, solo tú eres el Altísimo sobre toda la tierra." Desafortunadamente, la vocalización exacta del tetragrámaton se ha perdido. Después del exilio, el pueblo de Israel evitó pronunciar el nombre divino por temor a usarlo incorrectamente y así quebrantar el tercer mandamiento. Como resultado, la pronunciación antigua se ha perdido en la historia. Un asentamiento Judío postexílico en Elefantina,

Egipto, aparentemente pronunciaba el tetragrámaton como "Yahu."[8] Sin embargo, la pronunciación más común en la actualidad es "Yahvé."

Cuando los escribas Judíos medievales desarrollaron un sistema de vocalización para el Hebreo bíblico, enfrentaron un problema. Veneraban el nombre divino y no querían facilitar que alguien lo pronunciara, pero una vez que se añadieron vocales a las consonantes del Hebreo escrito, no podían impedir su pronunciación. Su solución fue cambiar las vocales. Estos escribas, llamados Masoretas, tomaron las consonantes existentes para el nombre divino (YHWH) y añadieron las vocales de la palabra "Adonai."[9] Esta medida protegía el nombre divino y garantizaba que no se pronunciara accidental o maliciosamente. Esta combinación de letras pasó por numerosas transliteraciones en diferentes traducciones bíblicas a lo largo de la historia hasta finalmente formar el nombre "Jehová." "Jehová" es la transliteración de un nombre creado por los Judíos Masoretas con el propósito de garantizar la pronunciación incorrecta del nombre divino.

Omisión en los Salmos: Moisés el Madianita

Antes de llegar a Egipto como el libertador de los antiguos Hebreos, Moisés tiene un encuentro con Dios en la historia del Éxodo que no aparece en los Salmos. Este episodio está omitido en los Salmos; está omitido en todas las biografías de Moisés; y está omitido en todas las películas basadas en el éxodo.

Después de que Yahvéh pasa dos capítulos convenciendo a un Moisés terco para que vaya a encontrarse con el faraón, Moisés finalmente cede y comienza su viaje. La historia del Éxodo sorprende al lector con este pasaje enigmático en Éxodo 4:

> En el camino, en un lugar donde pasaron la noche, Yahvéh salió al encuentro de Moisés y quiso matarlo. Pero Séfora tomó un pedernal, cortó el prepucio de su hijo y lo tocó con él los pies de Moisés, diciendo: "Tú eres para mí un esposo de sangre." Entonces Dios se apartó de él. Ella dijo "esposo de sangre," refiriéndose a la circuncisión. (vv. 24-26)

---

8. La pronunciación "Yahu" sobrevive en algunos nombres dentro del texto bíblico. El "jah" o "iah" al final de nombres bíblicos como Jeremías es una forma abreviada del nombre divino. En el caso de Jeremías y Elías (y otros) en hebreo, el sufijo se vocaliza como "Yahu". El Primer Ministro de Israel, Benjamín Netanyahu, refleja esta misma tradición.

9. "Adonai" se traduce tradicionalmente como "El Todopoderoso" y es la palabra que pronuncia un lector judío devoto cuando encuentra el nombre divino en un manuscrito.

Existen muchas preguntas acerca de estos tres versículos. ¿Por qué Yahvé dedicaría tanto tiempo y esfuerzo para convencer a Moisés de ir a Egipto, solo para intentar matarlo cuando inició su viaje? ¿Qué significa que Yahvé "intentó" matar a Moisés? ¿No debería el Dios de la Creación tener éxito en ese intento? ¿Cuál es el propósito de esta extraña ceremonia? ¿Cómo supo Séfora lo que debía hacer? ¿Por qué lo que hizo Séfora apaciguó a Yahvé?

Esta historia parece ser una "re-circuncisión" simbólica de Moisés.[10] Después de temer ser descubierto como asesino en Egipto, Moisés huyó al desierto y pasó una generación trabajando para los Madianitas. Ahora, al salir para cumplir su llamado, Moisés aparentemente intenta llevar consigo su vida Madianita, lo que incluye a su esposa Madianita y a su hijo incircunciso. Moisés ha pasado esta generación viviendo como Madianita. Esta extraña ceremonia le da a Moisés la oportunidad de rededicarse al pueblo Hebreo del que ha estado separado por una generación.

Al parecer, Séfora, al provenir de una familia sacerdotal, reconoció la necesidad y actuó consecuentemente. Irónicamente, puede que sus acciones para salvar a Moisés hayan resultado en su propio exilio. No se vuelve a escuchar nada de Séfora hasta que regresa después del Éxodo. En Éxodo 18:2, la Biblia dice que Jetró se encuentra con el pueblo de Israel y devuelve a Séfora después de que ella había sido "enviada." Este verbo en Hebreo para "enviada" también puede tener el significado de "divorciada." En esta cultura patriarcal sin asistencia social, una esposa divorciada probablemente regresaría a la familia de origen con la esperanza de que su familia la apoyara después de este deshonor. El hecho de que Séfora sea llevada al campamento por Jetró podría apoyar la interpretación de un "divorcio." Es posible que, después de esta ceremonia en Éxodo 4, parte de la rededicación de Moisés a la tarea de ser Hebreo incluyera divorciarse de su esposa extranjera. Después del éxodo, cuando ella y Jetró confiesan a Yahvé, se les permite quedarse en el campamento, y Jetró se convierte en un consejero de confianza para Moisés.

Plagas

A menudo, en los Salmos se omiten detalles específicos de las narraciones. ¡No se puede cantar toda una historia! Este es el caso de las plagas. La

---

10. La palabra "pies" puede, en algunas ocasiones en el Antiguo Testamento, utilizarse como un eufemismo para evitar decir "genitales". Véase también Jueces 4:27; Rut 3:4-8; Isaías 6:2; y quizá Isaías 3:16. Este no es un uso común (la mayoría de las veces "pies" simplemente significa "pies"), pero en ocasiones, para ser delicados, los autores emplean este eufemismo.

mayoría de los salmos simplemente resumen el evento diciendo que Dios "hizo maravillas" en la tierra de Egipto. Aunque el Salmo 135 menciona específicamente la última plaga, ofrece una visión más general de cómo Dios actuó en Egipto: "Dios envió señales y maravillas en medio de ti, oh Egipto, contra el faraón y todos sus siervos" (v. 9).

Sin embargo, los Salmos 78 y 105 rompen con esta convención al proporcionar recitaciones de las plagas con un nivel de detalle sorprendente.

Salmo 78:43-51	# de Plaga en Éxodo
44 [Dios] transformó sus ríos en sangre,	1
y no pudieron beber de sus arroyos.	
45 Dios envió entre ellos enjambres que los consumieron	4
y ranas que los destruyeron.	2
46 Dios entregó sus cosechas a las orugas	¿?
y el fruto de su trabajo a las langostas.	8
47 Dios destruyó sus viñas con granizo	
y sus higueras con escarcha.	7
48 También destruyó su ganado con granizo	
y sus rebaños con rayos.	
49 Dios envió contra ellos el ardor de su ira, enojo, hostilidad	
y aflicción: una compañía de mensajeros destructores.	
50 Dios abrió paso a su ira	10?
y no libró sus almas de la muerte.	
Dios entregó sus vidas a la peste.	
51 Dios hirió a todos los primogénitos en Egipto,	10
los primeros frutos de su fuerza en las tiendas de Cam.	

Salmo 105:28-36	# de Plaga en Éxodo
28 Dios envió oscuridad e hizo que todo se oscureciera; la oscuridad no desobedeció las palabras de Dios.	9
29 Dios convirtió sus aguas en sangre provocó la muerte de sus peces.	1
30 Su tierra se llenó de ranas, incluso en los cuartos de sus reyes.	2
31 Dios habló, y llegó una plaga; los mosquitos (jejenes) cubrieron todo su territorio.	4 3
32 Dios les envió granizo en lugar de lluvia, con relámpagos de fuego en su tierra.	7 ¿?
33 Dios secó sus viñas y sus higueras; quebró los árboles dentro de sus fronteras.	7
34 Dios habló, y llegaron langostas, langostas jóvenes que no se podían contar. 35 Consumieron toda la vegetación de la tierra, devoraron el fruto de su suelo.	8
36 Dios hirió de muerte a los primogénitos en su tierra: los primeros frutos de su fuerza.	10

Cada salmo muestra libertad estilística al tratar con las plagas. El Salmo 78 añade tanto "orugas" a las langostas como "escarcha" al granizo. También omite las plagas de "mosquitos," "llagas" y "peste en el ganado," aunque la plaga de granizo parece estar enfocada principalmente en el ganado en el Salmo 78. En el Salmo 105, la primera plaga mencionada es la oscuridad, que fue la novena plaga en Éxodo. Poéticamente, la "oscuridad" establece eficazmente el tono para las plagas que siguen. Es difícil relacionar los "relámpagos de fuego" en el Salmo 105:32 con algún evento específico en la narrativa del Éxodo. Puede estar asociado con la tormenta de granizo.

Al igual que en los salmos de la creación, las interpretaciones rígidas del "orden" no son importantes. El salmista se siente libre de cambiar el orden, añadir y eliminar elementos, y ofrecer una interpretación teológica dentro del entendimiento de Yahvé como el director y campeón. Sin embargo, dondequiera que se discutan las plagas, el clímax siempre es el mismo. Ambos salmos terminan con la muerte de los primogénitos en Egipto. De hecho, en la alusión al Éxodo del Salmo 135, la muerte de los primogénitos es la única plaga específica que se menciona (135:8).

El Salmo 78 ofrece una interpretación teológica interesante de la última plaga y aparentemente atribuye la muerte de los primogénitos a una "compañía de mensajeros destructores." Esto contrasta directamente con Éxodo 11:4, donde Yahvé dice: "Yo mismo saldré en medio de Egipto." El Salmo 78 es el único salmo que otorga este nivel de protección administrativa a lo divino. El Salmo 135:8 se asemeja más al relato del Éxodo: "[Dios] fue quien hirió a los primogénitos en Egipto, tanto de seres humanos como de animales. Dios envió señales y prodigios en medio de ti, oh Egipto, contra el faraón y todos sus siervos." El Salmo 136:10 tampoco tiene problema en atribuir la décima plaga directamente a lo divino, recordando a Yahvé como aquel "que hirió a Egipto por sus primogénitos."

Dios y la Violencia

La décima plaga brinda una oportunidad para hablar sobre el "Dios de la Violencia" en el Antiguo Testamento (un tema que se retomará en el libro de Josué). Uno de los mayores retos hermenéuticos que enfrenta un Cristiano al leer el Antiguo Testamento es la aparente diferencia entre Yahvé, el Dios de Israel, y Jesús del Nuevo Testamento, a quien los Cristianos consideran la revelación completa de ese mismo Dios.

Para algunos, esta desconexión es demasiado difícil de reconciliar. Los herejes de la iglesia primitiva creían que debía haber dos dioses en la Biblia: el dios de la creación, que es violento y legalista, y el padre de Jesús, que cree en la gracia y la misericordia.[11] En la práctica, muchas personas de fe no rechazan formalmente el Antiguo Testamento, pero dedican su tiempo a leer parábolas y las epístolas de Pablo, y sólo acuden ocasionalmente al Antiguo Testamento para leer algún salmo.

Dos factores generan este problema para el lector contemporáneo. El primero es que Yahvé (y Jesús) se encuentran con las personas en su propio tiempo y cultura. Un individuo no tiene que cambiar para encontrarse con lo divino—una característica de Dios que culmina en el milagro de Pentecostés. El evangelio habla el idioma de todos. En segundo lugar, los lectores han perdido de vista la ocasión original del texto. Los lectores contemporáneos ven el texto a través del lente de su propia cultura. Esto no es sorprendente, pero significa que un mensaje destinado a una cultura antigua con una cosmovisión bastante diferente puede perderse.

En su contexto original, la declaración "Yo mismo pasaré por Egipto y mataré a los primogénitos" contiene un poderoso sentido de misericordia.

---

11. F. F. Bruce, *El canon de las Escrituras* (Lisle, IL: InterVarsity Press, 1988), p. 134.

Al inicio del relato del Éxodo, el faraón intenta controlar a la población Hebrea matando a *todos* los niños Hebreos varones. Según la Torá que Dios posteriormente le entregaría a los israelitas, una persona puede responder en la misma medida en que ha sido dañada. En otras palabras, si alguien te lastima un ojo, puedes lastimar el suyo, pero no puedes ir más allá en tu respuesta. Según la Torá, como el ataque del faraón fue contra todos los hijos varones de Dios, Dios tendría permitido matar a todos los hijos varones de Egipto. Lo justo es justo. Sin embargo, Dios desafía esta expectativa y sólo mata a los primogénitos Egipcios. Para un lector contemporáneo, cualquier muerte resulta incomprensible. Sin embargo, una audiencia antigua escucharía esto como la historia de un Dios misericordioso. El Dios de Israel no escaló la violencia, sino que mostró contención. Cuando los hijos de Dios fueron amenazados con genocidio, Dios no respondió de la misma manera. Los Cristianos encuentran el ejemplo supremo del deseo de Dios para la humanidad expresado en Cristo y en sus enseñanzas. Desafortunadamente, los antiguos Hebreos no tenían el contexto cultural para escuchar "Amen a sus enemigos y oren por quienes los persiguen." Como resultado, Dios se encontró con el pueblo donde estaba y trató de mover la conversación hacia la dirección de Cristo. Sin una sensibilidad hacia estas preocupaciones relacionales de Dios y la ocasión original del texto, Dios puede parecer cruel ante el lector contemporáneo.

Yahvé vs. "El Faraón"

Como parte de su ataque contra el Faraón, la Biblia nunca menciona el nombre del faraón del éxodo. Yahvé le da a Moisés el nombre divino para acompañar el mensaje, pero ningún faraón es nombrado en la historia—ni el faraón de la opresión ni el faraón del éxodo. Para aumentar la ofensa de la omisión, las dos parteras de los Hebreos en Éxodo 1—personas en el fondo de la escala social—sí son nombradas: Sifrá y Puá. No nombrar al Faraón en la historia es también una declaración teológica ingeniosa. Cuando Moisés enfrenta al Faraón por primera vez con la sencilla petición de permitir que los antiguos Hebreos tengan unos días para adorar a Yahvé, él responde en Éxodo 5:2: "¿Quién es Yahvé para que yo le obedezca y deje ir a Israel? No conozco a Yahvé, así que no dejaré ir a Israel." El Faraón no conoce a Yahvé, y ahora, debido a su orgullo, el lector tampoco conoce al Faraón.

Este concepto de "conocimiento" juega un papel importante en el enfrentamiento entre Dios y el Faraón. La palabra Hebrea que se traduce como "conocer" tiene una relación mucho más cercana de lo que usualmente se asocia con "conocimiento" en Español. La palabra Hebrea es profundamente relacional, e implica una asociación e intimidad que permite que la palabra se use como un eufemismo para el acto sexual. "Conocer" no es simplemente estar consciente de algo o recordarlo mentalmente. Es estar profundamente conectado con ello.

Cuando el faraón que "no conocía a José" aumentó por primera vez la carga sobre los hijos de Israel al inicio del libro del Éxodo, el texto concluye el capítulo 2 con una declaración poderosa: "Dios oyó su gemido y se acordó de su pacto con Abraham, Isaac y Jacob" (v. 24). Dios vio a los hijos de Israel, y Dios *lo supo*. Dios no solo estaba consciente del sufrimiento de la comunidad del pacto; Dios estaba conectado con ellos en su sufrimiento. Dios confiesa esto en el siguiente capítulo al llamar a Moisés: "Y Yahvé dijo: 'He visto claramente la aflicción de mi pueblo que está en Egipto. He escuchado su clamor a causa de sus opresores. Yo conozco sus sufrimientos'" (Éxodo 3:7). Los antiguos Hebreos no creían en un Dios desapasionado, aislado y distante. El Dios de Israel sufría por ellos y con ellos.

Yahvé demuestra "conocimiento" al compartir con Moisés, en el llamado, el desenlace de la historia:

> Yahvé dijo a Moisés: "Cuando regreses a Egipto, asegúrate de hacer ante el faraón todas las maravillas que he puesto en tu mano. Yo mismo endureceré su corazón, y no dejará ir al pueblo. Le dirás al faraón: 'Así dice Yahvé: Israel es mi hijo primogénito. Por eso te he dicho: deja ir a mi hijo para que me adore. Pero te negaste a dejarlo ir, así que ahora, mira, yo mismo mataré a tu hijo primogénito'" (Éxodo 4:21-23).

El enfrentamiento del Faraón con Yahvéh plantea un problema interpretativo similar al de la violencia de Dios en las plagas. En varios pasajes del relato del Éxodo, incluido este, se dice que Dios "endureció el corazón del faraón."[12] Esta afirmación ha causado dificultades a los lectores a lo largo de la historia.[13] ¿Cómo se puede equilibrar la justicia y la misericordia si el Faraón es simplemente una marioneta?

---

12. Dios endurece explícitamente (explicitly hardens) en Éxodo 4:21; 7:3; 9:12; 10:1, 20, 27; 11:10; 14:4, 8; El faraón endurece su propio corazón en Éxodo 8:15, 32; 9:34; Se dice que el corazón del faraón se endurece (is said to harden) sin hacer referencia a quién lo endureció en Éxodo 7:13, 14, 22; 8:18; 9:7, 34.

13. Se puede encontrar un análisis sobre cómo distintos grupos han enfrentado el texto en Claire Mathews McGinnis, "The Hardening of Pharaoh's Heart in Christian and Jewish Interpretation" (El endurecimiento del corazón del faraón en la interpretación cristiana y judía), *Journal of Theological Interpretation* 6 (primavera de 2012): 43–64.

Una vez más, el contexto cultural es importante. Los Egipcios creían que, después de la muerte, las personas comparecían ante Osiris y sus corazones eran pesados en una balanza contra una pluma del dios de la "verdad."[14] El difunto debía recitar una lista de comportamientos que había evitado en vida. Por ejemplo: "No he blasfemado contra algún dios" o "No le he hecho daño a ningún hombre pobre."[15] Si el corazón del difunto era más pesado que la pluma, no se le permitía entrar en la vida después de la muerte, y su corazón era devorado por un dios destructor, mitad cocodrilo y mitad hipopótamo. Una de las palabras que en Español se traduce como "endurecer" es también la palabra Hebrea para "hacer pesado." Que Yahvéh "haga pesado el corazón del faraón" significa negar al faraón su posición como dios sobre Egipto en la vida después de la muerte.

Los Egipcios creían que el Faraón era un dios encarnado, no simplemente alguien que portaba la imagen divina. La batalla entre Yahvé y el Faraón en el libro del Éxodo no sería entendida por un lector antiguo como una batalla entre un dios y un hombre, sino como una batalla entre el Dios de Israel y los dioses de Egipto. Yahvé deja claro desde el principio que no será una competencia.

"Endurecer el corazón del faraón" podría reflejar la creencia de que Yahvé controlaría las decisiones morales del Faraón, pero es más probable que Yahvé simplemente prediga correctamente lo que provocarían las órdenes de Moisés. Yahvé le da a Moisés una palabra profética. Yahvé le da a Moisés esta señal de lo que sucederá y, repetidamente, Moisés observa que, tal como Yahvé lo predijo, el corazón del Faraón se endurece. Esta afirmación podría ser un acto de reafirmación divina hacia Moisés. Aunque, siendo honestos, no se necesita omnisciencia necesariamente para saber que, cuando un miembro de la clase esclava le da órdenes y lo amenaza, el Faraón se volverá terco y rechazará las peticiones.

Sin importar cómo se entienda la frase, "endurecer el corazón del Faraón" deja claro que Yahvé tiene el control absoluto en el relato del Éxodo, y que la batalla entre el Dios de Israel y los dioses de Egipto no será una competencia. Dios sabe exactamente cómo sucederán las cosas.

---

14. Michael D. Coogan, "La pesada del corazón," *Un lector de textos del antiguo Cercano Oriente: Fuentes para el estudio del Antiguo Testamento* (Nueva York: Oxford University Press, 2013), 150–154.

15. Estas cuarenta y dos "Confesiones Negativas" se encuentran en el capítulo 125 del texto funerario egipcio conocido como el "Libro de los Muertos".

¿Natural o Sobrenatural?

Cuando comencé a enseñar "Introducción al Antiguo Testamento," la escuela requería como libro de texto *The Old Testament Story* de John Tullock. En este libro, Tullock sugería que las plagas podrían estar relacionadas con explicaciones naturalistas.[16] En otras palabras, las plagas podrían no ser eventos "sobrenaturales," sino sucesos naturales que ocurrieron en momentos convenientes. Esta idea desafió a mis estudiantes de fe. Algunos sentían que Tullock estaba eliminando a Dios de la historia y reemplazando cualquier acción divina con explicaciones "científicas" fáciles de entender. ¿Fueron las plagas milagros? ¿O simplemente fueron consecuencias de las inundaciones regulares del Nilo y tormentas de arena?

El debate entre lo "natural" o "sobrenatural" no es algo que un lector antiguo hubiera comprendido. Las interpretaciones "deístas" del mundo propias de la Ilustración, donde un dios creador puso el mundo en movimiento pero luego se retiró de su funcionamiento, no habrían sido reconocidas. Para el lector antiguo, Dios controlaba todo. Todos los sucesos "naturales" eran en realidad "sobrenaturales." Si bien las plagas podían interpretarse como consecuencias de "fenómenos naturales" (según lectores contemporáneos), un lector antiguo le hubiera atribuido tanto el momento como sus efectos a lo divino.

Si se pudieran ofrecer explicaciones naturalistas para las plagas, los Egipcios se convierten en personajes más fáciles de comprender. Si las plagas fueran eventos dramáticos, únicos y milagrosos, sin posible explicación en el mundo natural, el Faraón se ve como un necio orgulloso. Sin embargo, si los egipcios pudieran descartar las plagas como un fenómeno familiar, la falta de disposición del Faraón para reconocer a Yahvé tendría sentido.

El Salmo 77 podría ofrecer cierto apoyo a la interpretación de Tullock sobre las plagas. En la celebración del cruce del mar que aparece en el salmo, se dice:

> Tu camino estaba en el mar,
> tu senda en las aguas abundantes,
> pero no se conocieron tus huellas.
> Condujiste a tu pueblo como a un rebaño de ovejas,
> por mano de Moisés y Aarón. (vv. 19-20)

---

16. John H. Tullock y Mark H. McEntire, *La historia del Antiguo Testamento* (Boston: Prentice Hall, 2012), pp. 68–69.

Aunque el salmo le atribuye a Yahvé el milagro en el mar, Yahvé permaneció anónimo en su ejecución "pero no se conocieron tus huellas." Yahvé, en cambio, eligió guiar al pueblo "por mano de Moisés y Aarón." Mientras Israel podía ver la obra de Yahvé, la presencia divina permanecía oculta para los Egipcios.

El Mar

La imagen que se asocia de manera constante con el éxodo es la división del mar. Ese es el acontecimiento en el que las películas gastan la mayor parte de su presupuesto en efectos especiales. Es la imagen que Benjamín Franklin quería en el sello nacional para representar la historia del "éxodo." De hecho, la primera mención de Moisés en los Salmos ocurre en el contexto de la separación del mar. En el Salmo 77:16-20, el salmista escribe:

> Las aguas te vieron, Dios;
> cuando las aguas te vieron, tuvieron miedo.
> En verdad, el abismo tembló.
> Las nubes derramaron agua y los cielos tronaron.
> Ciertamente, tus flechas resplandecieron por doquier.
> Tu voz poderosa estaba en el torbellino.
> Los relámpagos iluminaron el mundo.
> La tierra tembló y se sacudió.
> Tu camino estaba en el mar.
> Tu senda estaba en las aguas abundantes.
> Sin embargo, no se conocieron tus huellas.
> Guiaste a tu pueblo como a un rebaño de ovejas,
> por la mano de Moisés y Aarón.

A lo largo del salmo, el salmista combina imágenes de la creación y del Éxodo para contar la historia. El Éxodo hace lo mismo. La narrativa del Éxodo también contiene numerosas alusiones a la creación:

> Moisés extendió su mano sobre el mar,
> y Yahvé hizo que el mar retrocediera toda la noche mediante un fuerte viento del Este.
> Dios convirtió el mar en tierra seca y dividió las aguas.
> Los hijos de Israel entraron en medio del mar sobre terreno seco,
> y las aguas eran un muro a su derecha y a su izquierda.
> (Éxodo 14:21-22)

El "viento/espíritu/aliento" (las tres palabras son traducciones legítimas del término Hebreo *ruach* (רוח) de Dios soplando sobre el mar recuerda cuando sucedió lo mismo en Génesis 1. En el Salmo 77:16, el "abismo" tiembla, utilizando la misma palabra de Génesis 1. Nuevamente, las aguas fueron "divididas" y apareció tierra seca. La liberación de Israel es un acto de creación, y tanto el salmo como Éxodo hacen alusión a esto.

Tan importante como es la imagen de la creación de la "nación de Israel" en la narrativa del Mar Rojo, también lo es la destrucción de los ejércitos de Egipto. La imagen de la liberación suele ir acompañada del destino de los Egipcios. En el Salmo 78:

> Entonces Dios guió al pueblo como a ovejas,
> y los condujo como a un rebaño por el desierto.
> Dios los guió a salvo para que no tuvieran miedo.
> Pero el mar cubrió a sus enemigos. (vv. 52-53)

Y en el Salmo 106,

> Dios reprendió al mar
> y éste se secó,
> Dios los condujo por las profundidades,
> pero era como un desierto.
> Dios los libró
> de la mano de quienes los odiaban,
> los rescató de la mano de su enemigo.
> Entonces las aguas cubrieron a sus adversarios.
> No quedó ni uno solo de su grupo. (vv. 9-11)

La destrucción de los egipcios en el mar parece ser tan importante como el cruce mismo, tanto en Éxodo como en los Salmos. Éxodo 14:28 dice: "Las aguas regresaron y cubrieron los carros y los jinetes—todo el ejército del faraón que los había seguido. No quedó ni uno solo de ellos." El salmo implica que ¡el Faraón también pudo haber sido víctima! Dios es

> quien hizo pasar a Israel, en medio,
> porque su amor fiel es para siempre.
> Y sacudió al Faraón y a su ejército en el Mar Rojo
> porque su amor fiel es para siempre. (Sal 136:14-15)

El Canto del Mar

De manera apropiada, el cruce del mar termina con un salmo. Éxodo 15 contiene tanto el canto de Moisés (vv. 1-18) como el de su hermana Miriam (v. 21). Aunque el canto de Moisés menciona el acto de "plantar" al pueblo, el enfoque principal del canto es la victoria de Dios sobre el ejército Egipcio y la reputación de Dios entre las naciones como un guerrero que lucha por Israel. El canto de Miriam solo dura una línea, y la victoria de Yahvé es lo único de lo que ella quiere cantar: "Miriam les cantaba: '¡Canten a Yahvé! ¡Dios ha triunfado gloriosamente! ¡Caballo y jinete arrojó Dios al mar!'" (v. 21).

El canto de estos himnos incluso se recuerda en el Salmo 106:11-12:

> Entonces las aguas cubrieron a sus adversarios.
> Ninguno de ellos quedó.
> Confiaron en las palabras de Dios y cantaron su alabanza.

El cántico de Moisés concluye estableciendo un aspecto importante de la relación de Yahvé con Israel: "¡Yahvé reina por siempre!" (Éxodo 15:18). La soberanía de Yahvé sobre Israel está directamente vinculada a Moisés y al Éxodo, desde el nacimiento de la nación. En los salmos del exilio del Libro IV, después de que el pueblo de Dios ha perdido a su rey, "Yahvé reina" es el tema de todo el libro, y quizá de todo el libro de los Salmos.

Conclusión

Desde el contexto del exilio, los salmos resaltan varios aspectos del éxodo:
1. El pecado trae juicio.
2. Dios conoce el sufrimiento del pueblo.
3. Dios es más poderoso que las naciones.
4. El nombre de Dios significa liberación.
5. Yahvé reina.

Cada uno de estos puntos sería un mensaje importante para una audiencia en el exilio, pero "Yahvé reina" podría ser el énfasis teológico más significativo que surge del éxodo para el libro de los Salmos. James Mays argumentó que "Yahvé reina" es el mensaje central de todo el libro de los Salmos.[17] Aunque "Yahvé reina" aparece en un solo versículo en Éxodo 15, es el "centro" metafórico y literal del libro de los Salmos. Los Salmos

---

17. *El Señor reina* (Louisville: Westminster John Knox, 1998).

93–100 contienen este tema. Cada uno de estos salmos también comparte numerosas conexiones con el cruce del mar, Moisés y el Éxodo.[18] Para el salmista, el reinado de Dios y el Éxodo van de la mano.

En 1 Samuel 12, cuando Dios permite a regañadientes que Israel establezca una monarquía humana, Samuel acusa a Israel de olvidar el reinado de Dios en un discurso que hace referencia al éxodo y a Moisés. Con el paso de los siglos, esa monarquía humana fue idolatrada por el pueblo, fracasando finalmente en el exilio, tanto para el reino del norte de Israel como para la nación del sur de Judá. El Salmo 99 le recuerda a Israel la postura de Samuel al iniciar el salmo con "Yahvé reina" y luego resaltar que "Moisés y Aarón estaban entre sus sacerdotes; Samuel estaba entre los que invocaron el nombre de Dios. Todos ellos invocaron a Yahvé, y él les respondió" (v. 6).

El salmista apela a dos autoridades que proclamaron a Yahvé como rey sin titubeos: Moisés en Éxodo 15 y Samuel en 1 Samuel 12. En el exilio, los salmistas le recuerdan a su audiencia que deben ser como Moisés y Samuel y recordar que Yahvé es el rey.

---

18. Robert E. Wallace, *El efecto narrativo del Libro IV del Salterio Hebreo* (Nueva York: Peter Lang, 2007).

Preguntas Para Profundizar

1. ¿De qué manera es afectada la historia al leer que las plagas de Egipto son eventos "naturales" en vez de "sobrenaturales"?

2. Moisés estaba singularmente calificado para el papel de libertador, pero al mismo tiempo estaba convencido de que era la persona equivocada. ¿Qué significa esto para la evaluación de los llamados?

3. ¿En qué aspectos pudiera directamente hablarnos la narrativa del Éxodo a nuestra cultura contemporánea? ¿Quiénes son los que más necesitan escuchar el mensaje de liberación?

4. "Yahvé reina" fue la primera proclamación de los antiguos Hebreos al otro lado del Mar Rojo. Sin embargo, esto ocurrió en un lugar y momento en que aún no eran propiamente "una nación," sino simplemente "un pueblo ambulante." ¿Qué significa el "reino de Dios" para un pueblo sin país? ¿Qué implica que a Dios le desagradó que la humanidad quisiera establecer un "reino humano" análogo en la tierra?

5. El faraón "no conoce a Yahvé." Yahvé "conoce los sufrimientos" del pueblo. ¿Cómo aporta un significado más profundo al texto la comprensión íntima de la palabra "conocer"?

Torá

> *Este es uno de los objetivos del estilo de vida judío: experimentar los actos cotidianos como aventuras espirituales, sentir el amor y la sabiduría ocultos en todas las cosas.*
> —Rabí Abraham Heschel,
> *Dios en busca del hombre: Una filosofía del judaísmo*

Los Salmos como Torá

¿Cómo puede un lector contemporáneo relacionarse con el amor que muestran los salmos por la "ley"? En la sociedad actual, las leyes suelen considerarse, en el mejor de los casos, males necesarios. Se requieren para el orden social, pero la sociedad debería mantenerlas al mínimo indispensable para permitir la libertad humana. En ese contexto, resultaría extraño cantar una canción que celebre la "ley." Por eso, los salmos son extraños. El "libro de himnos del antiguo Israel" canta acerca de la ley a lo largo del texto. Un ejemplo en el Salmo 40 dice: "Me deleito en hacer tu voluntad, oh Dios. Tu Torá está dentro de mí" (v. 8).

La ley, o más precisamente la Torá, es un enfoque central en los salmos. El Salmo 1 introduce el libro invitando al lector a "meditar en la Torá" (Sal 1:3). El centro del Libro I (Sal 19) es un salmo sobre la Torá, y el centro del Libro V (Sal 119) es un salmo sobre la Torá. Incluso la forma canónica de los salmos refleja el Pentateuco. La división del Salterio en cinco libros ha sido interpretada como una alusión intencional a la Torá. Un comentario rabínico sobre los salmos, conocido como el *Midrash Tehilim*, introduce el Salmo 1 diciendo: "Moisés dio a Israel cinco libros, y David dio a Israel los cinco libros de los Salmos." Los Salmos son una expresión musical de la Torá.

Uno de los primeros obstáculos de interpretación para los lectores contemporáneos es entender la palabra "Torá." Cuando el texto Hebreo se tradujo al Griego, los traductores de la Septuaginta usaron la palabra Griega que comúnmente se traduce como "ley" (*nomos*) para traducir Torá. Las traducciones posteriores han seguido esta convención, y la mayoría de las Biblias en Español utilizan la palabra "ley" al traducir "Torá."

Sin embargo, la palabra Torá tiene un significado mucho más matizado que el que sugiere la palabra "ley." La raíz de la palabra "Torá" significa "enseñanza" o "instrucción." (La traducción de la Jewish Publication Society prefiere la palabra "instrucción"). En ocasiones, el sentido de "enseñanza" de la palabra se percibe incluso en traducciones que prefieren "ley." Considera la traducción de la New Revised Standard de Salmo 78:1: "Escucha, pueblo mío, mi *enseñanza*; inclina tu oído a las palabras de mi boca." Aunque la palabra en el versículo 1 es literalmente "Torá," la mayoría de las traducciones al Inglés la traducen como "enseñanza" o "instrucción." El Salmo 78 ofrece una narración de la historia de Israel, y el salmista quiere que el lector escuche y aprenda de esa historia.

Cada vez que un lector encuentra "ley" o "Torá" en el Antiguo Testamento, podría beneficiarse al traducir mentalmente estas palabras como "la enseñanza de Yahvé." Considera la celebración de la Torá en el Salmo 19:

> La Torá de Yahvé es perfecta,
> restaura el alma.
> Los decretos de Yahvé son confiables,
> dan sabiduría al ingenuo.
> Los preceptos de Yahvé son rectos,
> alegran el corazón.
> Los mandamientos de Yahvé son puros,
> iluminan los ojos… (vv. 7-8)

Si las interpretaciones contemporáneas de "ley" parecieran limitar el comportamiento humano, la Torá conduce al florecimiento humano. La Torá de Dios es la guía para una vida plena.

El Temor del Señor

El "temor" no es una virtud contemporánea, por lo que los lectores actuales pueden tener dificultades con el mandato del Antiguo Testamento de "temer a Yahvé." Himnos como "Qué Amigo Tenemos en Jesús" o cantos de alabanza como "Ven Tal Como Eres" parecen ir en contra de la narrativa teológica del "temor." Algunas traducciones suavizan la idea del "temor" y la traducen como "honrar" o "adorar" para adaptarse al oído Cristiano contemporáneo. Sin embargo, los salmos definen claramente lo que "temer a Yahvé" significaba para un lector antiguo. Continuando con los paralelismos de los versículos 7 y 8, el Salmo 19:9 dice:

> El temor de Yahvé es puro,
> permanece para siempre.
> La justicia de Yahvé es verdadera
> y enteramente justa.

La misma conexión entre la Torá y el temor a Yahveh se encuentra en el Salmo 112:1: "¡Alaben a Yahveh! Dichoso quien teme a Yahveh, quien se deleita en gran manera en los mandamientos de Dios."

En ambos salmos, el temor a Yahveh está en paralelo y, aparentemente, es análogo a seguir las enseñanzas de Dios. En otras palabras, temer a Yahveh es obedecer la enseñanza o instrucción de Dios, en lugar de seguir las preocupaciones humanas. El temor al Señor es, en un nivel básico, un reconocimiento adecuado de la posición de la humanidad en el cosmos. Es reconocer que Yahveh es Dios, y la humanidad no lo es. Las enseñanzas de Yahveh son el camino hacia una vida plena. El temor no tiene que estar ligado a la ansiedad, sino que el reconocimiento de la posición de Yahveh en el universo debe llevar a la humildad. El temor a Yahveh refleja un respeto que conduce a la obediencia, análogo al tipo de temor que se tiene hacia un mentor o maestro querido. El Salmo 111:10 resalta el aspecto de "enseñanza" de este temor al relacionarlo con la "sabiduría:" "El temor a Yahveh es el principio de la sabiduría. La inteligencia llega a todos los que practican el bien. La alabanza a Dios permanece para siempre."

El "temor a Yahveh" es algo que se "practica" en la mente del salmista. Practicarlo conduce a la comprensión y a la sabiduría. En la tradición Judía, no era raro considerar a la Torá como "sabiduría de Dios." Este salmo respalda esa tradición.

Entrega de la Torá

Después de cruzar el mar, Yahvé guió a los antiguos Hebreos hacia una montaña sagrada en el desierto. Existen dos tradiciones respecto al nombre de esta montaña. En una se le llama "Sinaí" y en la otra "Horeb." Ambas se reflejan en los salmos. El Salmo 106:19 recuerda la montaña como "Horeb" en relación con la historia del becerro de oro. Los Salmos 68:8 y 68:17 recuerdan la montaña como "Sinaí" en conexión con la presencia dramática de Dios en la tierra. Más frecuentemente, el salmista prefiere usar la frase más ambigua "montaña sagrada," lo cual permite al lector combinar las imágenes de Sion y templo con Sinaí/Horeb y tabernáculo.[1]

> ¡Exalten a Yahvé, nuestro Dios!
> Adoren en el monte santo de Dios,
> porque Yahvé, nuestro Dios, es santo. (Salmo 99:9)

Pacto

Un efecto desafortunado de traducir Torah como "ley" es que el lector tiende a interpretar naturalmente la relación entre Yahvé e Israel de forma legalista. El pacto del Antiguo Testamento suele entenderse como una relación legalista enfocada en limitar los comportamientos de Israel a cambio del favor de Yahvé. Sin embargo, la comprensión que Israel tenía de su relación con Yahvé era obligatoria, pero no legalista. La Torah era la manera en que Israel recordaba correctamente las obras de Yahvé:

> Dios estableció un decreto en Jacob.
> En Israel, Dios puso la Torah,
> la cual mandó a nuestros antepasados enseñar a sus hijos.
> Para que lo supieran, y la generación venidera,
> los hijos que habrían de nacer se levantaran y lo contaran a sus hijos.
> Para que pusieran su confianza en Dios,
> y no olvidaran las obras de Dios,
> y guardaran sus mandamientos. (Salmo 78:5-7)

La Torah debía enseñarse a los niños para que no olvidaran las palabras de Dios.

Esta preocupación por los niños se observa en la propia Torá. El libro de Deuteronomio registra los discursos finales de Moisés a la segunda generación que salió de Egipto. En ellos, él enfatiza la necesidad de que estos niños transmitan las enseñanzas a las generaciones siguientes. Un pasaje significativo en el que hace esto es conocido como el "Shema," llamado así por la primera palabra del pasaje, que significa "Escucha" o "Presta atención:"

> ¡Escucha, Israel! ¡Yahvé es nuestro Dios! ¡Solo Yahvé! Y amarás a Yahvé
> tu Dios con todo tu corazón, con toda tu alma y con todo lo que eres.
> Estas palabras que hoy te mando deberán estar en tu mente. Debes

---

1. Este juego de palabras parece intencional en Sal 15:1; 43:3; y 99:9.

enseñárselas a tus hijos. Debes hablar de ellas cuando estés sentado en tu casa y cuando vayas por el camino, cuando te acuestes y cuando te levantes. Debes atarlas a tus manos como una señal. Deben ser un signo entre tus ojos. Debes escribirlas en los postes de tu casa y en tus puertas. (Deuteronomio 6:4-9)

Este pasaje todavía se recita en las sinagogas cada sábado, y copias del mismo se colocan en los marcos de las puertas de los hogares de los devotos. Israel necesitaba enseñarle a sus hijos y literalmente atarse a sí mismos y a sus hogares a la Torá para no olvidar las obras poderosas de Yahvé: "Cuídate, no sea que te olvides de Yahvé, quien te sacó de Egipto, de la casa de esclavitud" (Deuteronomio 6:12). La Torá es el medio por el cual se recordaban las grandes obras de Dios. Esta conexión de la Torá con la liberación de Yahvé es importante desde el principio. Cuando Yahvé le da por primera vez la Torá a Israel en Éxodo 20, "Dios habló todas estas palabras: 'Yo soy Yahvé, tu Dios, que te saqué de la tierra de Egipto, de la casa de esclavitud. No tendrás otros dioses delante de mí'" (vv. 1-3).

Los Diez Mandamientos y la Torá posterior se entregan debido a las acciones de Dios en Egipto. Como refleja el Salmo 78, estos mandamientos en Éxodo 20 son la respuesta adecuada a la salvación que había tenido lugar. En otras palabras, la salvación vino por la gracia de Yahvé para Israel, y ahora, la Torá es la manera en que Israel demuestra esa salvación. La Torá es la instrucción de Dios sobre cómo ser un pueblo salvo. La obediencia a estas instrucciones es la nota de agradecimiento que Israel escribe con su vida.

La ceremonia del pacto en el monte sagrado fue análoga a una ceremonia de bodas. Dios está diciendo: "Yo seré su Dios," e Israel responde: "Nosotros seremos tu pueblo." La Torá es la manera en que Israel conforma su comportamiento para reflejar esa relación de pacto. Este cambio no es una decisión legalista, de la misma manera que la relación con un cónyuge no debe ser legalista. No se debe pensar en el matrimonio: "Esto es lo que debo hacer para casarme o permanecer casado." Más bien, las decisiones que una persona toma en una relación matrimonial deben reflejar: "Así vivo porque estoy casado." El pacto de Israel con Dios funciona de la misma manera.

El Nuevo Testamento cuenta la misma historia de salvación, pero con una Torá más sencilla. Considera este resumen de la historia de la salvación en Efesios 2:8-10: "Porque por gracia son salvos por medio de la fe; y esto no procede de ustedes, sino que es un don de Dios; no por obras, para que nadie se gloríe. Porque somos hechura suya, creados en Cristo Jesús para buenas obras, las cuales Dios preparó de antemano para que anduviésemos en ellas." En el Nuevo Testamento, la salvación viene por gracia, y las "buenas obras" de la vida Cristiana reflejan a lo que Cristo, citando Deuteronomio 6:5, le llamó el mandamiento más importante. La Torá puede parecer diferente, pero la salvación siempre viene por gracia. Una vez que llega la salvación, la vida de la persona salva debe reflejarlo.

El Decálogo

Aunque las instrucciones específicas de la Torá generalmente no se mencionan en los salmos, el Salmo 81 contiene una alusión directa a los Diez Mandamientos, o "Decálogo," de manera explícita en los versículos 9 y 10:

> ¡Escucha, pueblo mío, mientras te corrijo!
> Oh Israel, ¡si tan solo me escucharas!
> No habrá un dios extraño en medio de ti,
> y no te inclinarás ante un dios extranjero.
> Yo soy Yahvé, tu Dios, que te saqué de la tierra de Egipto.
> ¡Abre tu boca y yo la llenaré! (vv. 8-10)

El Salmo 81 alude directamente al *Shemá* al ordenar a Israel que "escuche." Luego, el salmo se conecta con Éxodo 20 al relacionar el compromiso exclusivo a Yahvé con la liberación divina de Israel de la esclavitud en Egipto. En otras palabras, "Israel, sé fiel a Yahvé porque fue Yahvé quien te liberó."

Curiosamente, la entrega del Decálogo en Éxodo 20:1 no utiliza la palabra Hebrea para "mandamientos," sino un término genérico, "palabras" o "cosas." Esto lleva a asociar las "palabras" de Yahvé con la Torá. Esta asociación probablemente es lo que motiva el uso frecuente en el Salmo 119 de la expresión "palabras de Dios" para destacar su celebración de la Torá.[2] El salmista del 119 no invierte tiempo en discutir los orígenes de la Torá. El salmo no contiene imágenes explícitas del éxodo o del monte. La Torá simplemente se celebra como la palabra de Dios y como la manera de permanecer cerca de Yahvé.[3]

---

2. El Salmo 119 utiliza la palabra "palabra" para referirse a las enseñanzas de Dios en los versículos 9, 16, 17, 25, 28, 42, 43, 49, 57, 65, 74, 81, 89, 101, 105, 107, 114, 130, 139, 147, 160, 161 y 169.

3. La traducción de la Septuaginta del Hebreo para "palabra" como "logos" puede brindar al evangelio de Juan la oportunidad de aplicar la misma imagen a Jesús.

Ley del Talión (Lex Talionis)

En un momento clave de la película *Los Intocables* (*The Untouchables*), el personaje de Jim Malone (Sean Connery) le explica a Eliot Ness (Kevin Costner) cómo puede atrapar a Al Capone: "¿Quieres atrapar a Capone? Así es como lo atrapas. Él saca un cuchillo, tú sacas una pistola. Él manda a uno de los tuyos al hospital, tú mandas a uno de los suyos a la morgue. ¡Así se hace en Chicago! Y así es como atrapas a Capone."[4] La "forma de Chicago" (Chicago way) es familiar para cualquiera que tenga hermanos.

La violencia retributiva siempre va en aumento. Cada golpe es más fuerte y cada respuesta es mayor. Por lo general, esto continúa hasta que algo (o alguien) truena y un adulto interviene. La violencia en escalada parece ser parte de la naturaleza humana. Si hoy alguien se acercara a un líder de una pandilla y le diera un golpe en la nariz, esa persona (y probablemente toda su familia) sería asesinada. Por honor y orgullo, la violencia se intensifica. Las personas en el antiguo Oriente Próximo no eran diferentes. Una simple falta de respeto podía desencadenar venganzas de sangre entre tribus.

Yahvé habla directamente a esta tendencia humana de escalar la violencia con quizá la instrucción individual más conocida de la Torá: el *Lex Talionis*, o la "Ley del Talión" en Éxodo 21:23-25: "Pero si hay algún daño, darás vida por vida, ojo por ojo, diente por diente, mano por mano, pie por pie, quemadura por quemadura, herida por herida, golpe por golpe." Esta instrucción pone límites a la represalia. Las víctimas solo pueden responder en la medida en que han sido lastimadas. Si alguien pierde un ojo, puede tomar el ojo del agresor, pero no puede vengarse quitándole la vida, ni atacando a su familia o a su tribu. El *Lex Talionis* establece límites sobre lo que se considera una respuesta aceptable a la violencia. Sin embargo, la misericordia de Yahvé en el relato del Éxodo demuestra que el *Lex Talionis* no era un deber legalista. Uno podía mostrar misericordia. El texto sugiere que Dios deseaba que Israel reflejara el carácter divino y fuera misericordioso, pero al menos, debían limitar su respuesta al grado en que habían sufrido.

El deseo de misericordia de Dios, implícitamente expresado en el texto Hebreo, es hecho explícito por Jesús en el Nuevo Testamento. En Mateo 5, Jesús predica en las antítesis:

---

4. Dir. Brian De Palma, Paramount Pictures, 1987.

Han oído que se dijo: "Ojo por ojo" y "diente por diente". Pero yo les digo: no respondan al que les hace mal. Si alguien te golpea en la mejilla derecha, preséntale también la otra. Si alguien quiere llevarte a juicio para quitarte tu túnica, déjale también tu manto. Y si alguien te obliga a caminar una milla, acompáñalo dos. (vv. 38-41)

Desafortunadamente, en lugar de escuchar un mensaje de misericordia, la gente entendió la Ley del Talión (*Lex Talionus*) como un derecho. "Solo puedo responder quitando un ojo" se convirtió en "tengo derecho a responder quitando un ojo." El mensaje de misericordia se perdió en favor de una interpretación legalista de la venganza. Parecería que los hijos de Israel no pudieron responder al llamado a la misericordia en un mundo violento—aunque la película *Los Intocables* deja claro que Israel no es el único que enfrenta esa lucha.

Tradiciones Jurídicas Compartidas

Al igual que en los relatos de la creación, los antiguos Hebreos no eran los únicos que creían que los códigos legales provenían de los dioses. Quizá el más famoso de estos códigos legales sea el de Hammurabi. Asimismo, como ocurre con los relatos de la creación, este código legal probablemente es anterior a la instrucción de la Torá presente en el texto bíblico. Esta datación es significativa, ya que varios pasajes del Código de Leyes de Hammurabi resuenan directamente con la Biblia.[5] Un ejemplo es el eco de la Ley del Talión (*Lex Talionis*): "Ley 196: Si un hombre ha destruido el ojo de un miembro de la aristocracia, se le destruirá su ojo. 197: Si ha roto el hueso de otro, se le romperá su hueso." Además de la idea filosófica general de la Ley del Talión, algunas reglas específicas muestran una gran similitud. Comparemos a Hammurabi con el Éxodo:

---

5. "El Código de Hammurabi", *ANET*, 60–72.

Código de Ley de Hammurab	Éxodo 21:28-29
250 Si un buey, al caminar por la calle, corneaba a un hombre hasta matarlo, ese caso no está sujeto a reclamación. 251 Si el buey de un hombre era conocido por cornear y el consejo de la ciudad le hizo saber que era peligroso, pero él no protegió sus cuernos ni ató a su buey, y ese buey mató a un miembro de la aristocracia, deberá entregar media mina de plata.	Cuando un buey cornee a un hombre o a una mujer y estos mueran, el buey deberá ser apedreado, y no se comerá su carne. Pero el dueño del buey no será considerado responsable. Sin embargo, si el buey ya había corneado antes y el dueño había sido advertido, pero no lo mantuvo bajo control, y el buey mata a un hombre o a una mujer, entonces el buey debe ser apedreado y el dueño también debe ser condenado a muerte.

El código de Hammurabi y la Torá a menudo abordan temas similares.[6] Las semejanzas son lo suficientemente cercanas como para que sea difícil considerarlas una coincidencia. Las similitudes podrían deberse a un préstamo directo, o es posible que provengan de que ambas culturas enfrentaban problemas similares en contextos parecidos, por ejemplo, al tratar con las consecuencias de la domesticación de bueyes en el Levante.

De cualquier manera, la Torá es nuevamente un ejemplo de cómo Yahvéh se encuentra con Israel en su contexto cultural. Es posible que Israel ya estuviera familiarizado con ciertos principios, o incluso leyes específicas que existían en famosos códigos legales. Yahvé trabajó dentro de esa cultura para seleccionar instrucciones que revelaran el carácter que Dios quería que Israel reflejara en ese momento. Desafortunadamente, se han perdido las ocasiones específicas a las que se refieren los textos. Como resultado, la manera particular en que estas enseñanzas podían mostrar el carácter de Dios, el cual los Cristianos entienden que ha sido plenamente revelado en Cristo, también se ha perdido. Esa pérdida del contexto original puede explicar por qué Yahvé puede parecerle a un lector contemporáneo más legalista y cruel de lo que los lectores originales del texto habrían entendido.

---

6. Algunos paralelismos cercanos, por ejemplo, Éxodo 21:2 y la Ley 117; Éxodo 21:15 y la Ley 195; Éxodo 21:18 y la Ley 206; y Éxodo 21:22 y la Ley 209.

Lex Talionis y los Salmos Imprecatórios

A primera vista, los salmos imprecatórios podrían parecer poco relacionados con un capítulo sobre la Torá. Los salmos imprecatórios, o "salmos de maldición," son un tipo específico de salmo de lamento en el que el cantor le pide a Yahveh que maldiga a sus enemigos.[7] Los enemigos pueden ser sociales, nacionales o personales. Los salmos imprecatórios presentan un desafío hermenéutico para los Cristianos, quienes han sido enseñados a amar a sus enemigos y a orar por quienes los persiguen.

Las maldiciones pueden ser tan simples como: "Levántate, Dios, derriba a los malvados." Otras veces, la imprecación es más específica. El Salmo 109 presenta una lista de acusaciones que los "malvados" hacen contra el salmista en 109:6-19. Estas incluyen un fallo negativo en el tribunal, la muerte, el hecho de que sus hijos tengan que mendigar y la confiscación de sus bienes. El salmista responde a estas maldiciones en el versículo 20: "Que esto sea la recompensa de mis adversarios de parte de Yahveh. Aquellos que hablan destrucción sobre mi alma." Así, el salmista responde a estas maldiciones pidiendo a Dios que cada una de ellas recaiga sobre el acusador.

La imprecación más impactante proviene del lamento comunitario del Salmo 137. En el exilio, cuando el pueblo es obligado por sus captores babilonios a cantar una canción de Sion, el salmista canta:

> Hija de Babilonia, la destructora,
> bendito aquel que te pague
> conforme a lo que nos hiciste.
> Bendito aquel que tome a tus hijos
> y los estrelle contra las piedras. (vv. 8-9)

Es difícil creer que alguien pueda incorporar el infanticidio en un canto de adoración, pero Israel logró hacerlo. ¿Cómo puede un lector contemporáneo encontrar gracia en las imprecaciones? A través del proceso canónico, estas palabras dirigidas a Dios se han convertido en palabras provenientes de Dios. Estos fueron cantos entonados a Dios que Dios consideró necesarios para formar parte del canon. Tienen algo que enseñarnos y no pueden ser simplemente descartados.

En los salmos imprecatorios, los salmistas piden a Yahvé que sea el vengador. No piden la capacidad de ejercer venganza por sí mismos. Los

---

7. Los Salmos 5, 10, 17, 35, 58, 59, 69, 70, 79, 83, 109, 129, 137 y 140 tienen características imprecatorias.

salmos reconocen que sentimientos como estos hacia un enemigo no son una parte poco común de la experiencia humana. Los salmos imprecatorios ofrecen un modelo para poder procesar esos sentimientos. Es necesario llevarlos ante lo divino.

Los salmos imprecatorios también afirman el deseo de Yahvé de justicia y rectitud en este mundo. Los salmos piden a Yahvé que haga justicia en nombre del salmista. Dios no es neutral ni distante en la vida de Israel. Dios está del lado de la justicia, y el salmista le recuerda a Dios que se debe tomar acción. Clint McCann lo expresa de la siguiente manera:

> Frente al mal monstruoso, la peor respuesta posible es no sentir nada. Lo que se debe sentir es dolor, ira, indignación. En ausencia de estos sentimientos, el mal se vuelve algo aceptable y común. Olvidar es someterse al mal, marchitarse y morir; recordar es resistir, ser fiel y volver a vivir.[8]

Finalmente (¡y la razón por la cual los salmos imprecatorios están en un capítulo sobre la Torá!), sin importar cuán difícil sea la situación para el salmista, los salmos imprecatorios nunca exceden el principio de *Lex Talionis* (ley del talión). En otras palabras, los salmistas solo piden que su enemigo reciba el mismo castigo que ellos han sufrido a manos de ese enemigo. El salmista del Salmo 137 presenció cómo los edomitas y los babilonios mataban a niños. El salmista del Salmo 109 recibió una serie de calumnias de su acusador y deseó que esas mismas calumnias recayeran sobre su enemigo. Los salmistas no buscaban escalar la venganza, sino buscaban solamente la justicia que Dios les permitía en la Torá.

Aunque los salmos imprecatorios pueden ser difíciles de comprender para un lector contemporáneo, para las personas en comunidades marginadas pueden ofrecer un modelo útil sobre cómo procesar los sentimientos de injusticia.

Limpio vs. Impuro

Con frecuencia, en la Torá se mencionan restricciones sobre lo "limpio" y lo "impuro." Ciertos alimentos y actividades pueden hacer que una persona sea considerada limpia o impura. Solo una persona "limpia" podía adorar a Yahvé. Israel acampaba cerca de un Dios santo, y en ese contexto, no

---

[8]. J. Clinton McCann, Jr., *Una introducción teológica al Libro de los Salmos: Los Salmos como Torá* (Nashville: Abingdon, 1993), p. 119.

mantener la santidad podía tener consecuencias graves.⁹ El Salmo 19:9 utiliza la palabra para "limpio" en relación con el "temor de Yahvé:" "El temor de Yahvé es puro [limpio], permanece para siempre. La justicia de Yahvé es verdadera y totalmente justa".

El cumplimiento de la Torá hace a las personas "limpias." La lista de requisitos sobre lo limpio e impuro puede resultar tediosa para el lector contemporáneo; sin embargo, existe un principio importante en estas listas que puede aplicarse a situaciones actuales. Las restricciones sobre lo limpio e impuro abarcan todas las áreas de la vida. Ciertas acciones, animales y alimentos eran considerados impuros, y realizar esas acciones o consumir esos alimentos hacía que una persona fuera impura. La comida, las enfermedades de la piel, la ropa, el manejo del moho, e incluso con quién se casaba una persona, todo podía hacer que alguien fuera impuro. La Torá deja claro que la adoración a Dios afecta cada área de la vida. No basta con preocuparse solo por lo que se hace en el templo o tabernáculo. Incluso el manejo de prendas con moho reflejaba la adoración. Israel debía comprometer cada aspecto de su vida a Yahvé. Dado que Yahvé es un Dios santo, Israel debía ser un pueblo santo.

En la visión del Antiguo Testamento, las cosas puras pueden ser corrompidas por cosas impuras.¹⁰ El salmista recuerda los pecados que llevaron al exilio en el Salmo 106 al relacionarlos con la "impureza" de Israel: "Se contaminaron con sus acciones y se prostituyeron con sus hechos" (v. 39). ¿Qué hace que algo sea "puro" o "impuro"? Es difícil decirlo, aunque se ha hablado mucho al respecto.¹¹

Algunos creen que las reglas sobre lo puro e impuro reflejan preocupaciones de higiene. Sin duda, la higiene sí tiene un papel en varias de las instrucciones de la Torá. Israel estaba acampando junto en el desierto, y tener un vecino con lepra (Levítico 13:2-23) o una casa con moho (Levítico 13:34-53) podía tener consecuencias graves para la comunidad.

---

9. Los hijos de Aarón, Nadab y Abiú, tuvieron un final rápido al no mantener la santidad en sus funciones como sacerdotes, según Levítico 10:1-3.

10. En el Nuevo Testamento, Cristo "purifica" las cosas impuras. Cuando Jesús toca cosas que, según las reglas del Antiguo Testamento, lo habrían hecho "impuro" (personas con lepra, cuerpos sin vida, etc.), las cosas impuras son purificadas.

11. Un académico enumera al menos catorce explicaciones diferentes sobre los animales puros e impuros. Véase Jiří Moskala, "Categorization and Evaluation of Different Kinds of Interpretation of the Law of Clean and Unclean Animals in Leviticus 11" (Categorización y evaluación de diferentes tipos de interpretación de la ley de los animales puros e impuros en Levítico 11), *Biblical Research* 46 (2001): 5–41.

Sin embargo, la higiene y la salud no logran responder a todos los temas. A menudo se cita la higiene como la razón por la que el cerdo se clasifica como alimento impuro. Ciertamente, la triquinosis, entre otras enfermedades, habría sido un riesgo al consumir carne poco cocida. Sin embargo, la mayoría de los alimentos pueden ser peligrosos si no se preparan adecuadamente. Varias culturas alrededor de Israel aparentemente consumían cerdo sin consecuencias graves, así que, aunque la "higiene" podría explicar las instrucciones de la Torá sobre la lepra y el moho, la Torá respecto a los animales impuros es menos clara.

La teoría de la distinción también es una explicación popular para las diferencias entre lo puro y lo impuro. Las excavaciones han demostrado que el cerdo formaba parte importante de la dieta de los filisteos. Israel podía demostrar su distinción absteniéndose de consumirlo. Algunas enseñanzas de la Torá pueden estar llamando a Israel a abstenerse de las prácticas de otras culturas, y la alimentación sería parte de ese llamado a ser un pueblo separado.[12]

Una de las explicaciones más creativas sugiere que las leyes de la Torá sobre lo puro y lo impuro están conectadas con la creación.[13] Las cosas puras funcionan como fueron creadas para funcionar. Las cosas impuras son consecuencia de la corrupción del orden creado por el pecado. Por ejemplo, los peces deben tener escamas, así que los peces sin escamas, como el bagre, son impuros. Los seres con patas deben caminar en tierra, por lo que los animales con patas que viven en el agua (como los camarones o las langostas) son impuros. Esto se extiende a otras reglas también. La sangre pertenece al cuerpo, así que cuando la sangre está fuera del cuerpo, incluso durante la menstruación, esto vuelve a la persona impura. La explicación basada en la creación a veces se amplía para enfocarse en la vida y la muerte. En otras palabras, las cosas puras contribuyen a la vida, y las cosas impuras contribuyen a la muerte. El sangrado y el alto riesgo de muerte durante el parto podrían explicar por qué esa actividad hacía a una persona impura. Al igual que la higiene, la teología de la creación responde algunas preguntas, pero desafortunadamente no proporciona una respuesta integral para las actividades puras e impuras.

---

12. La prohibición de cocer un cabrito en la leche de su madre (Éxodo 23:19; 34:26) y de confeccionar ropa mezclada (Deuteronomio 22:11) pudo haber sido una prohibición de prácticas específicas de culto cananeo.

13. Mary Douglas, *Pureza y peligro: Un análisis de los conceptos de contaminación y tabú* (Londres: Routledge & Paul, 1966), pp. 51–57.

Si existió un principio unificador que explicara de manera completa las distinciones entre lo puro y lo impuro, lamentablemente se ha perdido en la historia. Aunque en última instancia no resulta del todo satisfactorio, "Porque Dios lo dijo" podría ser la mejor respuesta para un lector contemporáneo.

Justicia

El lector ya ha visto la preocupación de Dios por los marginados y los vulnerables en las secciones narrativas de la Torá. La atención hacia los vulnerables es una parte esencial del carácter divino, la cual también se observa a lo largo de los textos poéticos. Considera el Salmo 146:

> Dios es quien hace justicia a los oprimidos
> y da alimento a los hambrientos.
> Yahveh libera a los prisioneros.
> Yahveh da vista a los ciegos.
> Yahveh levanta al que está encorvado.
> Yahveh ama a los justos.
> Yahveh protege al extranjero.
> Dios sostiene al huérfano y a la viuda,
> y frustra el camino de los malvados. (vv. 7-9)

No es sorprendente que Yahvé ordene al pueblo que lleva el nombre divino reflejar el mismo carácter. A lo largo de la Torá, Yahvé relaciona la necesidad de Israel de mostrar justicia tanto con el carácter de Dios como con la experiencia de Israel en Egipto. Levítico 19 dice:

> Nunca debes tomar venganza
> ni guardar rencor contra ninguno de tu pueblo.
> Y debes amar a tu prójimo como a ti mismo.
> Yo soy Yahvé. (v. 18)

> Debes levantarte ante las canas!
> Debes honrar el rostro de una persona mayor,
> y así temerás a tu Dios.
> Yo soy Yahvé.
> Y cuando un extranjero resida contigo en tu tierra,
> no lo maltrates.
> El extranjero debe ser para ti como uno de tus compatriotas.
> Amarás al extranjero como a ti mismo,

> porque ustedes fueron extranjeros en la tierra de Egipto.
> Yo soy Yahvé.
> No debes hacer trampa con las medidas justas,
> ya sea de longitud, peso o cantidad.
> Debes tener balanzas y pesas justas,
> un efa justo y un hin justo.
> Yo soy Yahvé, tu Dios,
> que te saqué de la tierra de Egipto. (vv. 32-36)

Todas estas órdenes para vivir justamente provienen de dos razones: primero, porque su Dios es Yahvé, y Yahvé cuida a los vulnerables, así que ellos también deben cuidar a los vulnerables; y segundo, porque ellos mismos alguna vez fueron vulnerables, por lo tanto, deben cuidar a los vulnerables.

> Porque Yahvé, tu Dios, es Dios de dioses y Señor soberano. El gran Dios, poderoso y temible, que no muestra favoritismo ni acepta sobornos. Él es quien hace justicia al huérfano y a la viuda; quien ama al extranjero y le da ropa y alimento. Así que deben amar al extranjero, porque ustedes también fueron extranjeros en la tierra de Egipto. (Deut 10:17-19)

En una época sin programas de apoyo social, Yahvé insistió en que Israel se comportara de manera que protegiera a los más vulnerables entre ellos. Se le ordenó a Israel no cosechar completamente sus campos, sino dejar lo que quedara sin cosechar para aquellos que lo necesitaran:

> Cuando coseches en tu campo y olvides una gavilla en el campo, no regreses a recogerla. Será para el extranjero, el huérfano y la viuda, para que Yahvé, tu Dios, bendiga todo el trabajo de tus manos. Cuando sacudas el olivo, no repases las ramas; deja algo para el extranjero, el huérfano y la viuda. Cuando recojas las uvas de tu viñedo, no las recojas por segunda vez; deja lo que quede para el extranjero, el huérfano y la viuda. (Deut 24:19-21)

Incluso la parte del diezmo requerido destinada a sostener a los levitas debía ser compartida con los más vulnerables: "Cuando termines de diezmar todo el diezmo de tus productos en el tercer año (el año del diezmo), lo darás al levita, al extranjero, al huérfano y a la viuda, para que coman hasta saciarse en tus ciudades" (Deuteronomio 26:12).

Nada enfurece tanto a Yahvé como quienes violan el tercer mandamiento y "toman el nombre divino en vano". Las palabras más severas de juicio en el texto bíblico están dirigidas a los religiosos que tergiversan lo que significa seguir a Yahvé. Hacer que Dios quede en mal representa un juicio inmediato. Yahvé incluso juzga a "los dioses" en el Salmo 82 porque no cuidan de los vulnerables:

> Dios está en la asamblea divina.
> En medio de los dioses, Dios dicta juicios justos.
> ¿Hasta cuándo emitirán sentencias influenciadas por sus favoritos que solo honran a los malvados?
> Brinden verdadera justicia a los débiles y a los huérfanos.
> Defiendan a los oprimidos y a los pobres.
> Protejan a los débiles
> y liberen a los necesitados de la mano de los malvados, quienes no saben ni entienden. Ellos vagan en la oscuridad,
> mientras todos los cimientos de la tierra se estremecen.
> Pensé: "Ustedes son dioses.
> ¡Son hijos del Altísimo, todos ustedes!"
> Sin embargo, morirán como cualquier ser humano,
> y caerán como cualquier príncipe. (vv. 1-7)

Incluso las conexiones con lo divino no eximen a nadie de mostrar justicia. Si los dioses no pueden escapar al juicio, no debería sorprendernos leer en Ezequiel que la humanidad tampoco está exenta de esta norma. En un pasaje que debería poner nerviosa a cualquier persona de fe, Dios le revela a Ezequiel la razón por la que Sodoma y Gomorra fueron destruidas:

> "Mira, pues, esta fue la iniquidad de tu hermana Sodoma y de sus hijas: soberbia, abundancia de pan, tranquilidad próspera, pero no fortalecieron al pobre ni al necesitado. Fueron sumamente arrogantes e hicieron cosas abominables delante de mí. Por eso, cuando lo vi, las destruí." (Ezequiel 16:49-50)

Este pasaje de Ezequiel proporciona un contexto importante para leer Génesis 19. Inicialmente, el egoísmo de Sodoma se muestra en que Lot es la única persona que ofrece hospitalidad a los mensajeros divinos cuando llegan a la ciudad. El lector descubre que Lot le advierte a los mensajeros de Dios que no pasen la noche afuera, en la plaza pública. Al parecer, Sodoma no les brindará refugio a los extranjeros que viajan. El egoísmo de Sodoma y su actitud poco acogedora se evidencian completamente cuando quieren humillar públicamente a Lot atacando a sus invitados. En una cultura de honor/deshonra, desean que este forastero "sepa cuál es su lugar." Aunque muchas tradiciones de fe han leído el texto de Génesis 19 y han relacionado la destrucción de la ciudad con comportamientos sexuales específicos, Ezequiel aclara que la destrucción de la ciudad provino de su egoísmo y de no cuidar a los más vulnerables.[14]

Desde Isaías hasta Malaquías, los profetas entendieron que la preocupación por los más vulnerables es una interpretación adecuada de las instrucciones de Dios. En Isaías, cuando el pueblo de Dios egoístamente guardó las bendiciones de Dios solo para sí, Dios trajo juicio:

> ¡Ay de ustedes que promulgan leyes injustas
>   y que redactan decretos opresivos,
> permitiéndoles apartarse del trato justo hacia los pobres
>   y privar de justicia a los oprimidos de mi pueblo,
> haciendo de las viudas su botín
>   y de los huérfanos su presa!
> ¿Qué harán en el día del juicio,
>   cuando llegue la devastación desde tierras lejanas?
> ¿A quién acudirán en busca de ayuda?
>   ¿Dónde dejarán sus riquezas...? (Isaías 10:1-3)

La Torá muestra la respuesta adecuada a la salvación de Dios. Parte de lo que esto significa es asumir el carácter de Dios, y una parte esencial de ese carácter es la justicia. En el Salmo 68:5, el salmista afirma: "Dios, en su santa morada, es padre de los huérfanos y defensor de las viudas."

Los Salmos y el Sacrificio

La parte de la Torá que parece más lejana para un lector occidental contemporáneo es el sistema sacrificial detallado. El libro de Levítico describe con detalle la manera en que el sacerdote debe realizar los numerosos sacrificios

---

14. El comportamiento sexual era una forma de "avergonzar" a Lot. Al permitir que sus invitados fueran atacados de esa manera, él sería considerado un "mal anfitrión" y avergonzado públicamente.

de animales vivos para Yahvé.[15] Cada sacrificio cumplía una función específica, y las partes del animal se trataban de manera diferente según el tipo de sacrificio.

Los salmos parecen tener dos posturas respecto al sacrificio. Por un lado, los salmistas animan a las personas a dar prioridad a Dios a través del sacrificio. Por ejemplo:

> ¡Ofrezcan sacrificios justos y confíen en Yahveh! (Sal 4:5)

> Que Dios recuerde todas tus ofrendas y acepte tus sacrificios. (Sal 20:3)

> Con ofrenda voluntaria te sacrificaré;
> daré gracias a tu nombre, Yahveh, porque es bueno. (Sal 54:6)

Cuando el salmista celebra el regreso del exilio, parte de la alegría de este retorno se debe a que Yahvé permite al pueblo ofrecer nuevamente sacrificios de acción de gracias: "¡Ofrezcan sacrificios de acción de gracias y proclamen con júbilo las obras de Dios!" (Salmo 107:22). El "sacrificio de acción de gracias" es probablemente una alusión directa a la ofrenda especificada en Levítico 7:11-18, que incluye tanto el manejo adecuado de un sacrificio animal como la inclusión de un pan sin levadura.

Sin embargo, los salmos no siempre muestran una actitud positiva hacia el sacrificio. Algunos salmos sugieren que Yahvé no se interesa en los sacrificios en absoluto: "No deseas sacrificio ni ofrenda, sino un oído atento. No pides holocausto ni ofrenda por el pecado" (Salmo 40:6). El Salmo 50 aclara la postura de Dios. Aunque contiene una fuerte represión hacia los sacrificios mal ofrecidos, el salmo deja claro que Yahvé no se opone al sacrificio en sí. El problema son las personas. El salmo retoma el Shemá en Deuteronomio una vez más y adopta un tono profético al comenzar con "¡Escucha!" o "¡Presta atención!"

> Escucha, pueblo mío, voy a hablar.
> Israel, te advertiré. Yo soy Dios, tu Dios.

---

15. Las ofrendas principales son: "El Holocausto" (Levítico 1:1-7), "La Ofrenda de Cereales" (Levítico 2:1-16), "El Sacrificio de Comunión" (Levítico 3:1-17), "La Ofrenda por el Pecado" (Levítico 4:1–5:13) y "La Ofrenda por la Culpa" (Levítico 5:14–6:7). Varias de estas ofrendas podían adaptarse a diferentes circunstancias. Por ejemplo, el "Sacrificio de Comunión" podía modificarse para usarse como una "Ofrenda de Acción de Gracias" si se presentaba junto con pan sin levadura y la carne se consumía en un periodo de tiempo específico.

No te reprendo por tus sacrificios
ni por tus holocaustos, que están siempre delante de mí.
No necesito un toro de tu establo
ni un macho cabrío de tus rebaños.
Porque mío es todo ser viviente del bosque,
el ganado sobre mil colinas.
Conozco a todas las aves de los montes
y todo lo que se mueve en el campo me pertenece.
Si tuviera hambre, ¿acaso te lo diría?
Porque el mundo y todo lo que hay en él es mío.
¿Acaso como carne de toros
o bebo sangre de machos cabríos?
Ofrece a Dios un sacrificio de gratitud
y cumple tus votos al Altísimo. (Salmo 50:7-14)

A diferencia del resto de los dioses del antiguo Oriente Próximo, Yahvé no necesita "alimentarse" de los sacrificios. Yahvé afirma que el sacrificio no es el problema de Israel. El problema es que los "malvados" son miembros de la comunidad del pacto cuyas vidas no reflejan la Torá: "Pero al malvado Dios le dice: '¿Cómo te atreves a recitar mis estatutos o tomar mi pacto en tus labios? Realmente odias la disciplina y echas mis palabras detrás de ti'" (Sal 50:16).

En el Salmo 50:18-20, los malvados roban, cometen adulterio y dan falso testimonio. Los sacrificios no son medios mágicos para cubrir los pecados; más bien, deben reflejar una actitud adecuada. Cuando el sacrificio refleja un compromiso con el pacto de Dios y gratitud, Dios escucha: "El que ofrece sacrificio de acción de gracias me honra; al que ordena su camino, le mostraré la salvación de Dios" (Salmo 50:23).

Como ya se ha mencionado, quizá el salmo más confuso respecto al tema del sacrificio es el Salmo 51. Famoso por ser el salmo que David canta después del incidente con Betsabé, el Salmo 51 defiende ambas posturas sobre el sacrificio ¡en dos versículos consecutivos!

Porque no te complaces en los sacrificios;
si ofreciera un holocausto, no lo aceptarías.
Los sacrificios agradables a Dios son un espíritu humilde.
Dios no desprecia un corazón humilde y arrepentido. (vv. 16-17)

Al igual que el Salmo 50, este salmo recuerda al lector en los versículos 16 y 17 que el sacrificio no es una solución mágica para el comportamiento pecaminoso. Si el sacrificio no es una manifestación externa de un corazón comprometido con la Torá, entonces Dios no se complace. Yahvé no se deleita en el sacrificio, sino en un corazón enfocado en Dios... al menos hasta los versículos 18-19, donde el salmista canta:

> Haz el bien y muestra tu favor a Sion,
> edifica los muros de Jerusalén.
> Entonces te agradarán los sacrificios justos y las ofrendas completas.
> Entonces se ofrecerán toros en tu altar.

Después de la hermosa declaración acerca de que Dios no se complace en los sacrificios, el salmo ahora celebra el deleite de Dios en el sacrificio. ¿Cómo podría el salmista defender dos posturas en el mismo salmo?

El Salmo 51 nos recuerda que las comunidades preservaron y compusieron el texto bíblico a lo largo del tiempo, y que los textos de la Biblia son producto de una autoría compuesta. Las comunidades dieron forma a los textos. Es probable que los primeros diecisiete versículos del Salmo 51 se hayan compuesto en los primeros tiempos de la historia de Judá. El salmo sobrevivió a la destrucción del templo, a la destrucción de los muros de Jerusalén y al exilio. Después de que Israel regresó del exilio, el pueblo tardó en reconstruir el templo. En el libro de Hageo, el profeta se queja de que el pueblo le había dado prioridad a reconstruir sus propias casas lujosas, pero habían dejado la casa de Dios, el templo, en ruinas. Es probable que algunos cantores fieles quisieran preservar este salmo, pero les preocupara cantarlo. Si el pueblo escuchaba que "Dios no desea sacrificios," esto podría llevarlos a seguir restándole valor al templo y al culto. El templo podría no llegar a ser reconstruido nunca. Para recordarle al pueblo que Dios realmente valoraba el sacrificio, quizá se añadieron los dos últimos versículos al salmo, con el fin de evitar un malentendido peligroso para la comunidad postexílica.

Conclusión

Este libro no presenta grandes novedades al sugerir que los salmos están relacionados con la Torá. En muchos sentidos, se sitúa dentro de una larga tradición que interpreta los Salmos como Torá—es decir, como "instrucción." El libro de los Salmos es un libro de enseñanza. Enseña sobre la historia de Israel. Enseña cómo acercarse a la adoración de Dios. Enseña qué hacer ante la frustración, la desesperación y los enemigos.

Los salmos también transmiten la instrucción de la Torá que se dio después del éxodo. La falta de "temor a Yahvé" y de seguir la instrucción de Dios condujo repetidamente a problemas. La humanidad ignoró la instrucción de Dios en el jardín, lo que resultó en su exilio. Israel ignoró su responsabilidad de comportarse como un pueblo "salvado" al seguir la Torá, y esto también resultó en su exilio.

Preguntas Para Profundizar

1. La Torá es la respuesta adecuada a la salvación por gracia de Dios. No seguir la Torá equivaldría a "tomar el nombre de Dios en vano." Avanzando en la historia, ¿cómo puede un Cristiano evitar "tomar el nombre de Dios en vano?"

2. En el centro de la Torá (literal y figurativamente) está la justicia. Se demuestra que las personas son seguidores de Dios por la manera en que tratan a los más vulnerables de la sociedad. El Antiguo Testamento identifica a estos como el huérfano, la viuda o el inmigrante. ¿Quiénes entrarían en esa categoría en contextos contemporáneos? ¿Cuál debería ser la respuesta de un seguidor de Dios?

3. Los "salmos imprecatorios" no suelen tener lugar en los contextos de adoración contemporánea, ¡incluso en aquellos en los que la injusticia sufrida pudiera sugerir que si deberían tenerlo! Si uno toma en serio la inspiración divina del canon, entonces estos textos están ahí porque Dios quiso que así fuera. ¿Qué pueden enseñarnos sobre la naturaleza de la oración aceptable para Dios?

4. Si el pecado de Sodoma y Gomorra fue la arrogante falta de hospitalidad, como dice Ezequiel, ¿qué implica eso para la lectura de ese texto? ¿Qué significa eso respecto a cómo la cultura en general ha interpretado históricamente ese pasaje?

5. Los "sacrificios" a Dios representaban expresiones culturalmente entendidas de compromiso total y fe en Dios. En una sociedad contemporánea, sin sacrificios animales, ¿cuál sería un análogo que pudiera transmitir lo mismo?

Desierto

> *Es en los desiertos y en las alturas donde se generan las religiones. Cuando los hombres no ven nada más que la infinita profundidad sobre sus cabezas, siempre han sentido un impulso apremiante y desesperado de encontrar a alguien que pongan en su camino.*
>
> — Terry Pratchett, *Jingo*

Los Salmos y el Desierto

El desierto es un lugar de tentación y rebelión; sin embargo, el desierto también es un espacio de potencial creativo. Dios formó a la nación de Israel a partir del desierto. El pacto que trajo orden y prosperidad a Israel fue establecido en el monte Horeb/Sinaí, en el desierto. El profeta Elías entró misteriosamente en la narrativa de 1 Reyes desde el desierto, y el desierto fue un lugar de refugio para él en 1 Reyes 19. Aunque la vida en el desierto es difícil, el Salmo 63 lo recuerda también como un lugar de refugio para David.

El desierto es el equivalente terrestre a las aguas del caos. En Job 40, el "Behemot" es una personificación del caos en la tierra, de la misma manera que Leviatán es una personificación del caos acuático. Aunque el caos siempre es peligroso y abrumador para la humanidad, también está siempre sujeto al poder creativo de lo divino. De hecho, en lo que podría ser una alusión al cruce del mar y al período en el desierto, el Salmo 29 celebra la voz de Yahvé como superior al mar y al desierto:

> La voz de Yahvé se escucha sobre las aguas.
> La gloria de Dios truena, ¡Yahvé sobre muchas aguas! (v. 3)
> . . .
> La voz de Yahvé estremece el desierto.
> Yahvé sacude el desierto de Cades. (v. 8)

La mayoría de las Biblias en Inglés eligen la palabra "wilderness" (paraje desolado en Español) por su tono más romántico al traducir la palabra Hebrea que se refiere al área de deambulación después del éxodo. Este "wilderness" es una zona árida, estéril y rocosa que se traduciría de manera más precisa como "desierto" (que es la palabra mayormente usada en Español). Al leer la palabra "wilderness" en Biblias modernas, los lectores deben evitar imaginar paisajes como el "Pacific Crest Trail" (Sendero de la Cresta del Pacífico), que el término podría sugerir. En el desierto de la Biblia, la muerte es una realidad constante. Incluso el sistema sacrificial en Levítico utiliza la naturaleza voraz del desierto a favor del pueblo. Los pecados del pueblo se colocan sobre un macho cabrío, que luego es llevado al desierto. El desierto literalmente consume los pecados del pueblo.[1]

La victoria del pueblo y su fe al salir de Egipto es rápidamente seguida por su fracaso y duda. La tinta del pacto aún no se seca, y el pueblo de Israel comienza a corromper su adoración a Yahvé con las prácticas de los dioses locales de la fertilidad en la historia del becerro de oro.[2] Israel pervierte el plan de Dios para la adoración y, de manera reiterada, no confía en la provisión de Dios. Tal vez no sea sorprendente que los salmos recuerden el tiempo en el desierto como uno difícil:

> ¡Cuánto se rebelaron en el desierto!
> Afligieron a Dios en el desierto.
> Lo pusieron a prueba repetidas veces,
> y provocaron al Santo de Israel.
> No recordaron la mano de Dios,
> ni el día en que los rescató de su adversario.
> Cuando Dios hizo señales en Egipto
> y maravillas en los campos de Zoán. (Sal 78:40-43)

Las narrativas del desierto parecerían ser un modelo de cómo no comportarse en la relación con Yahvé. Aunque, irónicamente, Yahvé recuerda el periodo de la travesía de manera diferente. Al parecer, según Yahvé, el desierto fue el periodo de luna de miel en la relación entre Israel y Yahveh. En Jeremías, Dios incluso se muestra nostálgico al respecto:

> [Dios dijo:] "Ve y proclama a oídos de Jerusalén: 'Así dice Yahvé:
> Recuerdo el amor de tu juventud, tu amor de novia.

---

1. Consulta Levítico 16:1-34.

2. Consulta Éxodo 32.

> Me seguiste en el desierto, en una tierra donde no se podía sembrar.
> Israel era santo para Yahvé—los primeros frutos de la cosecha para Dios.
> Todos los que intentaron consumirlos fueron hallados culpables, y la destrucción vino sobre ellos', declara Yahvé." (Jer 2:2-3)

Más adelante, Yahvé acusa a la nación de olvidar a Dios después del tiempo maravilloso que pasaron juntos en el desierto. Si el pecado de Judá antes del exilio alcanzó tal grado que la travesía por el desierto parece un acto de fidelidad, esto da una perspectiva sobre la gravedad de la situación de Judá.

Sin embargo, para ser justos, la percepción idílica de Yahvé sobre el periodo en el desierto en Jeremías es una opinión minoritaria. Aunque Dios puede tener recuerdos idealizados del tiempo de Israel en el desierto, incluso Yahvé reconoce que el desierto es un lugar difícil y árido. Más adelante, en Jeremías 2:31, Yahvé pregunta si la infidelidad de Judá fue porque Yahvé era un desierto:

> Esta generación, escuchen la palabra de Yahvé: "¿Acaso he sido yo un desierto para Israel? ¿He sido una tierra de tinieblas? ¿Por qué dice mi pueblo: 'Somos libres para vagar y ya no volveremos a ti'?"

Cuando los salmos recuerdan el peregrinaje por el desierto, los cantos relatan los detalles de la historia en un orden diferente al de la versión narrativa. Los salmistas suelen comenzar con el comportamiento de Israel en el desierto y lo relacionan con la consecuencia de "olvidar" lo que Yahvé hizo en Egipto. Como se observa arriba, el Salmo 78 sigue este patrón y narra la historia del éxodo solo después de resaltar la experiencia de Israel en el desierto.

El Salmo 106 también deja claro que el pecado del pueblo proviene del olvido. En la primera sección del salmo, el pecado actual del salmista en el exilio es análogo al olvido de Dios por parte de la primera generación:

> Pecamos como nuestros antepasados.
> Hemos cometido iniquidad y maldad.
> Nuestros antepasados en Egipto no consideraron tus obras.
> No recordaron la abundancia de tu amor constante.
> Se rebelaron en el mar, el Mar Rojo. (vv. 6-7)

Los castigos en el desierto fueron consecuencia de olvidar rápidamente las obras poderosas de Yahvé:

> Pero pronto olvidaron las obras de Dios
> y no esperaron sus planes.
> Tuvieron un deseo insaciable en el desierto,
> y pusieron a prueba a Dios en los lugares áridos.
> Dios les concedió lo que pidieron,
> y envió una enfermedad que consumió su alma. (vv. 13-15)
>
> Olvidaron al Dios que los salvó,
> al que hizo grandes maravillas en Egipto—
> Obras en la tierra de Cam,
> y cosas asombrosas junto al Mar Rojo. (vv. 21-22)

Los salmos no están usando hipérbole al decir "pronto olvidaron." Israel comienza a quejarse inmediatamente después de cruzar el mar. Moisés canta el cántico de la victoria de Dios sobre los ejércitos Egipcios y proclama a Yahvé como rey en Éxodo 15. Luego, al inicio de Éxodo 16, Israel clama:

> Toda la congregación de los hijos de Israel murmuró contra Moisés y contra Aarón en el desierto. Y los hijos de Israel les dijeron: "¡Ojalá hubiéramos muerto por mano de Yahvé en la tierra de Egipto, cuando nos sentábamos junto a ollas de carne y comíamos pan hasta saciarnos! Porque ustedes nos han sacado a este desierto para matar de hambre a toda esta asamblea." (vv. 2-3)

Dios provee para el hambre de Israel a través del "maná." Aunque a lo largo de los años se han propuesto varias explicaciones naturalistas para el maná, este pan misterioso no tiene un origen explícito más allá de Yahvé.[3] Sin importar cómo se haya manifestado el maná en la historia, la Biblia es clara al afirmar que el maná proviene directamente de Dios:

> Dios ordenó a los cielos de arriba,
> y se abrieron las puertas del cielo.
> Hizo llover maná para que comieran.
> Y Dios les dio el grano del cielo.
> Los seres humanos comieron el pan de los poderosos.
> Dios les envió alimento para saciarlos. (Sal 78:23-25)

---

3. La palabra en sí no ofrece ninguna pista, ya que su etimología está relacionada con la pregunta hebrea: "¿Qué es?"

Inmediatamente después de la petición de alimento por parte de Israel en Éxodo 16, vino la petición de agua en Éxodo 17:

> El pueblo discutió con Moisés y le dijo: "¡Danos agua para beber!"
> Y Moisés les respondió: "¿Por qué discuten conmigo? ¿Por qué ponen a prueba a Yahvé?"
> Pero el pueblo tenía sed de agua allí y murmuró contra Moisés. "¿Por qué nos sacaste de Egipto, para matarnos de sed a nosotros, a nuestros hijos y a nuestros animales?" (vv. 2-3)

Una vez más, Dios responde a la queja y al desafío de Israel contra el liderazgo de Moisés, esta vez produciendo milagrosamente agua de la roca. Así como sacar tierra seca de las aguas del caos es un acto de creación, sacar agua de la tierra árida manifiesta las habilidades creativas de Dios.

En ambos ejemplos de la duda del pueblo, la raíz del pecado de Israel es el "olvido." Cuando el Salmo 105 canta sobre la provisión de carne, pan y agua para Israel, el salmista lo hace en el contexto del "recuerdo" de Dios:

> Pidieron, y Dios les trajo codornices,
> Y los sació con el pan del cielo.
> Dios abrió una roca, y brotó agua,
> que corrió por los desiertos como un río.
> Porque Dios recordó su santa palabra a Abraham, su siervo.
> (vv. 40-42)

De manera análoga a cómo se recuerda la creación en los salmos, el salmista también se siente libre de interactuar creativamente con el orden de los acontecimientos en la historia del éxodo. Aunque en la narrativa del éxodo el milagro del maná precede al milagro del agua, el salmista en el Salmo 78 invierte la historia:

> Hablaron contra Dios y dijeron:
> "¿Podrá Dios poner una mesa de banquete en el desierto?
> Aunque la roca fue golpeada y brotaron las aguas, y torrentes desbordaron,
> ¿podrá Dios también dar pan o preparar carne para su pueblo?"
> (vv. 19-20)

Aunque los lectores contemporáneos suelen ser meticulosos con el orden de los acontecimientos en el texto bíblico, el salmista claramente consideraba que el lector antiguo no tendría dificultad en reorganizar los eventos para los fines de la historia o del canto.[4]

En los salmos, las narrativas del desierto funcionan como advertencias proféticas para las audiencias contemporáneas. El Salmo 95 ofrece el ejemplo más claro:

> ¡Hoy, si tan solo escucharan la voz de Dios!
> No endurezcan sus pensamientos como lo hicieron en Meribá,
> como en el día de Masá en el desierto.
> Cuando sus antepasados me pusieron a prueba y me pidieron pruebas,
> ¡a pesar de que habían visto mis obras!
> Durante cuarenta años sentí aversión por esa generación,
> y dije: "El corazón de este pueblo se extravía, y no conocen mis caminos".
> Por eso juré en mi enojo: ¡No entrarán en mi descanso! (vv. 7b-11)

El Salmo 95 probablemente tiene contexto en el exilio. Para el salmista, Israel ha entrado en otro tiempo de prueba que deben superar. Marvin Tate lo expresa de la siguiente manera: "El endurecimiento de los corazones y la prueba de Dios, como en Meribá, no pueden relegarse al pasado y dejarse ahí. El asunto sigue vigente y la congregación está de nuevo en Meribá. Masá ('prueba') es ahora."[5] Si ha de comenzar un nuevo éxodo fuera del exilio, el pueblo debe aprender las lecciones del primero.

Tabernáculo

Una vez, mientras enseñaba, un estudiante dijo: "Usa muchas metáforas sobre relaciones problemáticas cuando habla de Dios." Le respondí: "Funciona bien porque Dios está en una relación disfuncional y, desafortunadamente, las señales de esa disfunción están presentes desde el principio."

Una señal temprana de advertencia aparece al inicio de la relación. En Éxodo 24:3, Moisés le comunica al pueblo de Israel los requisitos del pacto: "Moisés vino y refirió al pueblo todas las palabras y ordenanzas de Yahvé. Entonces todo el pueblo respondió a una sola voz: 'Haremos todas las palabras que Yahvé ha dicho.'" Después de recibir esta afirmación de

---

4. Esto podría ser análogo a la cronología creativa que utiliza el Evangelio de Juan al, por ejemplo, mover la narrativa de la purificación del templo al inicio del ministerio de Jesús y el día de la crucifixión en relación con la Pascua. Lectores posteriores han buscado maneras de armonizar las diferencias de Juan con los Evangelios Sinópticos, cuando parece claro que el autor del Evangelio no sentía la misma necesidad.

5. Marvin Tate, *Salmos 51–100*, 502.

compromiso por parte del pueblo, Dios comienza a describir la construcción del tabernáculo, que literalmente se traduce como "morada" o "habitación." El tabernáculo funciona como el "lugar de manifestación" portátil de Yahvé. En un acto dramático y contracultural, Yahvé desea habitar entre el pueblo. En las culturas del antiguo Oriente Próximo que rodeaban a Israel, se creía que los dioses vivían en montañas específicas o tenían regiones claramente definidas bajo su responsabilidad. Jacob refleja esta comprensión en Génesis 28:16, cuando se sorprende al descubrir a Yahvé en Betel: "Ciertamente Yahvé está en este lugar, ¡y yo no lo sabía!" Sin embargo, Yahvé continúa desafiando esa expectativa cultural y planea viajar junto con el pueblo. El tabernáculo es una tienda diseñada para que la presencia de Dios se manifieste, con salvaguardas integradas para proteger a un pueblo no santo de la santidad de Dios.

Para la época en que se escribieron los salmos, un templo fijo en el monte Sion había reemplazado la tienda portátil. A menudo, ambas imágenes se fusionan:[6] "¡Envía tu luz y tu verdad! Que ellas me guíen y me lleven a tu monte santo, a tu morada [tabernáculo]" (Sal 43:3). La unión de los dos edificios también se refleja en la palabra más genérica "tienda": "Oh Yahvé, ¿quién habitará en tu tienda? ¿Quién morará en tu monte santo?" (Sal 15:1).

La sociedad contemporánea suele tener dificultades para comprender cuán radical habría sido para los antiguos Hebreos el mensaje de un dios que desea viajar con la humanidad. El salmista en el Salmo 68 reconoció que, cuando Yahvé marchaba delante del pueblo, era una fuerza aterradora y creativa:

> Dios, cuando saliste al frente de tu pueblo,
> cuando marchaste por el desierto,
> la tierra tembló y los cielos derramaron lluvia
> ante el Dios del Sinaí—ante Dios, el Dios de Israel. (vv. 7-8)

Desafortunadamente, mientras Moisés estaba en la cima del monte recibiendo las instrucciones para la construcción del tabernáculo y más

---

6. Los salmos contienen numerosas referencias al "tabernáculo", aunque un lector casual podría no notarlas, ya que la mayoría de las traducciones optan por traducir la palabra para captar su sentido de "morada". Probablemente, la confusión del término con el templo motiva esta elección. La palabra "tabernáculo" aparece en los Salmos 26:8; 43:3; 46:5; 74:7; 78:60; 84:1; 132:5; 132:7, y la palabra "tienda" (refiriéndose al lugar donde habita Dios) aparece en los Salmos 15:1; 27:5-6; 61:4; 78:60.

> ### Sincretismo
>
> El sincretismo es el pecado más insidioso que se puede cometer. Su peligro radica en la facilidad con la que uno puede caer en él y en su apariencia de fe. El sincretismo representa una inversión de lo que Dios deseaba en las relaciones humanas desde el principio.
>
> A lo largo de la Biblia, Yahvé se encuentra con las personas donde ellas están. Dios camina con el hombre y la mujer en el jardín y acampa en el desierto con los hijos de Israel. Dios literalmente camina con la humanidad en el milagro de la encarnación de Cristo. Para la iglesia, este impulso se realiza en el milagro de Pentecostés en Hechos 2, donde el evangelio es proclamado en los diferentes idiomas de las personas que celebran la festividad en Jerusalén. Las personas no necesitan realizar actos sacerdotales, obtener conocimientos especiales ni aprender lenguas especiales para encontrarse con Dios. Dios se encuentra con la humanidad donde está. Desafortunadamente, en una fe sincretista, las personas creen que el lugar donde se encuentran refleja quién es Dios. En lugar de que Yahvé hable su idioma, creen que su idioma define a Yahvé.

indicaciones del pacto por parte de Yahvé, Israel se impacientó. El pueblo decidió que, en lugar de esperar la enseñanza de Yahvé sobre cómo debía realizarse la adoración, implementarían su propio plan. En la historia del becerro de oro, Israel combinó la adoración a Yahvé con las formas de culto de las religiones locales de fertilidad. Esta combinación se conoce como "sincretismo" (ver página 117).

Becerro de Oro

En la historia del becerro de oro, Israel sincretiza la adoración de Yahvé con las formas de culto de las religiones locales de fertilidad. Los dioses de la fertilidad a menudo eran representados con toros, y el pueblo de Israel decide que Yahvé también puede ser representado con un toro. En la mente de las personas, Yahvé no es diferente de cualquiera de los otros dioses del mundo. Las similitudes no se detienen en la apariencia, e Israel incluso decide adorar a Yahvé de la misma manera en que se adoraban a los dioses de la fertilidad. Después de que el pueblo declara en Éxodo 32:4: "¡Estos son tus dioses, Israel, que te sacaron de la tierra de Egipto!", Aarón decide organizar una festividad para Yahvé con el becerro de oro. En la festividad, el pueblo participa en un banquete y luego "se levantó a divertirse" o "a entregarse al desenfreno." Esta frase probablemente sea un eufemismo para referirse a los actos sexuales asociados con las religiones de fertilidad. Como el becerro fue creado después del éxodo de Egipto, el pueblo no creía que los objetos inanimados fueran la fuente de su liberación. Sin embargo, sí creían que este becerro podía representar el origen de su liberación. La adoración a Yahvé se combinó con la de otros dioses hasta volverse indistinguible. Israel llegó a creer que Yahvé se parecía a los demás dioses.

La Biblia utiliza con frecuencia frases como "se apartaron hacia otros dioses." Por ejemplo, en el Salmo 40:4: "Dichoso el que pone su confianza en Yahvé y no se vuelve hacia los soberbios ni hacia dioses falsos."

En estos casos, el pecado de Israel es análogo al incidente del becerro de oro. Israel sincretizó la adoración a Yahvé con las formas de culto de otros dioses. A lo largo del Antiguo Testamento, esta práctica conduce a una fe que resulta irreconocible. En 1 Reyes 19, Elías siente que la perversión del pacto es tan grave que él es el único que queda en Israel que habla en nombre de Yahvé. Y el profeta Oseas lamenta: "Escuchen la palabra de Yahvé, hijos de Israel: Yahvé tiene una acusación contra los habitantes del país, porque no hay fidelidad. No hay amor comprometido. ¡Ni siquiera hay conocimiento de Dios en la tierra!" (Os 4:1).

Isaías y Jeremías también acusan al pueblo por su falta de conocimiento. Son especialmente críticos con la clase religiosa, de quienes se esperaría que supieran actuar mejor.[7] El sincretismo religioso era tan generalizado que una inscripción del siglo VIII a. C. encontrada en Khirbet el-Qom, en Israel, menciona a "Yahvé" e implica que Yahvé tiene la misma esposa que el dios cananeo de la fertilidad local.[8] Si Israel puede darle gracias a Dios y a la esposa de Dios, entonces el "Nuestro Dios es solo Yahvé" de Deuteronomio 6:4 se ha perdido.

El Salmo 106 recuerda el inicio de los problemas de Israel y relata la historia del becerro de oro:

> Hicieron un becerro en Horeb
> y adoraron una imagen fundida.
> Cambiaron su gloria
> por la figura de un buey que come pasto.
> Olvidaron al Dios de su salvación,
> al que hizo grandes obras en Egipto,
> prodigios en la tierra de Cam
> y cosas asombrosas junto al Mar Rojo.

---

7. Consulta Isaías 5:13; Isaías 45:20; Jeremías 10:14; 14:18; 51:17.

8. Judith M. Hadley, "La inscripción de Khirbet el-Qom," VT 37 (enero de 1987): 50–62.

> Dios planeaba destruirlos, pero Moisés,
> su escogido, se interpuso en la brecha delante de Él
> para apartar su ira y evitar que los destruyera. (vv. 19-23)

Aunque muchos de los elementos narrativos están presentes en el texto, el Salmo 106:23 no logra captar la ira que Dios muestra en el relato del Éxodo. Dios no solo desea destruir a esta generación; está dispuesto a comenzar la historia de nuevo. Según Éxodo 32, el progreso logrado desde Abraham va a ser deshecho:

> Yahvé le dijo a Moisés: "¡Anda! ¡Baja! Porque tu pueblo, el que sacaste de la tierra de Egipto, está actuando perversamente!"... Yahvé dijo a Moisés: "Veo a este pueblo, y mira, es un pueblo de dura cerviz. Ahora, déjame, y mi ira arderá contra ellos y los consumiré; entonces haré de ti una gran nación." (vv. 7-10)

La furia es comprensible cuando se recuerda la naturaleza de la traición de Israel. Israel y Yahvé han estado metafóricamente en una ceremonia de matrimonio. Dios ha dicho: "Yo seré tu Dios." Israel ha respondido: "Seremos tu pueblo." Ahora, después de firmar el acta matrimonial, uno de los cónyuges ha encontrado al otro en el armario con otro invitado a la boda. Lleno de furia, Dios quiere empezar de nuevo. Esta generación será destruida, y Dios formará una nueva nación a partir de Moisés.

La traición con el becerro de oro interrumpe la narrativa en el libro del Éxodo. Ocurre entre la descripción que Dios hace de los planes del tabernáculo y la construcción del tabernáculo por parte de Israel. Esto resalta el contraste directo entre los planes de Israel para su relación con Dios y los planes de Dios para la comunión de Israel con Él.[9]

1. Israel está intentando crear lo que Dios ya ha provisto.

2. El tabernáculo representa los planes y la iniciativa de Dios. El becerro está motivado por los seres humanos.

3. Para el tabernáculo, se solicitaron ofrendas generosas. Aarón exige oro para el ídolo.

4. El tabernáculo requiere una preparación elaborada utilizando los dones de toda la comunidad. El becerro no tiene planificación.

5. El largo proceso de construcción del tabernáculo contrasta con la rápida construcción del becerro.

---

9. Terence Fretheim, *Éxodo* (Louisville: Westminster John Knox, 2010), 279–80.

6. El tabernáculo está diseñado para salvaguardar el acceso divino y el acceso se otorga en los términos de Dios. El becerro de oro proporciona acceso divino inmediato en términos humanos.

7. El Dios invisible del tabernáculo se vuelve visible y fácilmente controlable con el becerro de oro.

8. El Dios personal que deseaba tener comunión con el pueblo ahora es un objeto impersonal que es fácilmente controlado.

El Salmo 106:23 deja claro que Moisés fue lo único que se interpuso entre Israel y la destrucción. Esto coincide con el relato del Éxodo:

> Pero Moisés suplicó ante Yahvé, su Dios: "¿Por qué, Yahvé, ha de arder tu ira contra tu pueblo, al que sacaste de la tierra de Egipto con gran poder y mano fuerte? ¿Por qué? Porque los egipcios dirán: 'Con malas intenciones los sacó Dios, para matarlos en los montes y exterminarlos de la faz de la tierra.' Apártate de tu ardiente enojo y desiste de este mal contra tu pueblo. Acuérdate de Abraham, Isaac e Israel, tus siervos, a quienes juraste por ti mismo, diciendo: 'Multiplicaré su descendencia como las estrellas del cielo, y toda esta tierra que he prometido dar a sus descendientes será su herencia para siempre.'" (Éxodo 32:11-13)

Después de un intercambio ligeramente humorístico (y casi paternal) en el que Yahvé y Moisés discrepan sobre quién sacó a Israel de Egipto, Moisés le recuerda a Dios el pacto con los antepasados y la reputación de Dios en el mundo. Moisés utiliza un lenguaje sorprendente con Yahvé. En este pasaje, Moisés le suplica a Dios que "¡Vuelva!" y "¡Reconsidere!" Estas dos palabras en Hebreo se traducen como "¡Arrepiéntete!" en otros contextos. Literalmente, Moisés le ruega a Dios que se arrepienta dos veces. Lo que podría ser aún más sorprendente es que la petición de Moisés funciona: "Así Yahvé desistió de la acción destructiva que había planeado para el pueblo" (Éxodo 32:14). La decisión de Yahvé cambia, e Israel evita la destrucción.

En el único salmo en el que Moisés aparece en la superscripción, Moisés utiliza el mismo lenguaje que en Éxodo 32: "¡Vuélvete, Yahvé! ¿Hasta cuándo? Ten compasión [reconsidera] de tus siervos" (Sal 90:13). Debido al número de paralelismos lingüísticos entre Éxodo 32 y el Salmo 90, algunos estudiosos leen el Salmo 90 como una expresión poética del relato del becerro de oro.[10] Su posición al inicio del Libro IV genera una

---

10. Véase, por ejemplo, David N. Freeman, "Aparte de Moisés... ¿Quién le pide (o le dice) a Dios que se arrepienta?" BR 1 (1985): 56–59.

interpretación interesante a la luz del contexto de exilio del Libro III (Salmos 73–89). El Libro III ha abordado la realidad de la pérdida del templo, la tierra y la realeza. El Salmo 89 expresa con pasión la confusión ante la pérdida de la monarquía Davídica. En medio de esta desesperación, el Salmo 90 aparece en el contexto del exilio y recuerda otro momento en el que la existencia de Israel estuvo amenazada. Para el lector que proviene del Libro III, este salmo de Moisés y las alusiones a Éxodo 32 pueden leerse como la intervención de una autoridad antigua que nuevamente intercede a favor de un pueblo exiliado.

Un dios emocional al que se le puede convencer de tomar (o cambiar de) decisiones puede poner nerviosos a los lectores contemporáneos. Sin embargo, los lectores antiguos no tenían problema en comprender a Dios como un ser emocional. Esto no debería sorprendernos, ya que los seres humanos somos seres emocionales y estamos hechos a imagen divina. Mientras que los lectores contemporáneos suelen imaginar a un Dios desapasionado, sentado en un gran trono moviendo cuidadosamente las piezas de ajedrez de este mundo, la Biblia relata la historia de un Dios que está presente de manera relacional en el momento, acompañando a las personas en su historia.

Fracaso al Tomar la Tierra

La generación que salió de Egipto falló en el Sinaí con el incidente del becerro de oro. Sin embargo, su fracaso definitivo ocurrió cuando no confiaron en Yahvé para darles la victoria en la tierra prometida. El Salmo 95 recuerda la historia de la siguiente manera:

> Cuando sus antepasados me pusieron a prueba y me exigieron pruebas,
> ¡aunque ya habían visto mis obras!
> Durante cuarenta años sentí rechazo por esa generación,
> y dije: "El corazón de este pueblo se extravía,
> y no conocen mis caminos."
> Por eso juré en mi enojo:
> ¡No entrarán en mi descanso! (vv. 9-11)

Los espías que investigaron la tierra en Números 13 informaron que la fuerza militar de los Cananeos era demasiado grande, incluso para Yahvé. Ellos mencionaron a los enigmáticos "Nephilim,", citados en Génesis 6, con el fin de incitar al pueblo contra Moisés (y Yahvé). La respuesta de

Yahvé en Números 14 es idéntica a la de Éxodo 32. Dios quiere destruir al pueblo y formar una nación a partir de Moisés:

> Y Yahvé dijo a Moisés: "¿Hasta cuándo este pueblo me despreciará? ¿Hasta cuándo se negarán a confiar en mí? ¡A pesar de todas las señales que he hecho entre ellos! Los heriré con una plaga y los desheredaré. Y haré de ti una nación grande—¡aún más poderosa que ellos!" (Núm 14:11-12)

En esta queja en el desierto de Cades, Yahvé utiliza la frase "¿Hasta cuándo?," que es una manera típica de introducir un lamento. Dios inicia este discurso lamentándose ante Moisés acerca del pueblo. Puede ser este lamento al que se refiere el Salmo 29 cuando recuerda: "La voz de Yahvé sacude el desierto. Yahvé sacude el desierto de Cades" (v. 8). Fue esta "voz de Yahvé" la que el pueblo ignoró en el Salmo 106:

> Entonces rechazaron la tierra deseable,
> y no confiaron en la palabra de Dios.
> Se quejaron en sus tiendas,
> no escucharon la voz de Yahvé.
> Así que Dios hizo un juramento:
> Dios haría que cayeran en el desierto.
> Dios haría que sus descendientes cayeran entre las naciones,
> Dios los dispersaría por toda la tierra. (vv. 24-27)

El Salmo 106 recuerda consecuencias más severas para la desobediencia del pueblo que simplemente el fracaso de esa generación en tomar la tierra. De hecho, el versículo 27 implica que el exilio posterior fue un castigo directo por la falta de fe del pueblo en Números 14. En Éxodo 32, Moisés le recordó a Dios que Israel fue liberado de Egipto con "mano poderosa", y que Dios "juró por sí mismo" cuando hizo las promesas a los antepasados. En el Salmo 106, Dios levanta de nuevo la mano divina y esta vez jura no permitir que este pueblo entre en la tierra.

Moisés intercede una vez más por el pueblo. Esta vez, apela a algo más que la reputación de Dios; apela al carácter de Dios, que es perdonador. En este discurso, Moisés no utiliza la palabra Hebrea para "arrepentirse," pero sí suplica a Dios que reconsidere estas acciones terribles. Le recuerda a Dios,

> Yahveh es lento para la ira y está lleno de amor comprometido, perdonando la iniquidad y la transgresión. Nunca deja sin castigo al

malvado, sino que hace que la iniquidad de los padres recaiga sobre los hijos hasta la tercera y cuarta generación. Perdona ahora a este pueblo, conforme a la grandeza de tu amor comprometido, así como has perdonado a este pueblo desde Egipto hasta ahora. (Números 14:18-19)

Dios sí se arrepiente y no destruye al pueblo. Como alude el Salmo 95, Dios prohíbe que cualquier persona mayor de veinte años entre en la tierra prometida. Las únicas excepciones son los dos espías que demostraron fe: Josué de la tribu de Efraín y Caleb de la tribu de Judá.

Números Problemáticos

El nombre en inglés del libro de Números proviene del título que le dio la Septuaginta. Este título probablemente fue inspirado por los datos del censo de las tribus que aparecen en Números 1:1–4:49 y Números 26:1-65. Según el primer censo, la mayoría de las traducciones reportan 603,550 hombres en edad de combatir. Desafortunadamente, esta traducción tradicional de los números del censo es difícil de conciliar con otras partes de la narrativa del Antiguo Testamento y con lo que se conoce a partir de fuentes históricas. Tal cantidad de hombres en edad de luchar implicaría que entre dos y dos millones y medio de personas salieron de Egipto.

En varios puntos de la narrativa se indica que la cifra es problemática. Solo dos parteras Hebreas se presentaron ante el faraón al inicio de la historia en Éxodo 1. Dos parteras serían insuficientes para atender las necesidades de una población de dos millones y medio de personas. Si se toma en serio el número setenta para los hijos de Jacob que se establecieron en Egipto (Génesis 46:27) 430 años antes del éxodo, entonces biológicamente, se podría esperar razonablemente aproximadamente diez mil Hebreos antiguos.[11] Aunque el libro de Éxodo dice que Yahvé hizo a los israelitas sumamente fecundos, ¡un aumento del 25,000 por ciento en fecundidad parece demasiado alto! Además, si el ejército de Israel era de seiscientos mil hombres, la aplastante derrota de Israel en la tierra prometida resulta confusa. En la ciudad de Hai en Josué 7:4, "aproximadamente treinta y seis hombres" murieron. Para un ejército de seiscientos mil, treinta y seis hombres no parecerían una pérdida lo suficientemente significativa como para "derretir el corazón del pueblo y convertirlo en agua" después de la batalla.

---

11. A. Lucas, "El número de israelitas en la época del Éxodo," *PEQ* 76 (1944): 164–68.

Históricamente, los números también han causado dificultades. Si el ejército de Israel consistía en seiscientos mil hombres, el impacto de la historia del éxodo se reduce. El éxodo no es una historia sobre un Dios que sacó a una gran cantidad de personas con un ejército enorme y los guió fuera de Egipto. Dos millones de personas podrían viajar a donde quisieran sin esperar a ser liberadas. Un ejército de seiscientos mil hombres superaría ampliamente al ejército egipcio de esa época. Para comparar, justo antes de la fecha más aceptada para el éxodo, Ramsés II enfrentó al ejército Hitita en la batalla de Kadesh. En esa batalla, Ramsés desplegó una fuerza de veinte mil hombres para lograr la victoria.[12] Con un ejército treinta veces más grande, Israel podría haber salido de Egipto cuando quisiera.

¿Por qué el texto bíblico presenta un número que genera tanta dificultad en su interpretación? En realidad, puede que no sea así. La dificultad podría estar en la traducción del número. La palabra Hebrea tradicionalmente traducida como "mil" (אֶלֶף, "*alef*") tiene varios significados asociados. Puede significar "mil," pero también puede referirse a "clan" o "unidad."[13] En otras palabras, en lugar de traducir Números 1:21 como "Los inscritos de la tribu de Rubén fueron 46,500", el pasaje podría entenderse como "Los inscritos de la tribu de Rubén fueron cuarenta y seis unidades militares, sumando un total de quinientos hombres." Traducir el texto de esta manera ayudaría a dar sentido a varios pasajes problemáticos.

A lo largo de los años se han propuesto diversas sugerencias para reconciliar los números con la razón y con la narrativa bíblica en general. Desafortunadamente, ninguna de las soluciones es completamente convincente. Los números podrían ser una hipérbole. Podrían representar cifras de un censo posterior. O, como se ha sugerido, es posible que la palabra "mil" haya sido traducida de manera imprecisa a lo largo de los años. También es posible que los lectores antiguos entendieran el contexto del texto de una manera que hacía estos números más comprensibles. Los lectores contemporáneos quizá tengan que aprender a sentirse cómodos con la idea de que "los números son problemáticos."

---

12. Mark Healy, *Qadesh 1300 a.C.: El enfrentamiento de los reyes guerreros* (Oxford, Reino Unido: Osprey Publishing, 1993), p. 32.

13. George Mendenhall presentó un argumento convincente para esta interpretación de la palabra en "The Census Lists of Numbers 1 and 26", *JBL* (marzo de 1958): 52–66.

Moisés en el Desierto

El desierto fue una etapa difícil para todos los protagonistas en la narrativa del éxodo. La historia del libro de Números es una historia de rebeliones. Miriam y Aarón desafían el liderazgo de Moisés. El pueblo rechaza el llamado de Dios para tomar la tierra. Y, finalmente, Moisés se rebela contra la enseñanza de Dios. Cuando el Salmo 106 recuerda esta historia, suaviza la responsabilidad de Moisés:

> Hicieron enojar a Dios junto a las aguas de Meribá.
> Dios castigó a Moisés por causa de ellos.
> Porque amargaron el espíritu de Moisés,
> y él habló precipitadamente con sus labios. (vv. 32-33)

Las "palabras precipitadas" de Moisés ocurrieron después de que Israel se quejara una vez más por la falta de agua. En Números 20, Dios prometió satisfacer su necesidad de agua tal como lo hizo en Éxodo 17, pero esta vez el papel de Moisés en el milagro sería diferente. En lugar de golpear la roca con su vara para sacar agua, como en Éxodo 17, Yahvé le ordenó a Moisés que le hablara a la roca. En vez de seguir las instrucciones de Yahvé, Moisés le habló al pueblo y dijo en Números 20:10: "¡Escuchen, rebeldes! ¿Acaso vamos a sacar agua de esta roca para ustedes?" y luego utilizó el método que había funcionado antes, golpeando la roca dos veces con su vara.

El salmo, al recordar esta historia, le atribuye más culpa por este pecado al pueblo, lo cual corresponde bien con el relato de Moisés sobre el acontecimiento en Deuteronomio:

> Y supliqué al Señor en ese momento, diciendo: "¡Oh, Soberano Yahvé! Has comenzado a mostrar a tu siervo tu grandeza y tu mano poderosa. ¿Qué dios en los cielos o en la tierra puede hacer tus obras y tus hechos poderosos? Por favor, permite ahora que cruce para ver esta tierra agradable al otro lado del Jordán: los hermosos montes y el Líbano." Pero Yahvé se enojó conmigo *por culpa* de ustedes y no me escuchó. Yahvé me dijo: "Ya basta de esto. No vuelvas a hablarme de este asunto." (Deut 3:23-26)

Sin embargo, el libro de Números no desvía la culpa; Dios deja claro quién es el responsable:

> Yahvé dijo a Moisés y a Aarón: "Por cuanto no confiaron en mí, para manifestar mi santidad ante los hijos de Israel, por eso no llevarán a esta asamblea a la tierra que les he dado." (Números 20:12)

Este único error es suficiente para impedir que Moisés entre en la tierra prometida. Si este castigo parece demasiado severo, recuerden que en Números 12, Yahvé reprendió a Miriam y a Aarón por desafiar el liderazgo de Moisés:

> Y Dios dijo: "Escuchen ahora mis palabras. Si hay profetas entre ustedes, yo, Yahvé, me doy a conocer en visiones. Les hablo en sueños. No así con mi siervo Moisés. Él es digno de confianza en toda mi casa. Yo le hablo directamente, y no con enigmas. Él contempla la forma de Yahvé. ¿Por qué no tuvieron temor de hablar contra mi siervo, contra Moisés?" (vv. 6-8)

La relación especial de Moisés con Dios significaba que Miriam y Aarón debieron saber que no debían cuestionar su liderazgo. De la misma manera, debido a la relación especial de Moisés con Dios, Moisés debió saber que no debía actuar de una forma contraria a las enseñanzas de Dios. Si Moisés temía que el pueblo dudara tanto de su liderazgo que incluso pudieran atentar contra su vida—lo cual es probable considerando sus constantes murmuraciones—Moisés debió confiar en que Dios lo protegería. En cambio, Moisés le recuerda al pueblo su relación privilegiada e intenta realizar el milagro de una manera más activa de lo que Dios le había ordenado. Como resultado, Moisés pierde la tierra prometida.

Salmos y Deuteronomio

Los libros de Salmos y Deuteronomio son dos textos del Antiguo Testamento cuyo propósito explícito es de carácter litúrgico. Deuteronomio es una recopilación de los últimos tres sermones de Moisés dirigidos a la generación que habría de establecerse en la tierra prometida. El libro es una narración renovada de la historia de Israel desde Abraham en adelante; de ahí el título griego en la Septuaginta, "Deutero"-nomio, que significa "segunda ley." Por su contexto de sermón, Deuteronomio se integra adecuadamente en el marco de la renovación o reafirmación del pacto. Cuando Jesús cita la Torá en los Evangelios, su fuente favorita es Deuteronomio. Probablemente la estructura homilética de Deuteronomio se adaptaba a los sermones de Jesús.

Algunos consideran que el libro es la culminación de la historia de la Torá, mientras que otros leen el libro de Deuteronomio como una introducción al material que le sigue. El resultado es que el libro sirve como una excelente transición.

Teología Deuteronomista

Bernardo de Claraval entendía la fe como un proceso de crecimiento en la vida de un cristiano.[14] Existen tres niveles que una persona puede alcanzar en la tierra:

1. Amarse a uno mismo por uno mismo
2. Amar a Dios por uno mismo
3. Amar a Dios por Dios

El nivel más alto de fe que se puede alcanzar en la tierra sería la capacidad de amar a Dios por el propio bien de Dios, es decir, la piedad desinteresada. Este nivel de fe fue ilustrado por Abraham en el sacrificio de Isaac en Génesis 22. Justo por debajo de la piedad desinteresada está el nivel en que una persona ama a Dios solo por sí misma. En otras palabras, la fe y el amor están motivados por el interés propio. La obediencia a los mandamientos de Dios podría estar vinculada a la promesa de recompensas terrenales o eternas. Es un nivel de fe más alto que solo amarse a uno mismo, pero no es tan desinteresado como la capacidad de amar a Dios incluso cuando implica un costo.

Deuteronomio suele expresar la fe en este segundo nivel. El libro se centra en una fe retributiva que enfatiza la recompensa por la obediencia y el castigo por la desobediencia. Aunque la idea aparece en otros textos del Antiguo Testamento, las numerosas referencias en Deuteronomio le dan a esta perspectiva teológica el nombre de "teología Deuteronomista." Un ejemplo claro de esto se encuentra en Deuteronomio 6:14-18:

> No sigas a otros dioses de los dioses de los pueblos que están a tu alrededor. Porque el Dios que está contigo—el Dios Yahvé—es celoso. La ira de Yahvé, tu Dios, se encendería contra ti y te destruiría de la faz de la tierra. No pongas a prueba a Yahvé, tu Dios, como lo hiciste en Masá. Debes cumplir fielmente los mandamientos, decretos y estatutos que Yahvé, tu Dios, te ha ordenado. Haz lo que es justo y bueno ante los ojos de Yahvé, para que Dios te haga el bien. Así podrás entrar y heredar la buena tierra que Yahvé juró a tus antepasados.

---

14. San Bernardo de Claraval (1090–1153), *Sobre el amor de Dios*.

El Antiguo Testamento es un texto complejo que narra historias de individuos en diferentes etapas de vida y fe. Así como el Salmo 150 ilustra la piedad desinteresada, varios salmos ilustran la teología Deuteronomista. El Salmo 1 es un ejemplo evidente:

> Dichoso el que no sigue el consejo de los malvados,
> ni se detiene en el camino de los pecadores,
> ni se sienta en la reunión de los arrogantes.
> ¡Su deleite está en la Torá de Yahvé!
> Y medita en la Torá de Dios día y noche.
> Será como un árbol plantado junto a corrientes de agua,
> que da su fruto a su tiempo. Sus hojas nunca se marchitan.
> ¡Todo lo que hace prosperará! (vv. 1-3)

El Salmo 1 ha sido interpretado históricamente como una promesa para los justos, asegurándoles que encontrarán seguridad y prosperidad cuando mediten en la instrucción de Dios. Cuando los justos son recompensados por su obediencia, el corolario de esta teología es que los malvados son castigados. El Salmo 1 continúa,

> No sucede así con los malvados.
> Más bien, son como paja sin valor, que el viento arrastra.
> Por eso, los malvados no podrán sostenerse en el juicio,
> ni los pecadores en la asamblea de los justos.
> Pero Yahvé conoce el camino de los justos,
> mientras que el camino de los malvados lleva a la destrucción. (vv. 4-6)

La teología Deuteronomista presente en este texto y en otros lugares podría estar refiriéndose a un seguidor de Dios en una etapa inicial de fe. Al comenzar el camino de la fe, las personas suelen preocuparse por cómo les afecta su compromiso religioso. ¿Está asegurada su eternidad? ¿Recibirán bendiciones materiales? ¿Los sacará Dios de su situación difícil actual? Los pasajes que siguen la teología Deuteronomista podrían estar dirigidos a quienes recién inician su camino de fe. Es como un padre que instruye a su hijo: "Limpia tu cuarto si quieres recibir tu domingo. Si no lo haces, serás castigado." La esperanza del padre es que el hijo aprenda el valor de limpiar su cuarto sin la promesa de recompensa o la amenaza de castigo. De igual manera, la esperanza es que el seguidor de Dios con esta fe retributiva crezca hasta el punto en que la obediencia a la Torá de Dios surja sin la promesa de recompensa.

El libro de Jeremías ofrece varios ejemplos excelentes de personas que interactúan con Dios en dos niveles de fe diferentes. Por un lado, Dios parece estar sorprendido de que, aunque a Israel se le prometieron recompensas por obedecer después de salir de Egipto, se negaron a mostrar obediencia. En Jeremías 7, Dios dice:

> Solo les mandé esto, diciendo: "Obedezcan y yo seré su Dios, y ustedes serán mi pueblo. Caminen por el camino que les he ordenado para que conozcan la verdadera bondad. Pero no escucharon ni inclinaron su oído, y caminaron según sus propios planes tercos y mentes destructivas. Y miraron hacia atrás en vez de hacia adelante." (vv. 23-24)

Parece que Dios se asombra de que Israel ni siquiera quiera limpiar su cuarto a cambio de una recompensa. Sin embargo, el llamado de Dios a Jeremías no es un llamado a la bendición, sino al sufrimiento. La obediencia de Jeremías no le trae bendiciones terrenales. Más bien, resulta en su encarcelamiento, golpizas, desprecio y, según la tradición, una muerte de mártir. Jeremías le predica a Israel una teología que no se refleja en su propia vida, porque su fe es más madura. Mientras Israel se negó a mostrar una fe retributiva, o teología Deuteronomista, la vida de Jeremías mostraba una piedad desinteresada.

Los salmos revelan rápidamente que la vida no siempre funciona según fórmulas sencillas. Aunque la teología Deuteronomista puede ser un buen punto de partida para la fe, cuando la experiencia de la vida no coincide con la comprensión teológica del salmista, eso también inspira cantos. En el Salmo 44, el salmista intenta comprender el sufrimiento aun cuando el pueblo ha sido fiel:

> Todo esto nos ha sobrevenido,
> pero no te hemos olvidado ni hemos violado tu pacto.
> Nuestra mente no se ha apartado,
> ni nos hemos desviado de tu camino.
> Aun así, nos has aplastado en tierra de chacales
> y nos has cubierto de profunda oscuridad. (vv. 17-19)

Además, las Escrituras como el Salmo 88, Job y Eclesiastés abordan la cuestión de cómo conectar la fe y la recompensa en esta vida.

Conclusión

Todo el libro de Deuteronomio funciona como el "discurso del Día de San Crispín" de Moisés, mientras anima a la generación más joven antes de que tomen posesión de la tierra prometida. A medida que los discursos de Moisés llegan a su punto culminante en Deuteronomio 30, el pueblo vuelve a ser desafiado a elegir a Dios. Solo seguir las instrucciones de Dios conducirá a la vida:

> "Mira, hoy he puesto delante de ti la vida y el bien, o la muerte y la destrucción. Hoy te mando que ames a Yahvé tu Dios, que andes en sus caminos y guardes sus mandamientos, estatutos y decretos; entonces vivirás y te multiplicarás, y Yahvé tu Dios te bendecirá en la tierra a la que vas a entrar para poseerla. Pero si tu corazón se desvía y no obedeces, y te dejas arrastrar para inclinarte ante otros dioses y servirles, hoy te declaro que ciertamente serás destruido, y no prolongarás tus días en la tierra a la que cruzas el Jordán para entrar y poseerla." (Deut 30:15-18)

Moisés concluye su último discurso en Deuteronomio pronunciando una bendición sobre cada tribu de Israel. Por primera vez en la Torá, Deuteronomio 33 presenta a Moisés como "hombre de Dios." De manera interesante, el encabezado del Salmo 90 también recuerda a Moisés como "hombre de Dios." Además, en las primeras palabras del salmo de Moisés, Salmo 90:1, Dios es celebrado como refugio para el pueblo: "Señor, tú has sido nuestro refugio de generación en generación". Este versículo hace eco de las últimas palabras de Moisés a las tribus de Israel en Deuteronomio 33:27a: "El Dios eterno es tu refugio, debajo de los brazos eternos." La primera palabra de Moisés al pueblo en el exilio en el Salmo 90 es la misma que su última palabra al pueblo que buscaba un hogar desde el desierto: "Dondequiera que estén, Dios es su refugio."

La historia del desierto llega a su fin en las llanuras de Moab con la muerte de Moisés. Moisés muere a la edad de "tres generaciones."[15] Aunque Moisés era mayor, la Biblia deja claro que no estaba enfermo de ninguna manera. Sus ojos no estaban debilitados y aún podía engendrar hijos (Deuteronomio 34:7). Simplemente, la misión de Moisés había terminado. Su muerte y sepultura fueron realizadas únicamente por Dios. Con la

---

15. Cuarenta años era una forma de decir "una generación" en el antiguo Israel. Cuando el texto dice que Moisés tenía 120 años, se podría traducir legítimamente como "tres generaciones". En otras palabras, Moisés era un abuelo al momento de su muerte.

muerte de Moisés, toda la generación de líderes que sacó a Israel de Egipto había muerto. Solo Josué y Caleb quedaron para ver cumplida la promesa de la tierra.

Preguntas para profundizar

1. El sincretismo es el pecado más extendido e insidioso que cometen los seres humanos. ¡También es uno de los más fáciles de cometer! El antiguo Israel combinó la adoración a Yahvé con la adoración a los dioses de la fertilidad de su época. ¿Cuáles son los "dioses" contemporáneos cuya adoración se mezcla con la adoración a Dios?

2. Tanto en la historia del becerro de oro como en la narrativa del diluvio, Dios "se arrepiente" y "cambia de parecer." Si "Dios nunca cambia," ¿cómo interpretas estos pasajes?

3. La traducción al Español del informe bíblico sobre el número exacto de Hebreos antiguos que salieron de Egipto causa dificultades a los lectores del texto. ¿Debería ser así? ¿La falta de respuestas firmes sobre cómo leer el texto afecta su significado? ¿Por qué sí o por qué no?

4. La historia de Moisés muestra que el liderazgo tiene privilegios y responsabilidades. Aunque Dios protege a Moisés de los desafíos de liderazgo que provienen de su propia familia, también lo juzga y le impide entrar en la tierra prometida por un error que parece menor. ¿Cuáles son las implicaciones para los líderes contemporáneos al reflexionar sobre estas lecciones?

5. La mayoría de las personas han vivido lo suficiente para reconocer que la "teología Deuteronomista" tiene excepciones en esta vida. Sin embargo, muchos simplemente posponen las bendiciones que provienen de la obediencia para la vida después de la muerte. Desafortunadamente, el antiguo Israel no tenía la creencia desarrollada en la vida después de la muerte que se observa más adelante en el texto. ¿Cómo se pueden reconciliar los textos

que prometen bendiciones terrenales por la obediencia con los textos (como Jeremías y Job) que ponen en duda esas promesas?

Capítulo 7

Asentamiento

> *Solo quiero hacer la voluntad de Dios. Y Él me ha permitido subir a la montaña. Y he mirado desde lo alto, y he visto la tierra prometida. ¡Puede que yo no llegue allí con ustedes, pero quiero que sepan esta noche que nosotros, como pueblo, llegaremos a la tierra prometida.*
>
> —Martin Luther King, Jr.

El Asentamiento en los Salmos

El periodo en que Israel apareció en la tierra de Canaán se conoce ampliamente como el "Asentamiento". Este abarca desde el siglo XIII a.e.c. hasta el periodo de los Jueces y el inicio de la Monarquía Unida, aproximadamente en el año 1000 a.e.c. Los libros bíblicos que se asocian principalmente con este periodo, Josué y Jueces, presentan una narrativa compleja y, a menudo, contrastante. Ambos libros comparten los relatos más violentos del texto bíblico.

Los salmos contienen pocas referencias directas al periodo de asentamiento. Sin embargo, la mayoría de las menciones a la "tierra de Israel" se enfocan en el contexto del retorno del exilio o en una conexión escatológica con un ideal futuro. Esto no debería sorprender, ya que muchos de los salmos fueron compuestos, y la forma final del libro de los Salmos se consolidó, después del exilio. En ese periodo, la "tierra" simbolizaba la provisión de Dios y la liberación de las dificultades que enfrentaba el pueblo.

De hecho, en los salmos, "tierra" se utiliza como metáfora de diversas maneras. El Salmo 25 ofrece una imagen de la tierra como ejemplo del perdón de Dios y del compromiso humano con la Torá:

> Por tu nombre, Yahvé,
> perdona mi culpa, porque es grande.
> ¿Quién es el hombre que teme a Yahvé?
> A ese le enseñará el camino que debe escoger.

Vivirá en la dicha,
y su descendencia heredará la tierra. (vv. 11-13)

El Salmo 119 alude al asentamiento como una metáfora para celebrar la obediencia a la Torá. La palabra "porción" está asociada con la división de la tierra en el libro de Josué.[1] El salmo utiliza esa asociación para conectar la tierra con la obediencia a la Torá.

Yahvé es mi porción.
Prometo guardar tus palabras.
Buscaré tu rostro con todo mi pensamiento.
Sé bondadoso conmigo como lo has prometido. (Sal 119:57-58)

El libro de Josué también utiliza la palabra "herencia" en referencia a la tierra.[2] El Salmo 119 emplea esa asociación con el asentamiento como un recordatorio de la liberación de Dios ante dificultades personales:

Los malvados me tendieron una trampa,
pero no me desvié de tus preceptos.
Tus decretos son mi herencia para siempre.
Son el gozo de mi mente. (vv. 110-111)

Los propios salmos no celebran explícitamente la cultura violenta asociada con el periodo de asentamiento, aunque sí aluden y presuponen parte de esa tradición violenta. A lo largo de los salmos se encuentran imágenes fuertes y militares de Yahvé. Aunque se omite el detalle gráfico de la violencia presente en Josué y Jueces, los salmos parecen estar familiarizados con esa tradición, lo cual se refleja en la manera en que los salmistas hablan de los textos.

Aunque las fuentes narrativas principales para el periodo de asentamiento son Josué y Jueces, la lucha por la tierra comienza antes en la narrativa bíblica. El libro de Números registra batallas en el lado oriental del río Jordán antes de la entrada a la tierra. Mientras algunos salmos discuten el asentamiento en términos generales, las batallas en la orilla oriental del Jordán son las que los salmos prefieren referenciar directamente.

---

1. Véase Josué 15:13; 18:7; 19:9.

2. Véase Josué 11:23; 14:3.

La Violencia en el Antiguo Testamento

Josué y Jueces utilizan diferentes géneros para contar la historia de la conquista. Estos géneros resultan en perspectivas a menudo contrastantes sobre cómo Israel llegó a la tierra. El libro de Josué, narrado con el género de literatura de conquista, retrata el asentamiento como una campaña militar rápida, integral y en su mayoría exitosa, lograda por una sola generación. Jueces utiliza un género ligeramente diferente, el de historia narrativa, y cuenta la historia de una conquista inicial incompleta. Jueces muestra la conquista como un proceso más lento, lleno de relatos gráficos de éxitos y fracasos a lo largo de varias generaciones. Sin embargo, ambos libros contienen descripciones gráficas de violencia que, aparentemente, son ordenadas y aprobadas por Dios.

Desde los primeros días de la iglesia, los cristianos han luchado por reconciliar la violencia presente en la Biblia Hebrea con el mensaje de amor de Jesús. El hereje de la iglesia primitiva, Marción, consideraba que Yahvé del Antiguo Testamento era distinto al Dios del Nuevo Testamento y padre de Jesús. Él creía que el Yahvé legalista y militarista del Antiguo Testamento era sediento de sangre, mientras que el padre amoroso y misericordioso

---

Precauciones Sobre el Uso de Metáforas

El Antiguo Testamento utiliza muchas metáforas para hablar de lo divino. A Dios se le llama "pastor" (por ejemplo, Sal 23:1), "rey" (por ejemplo, Sal 95:3), "padre" (por ejemplo, Sal 68:5), e incluso el "sol" (por ejemplo, Sal 84:11).

Aunque las metáforas pueden ayudar a comunicar ideas, tienen sus límites. Decir "Dios es padre" significa que Dios es como un padre terrenal, pero al mismo tiempo, también es diferente de un padre terrenal. Esto aplica a cualquiera de las metáforas que se usan para Dios. Las metáforas dependen de la cultura y se dirigen a ella.

Dios constantemente se encuentra con la humanidad donde ésta se encuentra, y durante la historia del texto bíblico, la humanidad era profundamente patriarcal y sumamente violenta. Como resultado, muchas de las metáforas utilizadas para describir lo divino son patriarcales y algunas son violentas. Tal vez lo más fascinante es cómo, de vez en cuando, una metáfora alternativa logró colarse en esa sociedad patriarcal y militarista. Además de rey, padre y general militar, en ocasiones se representa a Dios como un ave madre que protege a sus polluelos (por ejemplo, Sal 57:1) o como una madre que amamanta a su hijo (por ejemplo, Isa 66:13).

de Jesús en el Nuevo Testamento enfatizaba la gracia.[3] Aunque la iglesia primitiva rechazó oficialmente la teología de Marción, su perspectiva sigue latente en la iglesia aún hoy, ya que las personas intentan leer las narrativas del Antiguo Testamento a la luz del mensaje de Jesús.

Las historias narrativas de violencia en la Biblia Hebrea son difíciles de reconciliar con el Nuevo Testamento. Sin embargo, lo que puede resultar más sorprendente es que Israel celebraba y cantaba acerca de un Dios militarista en los salmos. El título para Dios, "Yahvé Sabaot" o, en esta traducción, "Yahvé Comandante Supremo," era una poderosa confesión militar. Este título implica que Yahvé es un general con ejércitos listos para la batalla. Este título se celebra a lo largo del Antiguo Testamento y se encuentra en numerosos lugares dentro de los salmos. Por ejemplo:

> Las naciones rugen y los reinos tiemblan.
> Dios habla y la tierra se derrite.
> Yahvé Comandante Supremo está con nosotros.
> El Dios de Jacob es nuestro refugio.
> ¡Vengan y vean las obras de Yahvé,
> ustedes que provocan devastación en la tierra! (Sal 46:6-8)

Dios es celebrado como el rey-guerrero que libra a Israel de sus enemigos: "¿Quién es ese 'Rey de la Gloria'?" (Sal 24:10). ¡Yahvé Comandante Supremo es el Rey de la Gloria!

Incluso Jerusalén, aparentemente la "ciudad de la paz", es celebrada como una manifestación del poder militar de Dios. La seguridad del cuartel general de Dios refleja el poder de Dios. Esto avergüenza y atemoriza a otros reinos del mundo. En el Salmo 48:

> Dios está dentro de las ciudadelas de [Jerusalén]
> y es conocido como refugio seguro.
> Cuando los reyes la vieron,
> Dios se manifestó y huyeron juntos.
> Al verla,
> se asombraron, entraron en pánico y huyeron.
> El temblor se apoderó de ellos,
> un dolor como el de una mujer que da a luz.
> Como un viento del oriente

---

3. James D. G. Dunn, "'El apóstol de los herejes': Pablo, Valentín y Marción," en *Pablo y la gnosis*, vol. 9 de Estudios Paulinos, ed. S. Porter (Boston: Brill, 2016), pp. 105–118.

> que destroza los barcos de Tarsis.
> Así como hemos oído,
> así hemos visto en la ciudad de Yahvé Comandante Supremo,
> en la ciudad de nuestro Dios de dioses, ¡establecida para siempre!
> (vv. 3-8)

No pasa mucho tiempo en los textos del Antiguo Testamento antes de que la interpretación de Marción sobre un Yahvé violento tenga sentido. ¿Reflejan realmente estos textos, que celebran a un Dios cuyo poder militar aterroriza a las naciones, al mismo Dios que reta a su pueblo a "amar a sus enemigos" y "orar por quienes los persiguen" en Mateo 5:44? La respuesta corta es "Sí." Sin embargo, reconocer esta conexión puede ser difícil para el lector contemporáneo. Como suele suceder, la ayuda proviene de ser sensibles a la ocasión original del texto antiguo.

Contexto Militar Antiguo

Como ya se ha visto en Éxodo, el mundo de los antiguos israelitas era violento. Aunque el poder Egipcio fue una realidad presente para Israel a lo largo de su existencia, durante el periodo de la monarquía Israelita, dos imperios poderosos más desafiaron a Israel. Los Asirios y los Babilonios eran superpotencias internacionales con economías y ejércitos fuertes. El imperio Asirio utilizó el terror como arma en la guerra de manera efectiva, y los Babilonios siguieron su ejemplo siglos después. Estos imperios no se conformaban con pelear batallas y ganar; al expandir sus dominios, cada uno de ellos humillaba de manera creativa y minuciosa a las ciudades conquistadas. Cuanto mayor era la resistencia de una ciudad, más severo era el castigo y la humillación.

Cuando los Asirios lograban conquistar una ciudad, algunas personas eran decapitadas. Asiria incluso conservó imágenes de soldados jugando con las cabezas de las víctimas. Algunas de sus víctimas eran desolladas y su piel colgada en los pilares de la ciudad o llevada a otras ciudades como advertencia. El ejército solía exhibir cautivos torturados, desmembrados y destripados alrededor de la ciudad incendiada. Algunos hombres eran empalados en estacas, y los Asirios perfeccionaron el arte de empalar sin dañar órganos vitales, lo que provocaba que las personas sufrieran durante horas antes de morir. Los líderes de la ciudad eran avergonzados públicamente por atreverse a desafiar a los Asirios. Ocasionalmente, los cautivos eran llevados desnudos al cautiverio.

La crueldad de los Asirios estaba diseñada para castigar la desobediencia y disuadir futuros desafíos de otras ciudades. Orgullosamente, mostraban estos eventos con detalles gráficos en relieves tallados en piedra que decoraban las paredes de sus palacios y edificios públicos. Cada vez que alguien visitaba al rey Asirio para rendirle homenaje, caminaba por pasillos adornados con imágenes que mostraban la crueldad de las prácticas militares Asirias. Estas imágenes servían como advertencia sobre las consecuencias de desafiar la autoridad del rey.[4]

Cuando los salmos cantan a Dios como el "Supremo Comandante Yahvé," es dentro de este contexto de poder militar. Este título es una confesión del poder de Yahvé en el mundo. Aunque otras naciones y ejércitos parecían más poderosos que Israel, Israel confiesa que Yahvé es quien controla y humilla al mundo. Cantar al "Supremo Comandante Yahvé" es hacer una declaración de fe de que el Dios cuya esencia es la justicia está al mando de un mundo violento. El poderoso mando militar de Yahvé pone fin a la batalla. Otras naciones pueden iniciar guerras, pero Yahvé las termina todas.

> Aquel que pone fin a las guerras hasta los confines de la tierra.
> Dios quebrará el arco, hará pedazos la lanza y quemará el escudo en el fuego.
> Quédense quietos y reconozcan que yo soy Dios,
> exaltado entre las naciones y exaltado en la tierra.
> El Supremo Comandante Yahvé (Yahweh) está con nosotros.
> El Dios de Jacob es nuestra fortaleza. (Sal 46:9-11)

Confesar a Yahvé como comandante en los salmos es también una respuesta litúrgica a las liturgias y la teología de guerra Asirias. Las decisiones Asirias de ir a la guerra, las acciones durante la guerra y sus celebraciones tras la batalla estaban impregnadas de observancia religiosa y ritual formal. Se consideraba que el rey era el "virrey" del dios Ashur. El rey recurría a adivinos para asegurar el apoyo del dios en la batalla. Se realizaban oraciones y rituales para proteger al rey y al ejército durante el combate, y las celebraciones de agradecimiento tras las victorias solían contener expresiones de piedad.[5]

---

4. Albert Kirk Grayson, *Gobernantes asirios del primer milenio a.C.*: I (1114–859 a.C.) *Inscripciones reales de Mesopotamia*, vol. 2 de Períodos asirios (Toronto: University of Toronto Press, 1991).

5. Sarah Melville, "El papel de los rituales en la guerra durante el periodo neoasirio," *Religion Compass* 10 (septiembre de 2016): 219–229.

Cuando dos naciones combatían en el antiguo Oriente Próximo, se asumía que sus dioses representativos también luchaban. Los vencedores consideraban que eso era prueba de que sus dioses eran más poderosos. Un imperio enorme con un ejército aparentemente imparable sugeriría a cualquier ciudadano del antiguo Oriente Próximo que los dioses Asirios eran los más fuertes del mundo. De hecho, cuando el representante del rey asirio, el Rabsaces, llegó a Jerusalén para animar a la ciudad a rendirse, hizo ese argumento en 2 Reyes 18:

> Hasta que yo venga y los lleve a una tierra como la de ustedes, una tierra de trigo y vino, una tierra de pan y viñedos, una tierra de aceite de oliva y miel, para que vivan y no mueran. No escuchen a Ezequías, porque los engaña diciendo: "¡Yahvé nos librará!" ¿Acaso alguno de los dioses de las naciones ha librado a alguien de la mano del rey de Asiria? ¿Dónde están los dioses de Hamat? ¿O de Arpad? ¿Dónde están los dioses de Sefarvaim? ¿Hena? ¿O Ivá? ¿Rescató alguno de estos dioses a Samaria de mi mano? ¿Quién, entre todos los dioses de las tierras, ha librado su país de mi mano? ¿Y Yahvé va a librar a Jerusalén? (vv. 32-35)

Los salmos contrarrestan explícitamente este mensaje. El ser más poderoso del cosmos no es Ashur, ni Marduk, ni el rey de Asiria. El Supremo Comandante Yahvé, quien reside en las santas ciudadelas de Jerusalén, es quien hace cesar las guerras.

TÁCTICAS DE BATALLA DE DIOS

La representación de Yahvé como comandante militar va más allá de simplemente ofrecer un mensaje contracultural frente a la cultura hiper-militarizada del antiguo Oriente Próximo. El texto bíblico deja claro que las batallas de Yahvé se libran de manera diferente a las de Asiria. En Deuteronomio, Moisés explica al pueblo cómo se llevará a cabo la conquista de la tierra prometida:

> Cuando te acerques a una ciudad para luchar contra ella, primero acércate y ofrécele la paz. Si aceptan tus condiciones de paz y abren la ciudad para ti, toda la gente que encuentres en ella será trabajadora forzada y esclava para ti. Pero si no aceptan tus términos de paz y te hacen la guerra, entonces sitia la ciudad. Y cuando Yahvé, tu Dios, te entregue la ciudad, deberás matar a todos los hombres con la espada. Sin embargo, las mujeres, los niños, el ganado y todo lo demás que haya en la ciudad podrás tomarlo como botín para ti. Podrás consumir los despojos de tus

> enemigos que Yahvé, tu Dios, te ha dado. Así deberás proceder con todas las ciudades que estén muy lejos de ti, que no sean de las naciones que ahora ves. En cuanto a las ciudades de estos pueblos que Yahvé tu Dios te da como herencia, no debe quedar con vida ningún ser que respire. Más bien, deberás destruirlos por completo: hititas, amorreos, cananeos, ferezeos, heveos y jebuseos, tal como Yahvé tu Dios te ha mandado. Para que no te enseñen a hacer todas las cosas abominables que ellos hacen. (Deut 20:10-18)

De manera similar a los Asirios, si ciertas ciudades estaban dispuestas a vivir en paz con Israel, se les permitía continuar. Sin embargo, si no estaban dispuestas a reconocer la soberanía de Yahvé y decidían ir a la guerra, se ordenaba a Israel destruirlas—aunque, en el contexto de la guerra Asiria, los mandatos de Yahvé se desvían notablemente de sus prácticas.

La orden de aniquilar a todos los seres vivos en las ciudades como enemigos de Yahvé es difícil de considerar misericordiosa en casi cualquier contexto contemporáneo. Sin embargo, en su contexto antiguo, el lector notaría de inmediato la omisión de cualquier orden de avergonzar, torturar o hacer escarnio de los habitantes en los mandatos de Yahvé. Los enemigos irrespetuosos de Yahvé no son desollados, destripados ni empalados vivos en estacas. No son castrados ni violados. Mientras que el rey asirio se consideraba a sí mismo la fuerza militar más poderosa del planeta y atormentaba a cualquiera que no estuviera de acuerdo, el Supremo Comandante Yahvé trata de manera diferente a los enemigos divinos. Dios conquista sin tortura ni humillación. Aunque para un lector contemporáneo puede ser difícil reconciliar estos pasajes con las enseñanzas de Cristo, desde la perspectiva antigua y en comparación con los ejércitos de la época, las acciones de Yahvé serían entendidas como misericordiosas, incluso débiles.

Recordar que los libros de Josué y Jueces probablemente alcanzaron su forma final durante el exilio en Babilonia ayuda a los lectores modernos a comprender mejor los textos. Después de experimentar en carne propia las pérdidas y la crueldad de los Babilonios, la misericordia de Yahvé debió ser más evidente para los exiliados.

Género de la Conquista

Un lector contemporáneo podría sentirse tentado a leer el libro de Josué de la misma manera en que leería historias contemporáneas. En realidad, el género de Josué es diferente incluso al del libro de Jueces. Mientras que Jueces está escrito como una narrativa histórica, el libro de Josué se presenta en el género de una narrativa de conquista militar del antiguo Oriente Próximo. De la misma forma en que los autores del texto bíblico escribieron narraciones de la creación siguiendo el género de otras epopeyas del antiguo Oriente Próximo, los autores de Josué contaron la historia de la conquista en un estilo que reflejaba su comprensión de los relatos de conquista de su época. En otras palabras, Israel relató estas historias de la misma manera en que las culturas que los rodeaban contaban estas historias. Aunque es un sesgo comprensible, un lector contemporáneo no debería esperar que las comunidades que vivieron hace tres mil años narraran las historias de la misma manera en que lo hacen las comunidades actuales.

El género de la narrativa de conquista tiene varias características:

1. Los dioses son celebrados como poderosos.

2. Los individuos reciben ayuda y fortaleza de los dioses en la batalla, a veces de manera sobrenatural.

3. Frecuentemente se utiliza la hipérbole para enfatizar el impresionante grado de victoria.

4. El enemigo es llevado al terror por la poderosa victoria militar.

Existen varios ejemplos en los textos del antiguo Oriente Próximo. Tutmosis III fue un faraón egipcio militarista del siglo XV a.e.c. Durante sus numerosas campañas militares en Palestina, Tutmosis afirmaba que el dios Amón le otorgaba la victoria. El registro de las victorias de Tutmosis III está organizado de manera similar al libro de Josué. James Hoffmeier ilustra algunas de las similitudes entre las narrativas de la primera campaña de Tutmosis III y el ataque de Josué a Jericó:[6]

---

6. James K. Hoffmeier, "La estructura de Josué 1–11 y los Anales de Tutmosis III," en *Fe, tradición e historia: La historiografía del Antiguo Testamento en su contexto del Cercano Oriente* (Winona Lake: Eisenbrauns, 1994), p. 174.

Annals of Thutmose III	Joshua 1–6
Comisión divina para marchar a Palestina	Comisión divina para conquistar y aseguramiento de la victoria
Tutmosis convoca a un consejo de guerra y recibe un informe de inteligencia	Josué envía espías para obtener un informe de inteligencia sobre Jericó
La marcha a través del paso de Aruna	La marcha a través del río Jordán
Establecimiento del campamento y preparación para la guerra	Establecimiento del campamento y preparación para la guerra santa
La batalla y el sitio de Meguido	El sitio de Jericó
La rendición de Meguido y presentación de tributo a Tutmosis	La caída de Jericó y los despojos de guerra dedicados a Yahvé

Incluso las celebraciones posteriores a las batallas resuenan entre sí. Después de sus victorias, el registro de Tutmosis dice: "Entonces todo el ejército se regocijó y alabó a Amón por la victoria que le había dado en este día. Elogiaron su majestad y exaltaron sus victorias."[7] Después de la eventual victoria de Israel en Hai, el pueblo celebra y renueva su pacto con Yahvé:

> Entonces Josué edificó un altar a Yahvé, el Dios de Israel, en el monte Ebal, como Moisés, siervo de Yahvé, había mandado a los hijos de Israel. Como está escrito en el rollo de la Torá de Moisés: "un altar de piedras sin labrar, sobre las cuales nadie había pasado hierro." Y ofrecieron sobre él holocaustos a Yahvé y sacrificaron ofrendas de paz. (Josué 8:30-31)

Además de las similitudes organizacionales, el texto de Josué presenta también similitudes estilísticas. Los relatos militares del Oriente Próximo a veces recurrían a la hipérbole como parte del género. La hipérbole en un texto poético como los Salmos suele ser más fácil de procesar para un lector contemporáneo que en los textos narrativos. En Salmos 18:32-34, el salmista también celebra la provisión de Dios para él en la batalla:

> El Dios que me ciñe de fuerza
> y hace perfecto mi camino—
> haciendo mis pies como los de ciervo,
> y dándome la capacidad de estar firme en las alturas.

---

7. "Las campañas asiáticas de Tutmosis III," *ANET*, 237.

Adiestra mis manos para la batalla
y mis brazos pueden tensar un arco de bronce.

La mayoría de los lectores contemporáneos reconocen que esta afirmación sobre el equipamiento divino de Dios es una celebración estilizada. Pocos sostendrían que Dios le dio al salmista pies de ciervo. La mayoría de los lectores actuales reconoce que esta preparación militar es una hipérbole estilizada.

De la misma manera en que el género poético puede contener este tipo de exageración, el género de los relatos de conquista del Oriente Próximo también puede hacerlo. Por ejemplo, cuando Ramsés III derrotó una invasión de los "Pueblos del Mar" en el siglo XIII a.e.c., dijo:

> Aquellos que avanzaron juntos por el mar, la llama ardía frente a ellos en la desembocadura del río, mientras una empalizada de lanzas los rodeaba en la orilla. Fueron arrastrados, encerrados y postrados en la playa, muertos y amontonados de cabeza a cola. Sus barcos y sus bienes quedaron como si hubieran caído al agua. Hice que las tierras se retractaran de siquiera mencionar Egipto; pues cuando pronuncian mi nombre en la tierra, se consumen… porque yo sigo los caminos de los planes del Señor, mi Augusto y divino padre, el Señor de los dioses.[8]

Ramsés celebra la destrucción total de los Pueblos del Mar. Su descendencia ha desaparecido, y si mencionan la tierra de Egipto, se consumen en llamas. Sin embargo, la destrucción de los Pueblos del Mar no fue tan completa como se podría suponer al leer este texto. Uno de los grupos de los Pueblos del Mar, los filisteos, posteriormente se estableció en la costa de Palestina y causó numerosos problemas a Israel en la narrativa bíblica. Sin embargo, este tipo de exageración es típico de este género, y puede observarse incluso en el libro de Josué: "El rey Horam de Gezer subió para ayudar a Laquis, pero Josué lo derrotó a él y a su pueblo hasta que no quedó ningún sobreviviente" (Josué 10:33). Después de leer sobre la destrucción total del rey de Gezer y su pueblo en Josué 10:33 y 12:12, el lector encuentra esto en Josué 16:10: "Pero no expulsaron a los cananeos que habitaban en Gezer.

---

8. "La guerra contra los Pueblos del Mar", *ANET*, 262–63.

Así que los cananeos viven en medio de Efraín hasta el día de hoy, y realizan trabajos forzados como esclavos."

Mientras que un lector contemporáneo podría desear un "informe posterior a la acción" preciso y detallado, la narrativa antigua cuenta la historia con otros objetivos en mente. En una narrativa de conquista, el propósito no es dar detalles de la historia de una manera que satisfaga al lector actual. La meta es usar la historia para hacer afirmaciones sobre el poder del líder militar. En el caso del libro de Josué, el líder militar es Yahvé. Este tipo de enfoque en la narración es común. Cuando Senaquerib invadió Judá a finales del siglo VIII a.e.c., los registros asirios cuentan una historia que enfatiza la derrota de Judá: "Devasté el extenso distrito de Judá e hice que el altanero y orgulloso Ezequías, su rey, se inclinara en sumisión."[9]

En muchos aspectos, el relato asirio resuena con gran parte del relato bíblico en 2 Reyes 19. Muchas de las ciudades fortificadas de Judá fueron destruidas, pero Jerusalén permaneció en pie y Ezequías continuó en el trono. En la vecina Sidón, Senaquerib destituyó al rey en funciones e instaló a su propio rey títere para desalentar futuras rebeliones. Por qué Senaquerib no hizo esto en Jerusalén no se menciona en los registros asirios. El texto bíblico narra la historia de una liberación milagrosa por parte de Yahvé en respuesta al arrepentimiento de Ezequías. Naturalmente, Senaquerib omite cualquier mención de una plaga o cualquier detalle que pudiera comprometer su narrativa como líder supremo del vasto imperio asirio. Las historias militares no buscan registrar un informe histórico objetivo. Buscan establecer el carácter del rey.

Los relatos de la creación no tratan tanto sobre la creación como sobre Dios. De la misma manera, los relatos de conquista no tratan tanto sobre la conquista como sobre Dios. La Biblia utiliza la historia de la conquista para hacer afirmaciones sobre Dios, y para comprender bien estas historias, es necesario ser sensible al género de las narrativas de conquista.

ASENTAMIENTO

Aunque las tradiciones del asentamiento probablemente sean mucho más antiguas, los libros de Josué hasta 2 Reyes se compilaron durante el exilio en Babilonia, cuando Israel trataba de responder a las preguntas: "¿Quiénes somos?" y "¿Cómo llegamos aquí?" Al igual que el libro de Josué, los salmos, que también fueron editados en el periodo del exilio, se enfocan en la obra de Yahvé durante el periodo del asentamiento, no en la iniciativa

---

9. "Senaquerib," *ANET*, 288.

de Israel. El Salmo 44 discute específicamente la conquista y descarta cualquier contribución humana a la victoria:

> Hemos oído con nuestros oídos, oh Dios.
> Nuestros antepasados nos contaron las hazañas
> que realizaste en los días antiguos.
> Tú, con tu mano, expulsaste a las naciones,
> pero a ellos los plantaste.
> A otros afligiste,
> pero a ellos los hiciste salir adelante.
> Porque no tomaron posesión de la tierra con su propia espada.
> Su propio brazo derecho no los libró.
> Sino que fue tu mano, tu brazo,
> la luz de tu rostro,
> porque te complaciste en ellos. (vv. 1-3)

En efecto, esta perspectiva concuerda con la noción de "guerra santa" en Josué. Nadie en Israel podía beneficiarse del botín de la batalla porque era Yahvé quien luchaba. Por eso, Yahvé recibía el botín. El Salmo 136 presenta una perspectiva similar:

> El que derribó a grandes reyes porque el amor fiel de Dios es para siempre
> El que mató a reyes poderosos porque el amor fiel de Dios es para siempre
> A Sijón, rey de los amorreos, porque el amor fiel de Dios es para siempre
> A Og, rey de Basán, porque el amor fiel de Dios es para siempre—
> Dios entregó la tierra como herencia porque el amor fiel de Dios es para siempre—
> Una herencia para Israel, su siervo, porque el amor fiel de Dios es para siempre. (vv. 17-22)

La frase "amor fiel" traduce la palabra usada para resaltar el compromiso duradero de Yahvé con el pacto. En el contexto del exilio, ese compromiso estaría presente en la mente del pueblo de Israel.

Aunque la batalla de Jericó recibe más atención litúrgica en la música de adoración occidental al pensar en la conquista, en los salmos, son Sijón y Og quienes son recordados cuando se celebra el asentamiento de Israel para recordar el compromiso de Dios con su pacto. Estos dos reyes también se mencionan en el Salmo 135:

A Sihón, rey de los amorreos, y a Og, rey de Basán, a todos los reinos de
Canaán,
Dios les dio su tierra como herencia—
una herencia para Israel, el pueblo de Dios. (vv. 11-12)

Incluso los lectores fieles de la Biblia podrían no recordar la historia de Og y Sihón. Ellos fueron de los primeros reyes en caer cuando Israel tomó tierras al este del río Jordán, mientras Moisés aún lideraba al pueblo de Israel. Sihón encontró su destino temprano en Números 21: "Pero Sihón no permitió que Israel pasara por su territorio. Sihón reunió a toda su gente y salió contra Israel al desierto; llegó a Jahaz y peleó contra Israel. Israel lo derrotó a filo de espada y tomó posesión de su tierra desde el Arnón hasta el Jaboc" (vv. 23-24). Og tuvo un destino similar poco después:

> Se volvieron y subieron por el camino de Basán, y Og, rey de Basán, salió a enfrentarlos con toda su gente en Edrei para pelear contra ellos. Y Yahvé dijo a Moisés: No le temas, porque lo he entregado en tus manos—junto con toda su gente y su tierra. Le harás lo mismo que hiciste a Sihón, rey de los amorreos, que gobernaba en Hesbón. Lo derrotaron a él, a sus hijos y a toda su gente; no quedó nadie con vida. Así tomaron posesión de su tierra. (vv. 33-35)

Es una elección fascinante y curiosa que, entre las numerosas victorias militares narradas en Josué que podrían destacarse, los salmistas elijan a Og y Sihón del libro de Números (¡dos veces!). Tal vez estas batallas sean importantes porque fueron las primeras en las que Israel participó. Quizá estos reyes tenían un estatus para los primeros lectores del texto que los lectores contemporáneos no perciben. En inscripciones Fenicias, "Og" es un héroe reconocido, un héroe patrono del inframundo. Tal vez este estatus legendario sea lo que motiva la celebración del salmo por la victoria de Dios sobre él. Esto también podría explicar por qué Deuteronomio 3 se sintió obligado a mencionar el tamaño de la cama de Og.[10]

Historia Deuteronomista

El erudito bíblico Martin Noth fue el primero en notar la visión teológica similar compartida por Josué, Jueces, 1 y 2 Samuel, y 1 y 2 Reyes.[11] Cuando

---

10. Zvi Ron, "La cama de Og," *JBQ* 40 (ene.–mar. 2012): 29–34.

11. En traducción al Inglés, Martin Noth, *La Historia Deuteronomista* (2ª ed., JSOTSup 15; Sheffield: Sheffield Academic Press, 1991).

se relatan historias en estos libros, se enfatiza cómo la obediencia trajo éxito y la desobediencia trajo castigo a los personajes. Dado que este énfasis en la justicia retributiva en estos libros resonaba estrechamente con el libro de Deuteronomio, Noth llamó a estos libros la "Historia Deuteronomista." Si bien estos libros ofrecen al lector algunas perspectivas sobre la historia temprana de Israel, probablemente recibieron su edición final durante el exilio, y las historias específicas se preservaron para proporcionar respuestas al contexto del pueblo en el exilio. (Los autores nunca ocultan que escriben con una agenda teológica específica y remiten a los lectores a otras fuentes para obtener más información. Se dirige a los lectores al "Libro de Jasar" [2 Sam 1:18], los "Libros de los Hechos de Salomón" [1 Re 11:41], o los "Libros de las Crónicas de los Reyes de Israel" [1 Re 14:9], entre otros, para información adicional).

Se puede observar este énfasis en la justicia retributiva desde el principio de la Historia Deuteronomista. Cuando Israel hace lo que Yahvé ordena en Josué 6, tienen éxito en Jericó. Cuando alguien entre ellos desobedece, fracasan en Hai en Josué 7. Las historias continúan con ese énfasis hasta 2 Reyes. Los salmos también reflejan la perspectiva teológica de estas historias. En el Salmo 25:12-14, el salmista escribe:

¿Quién teme a Yahvé?
A quien enseña en el camino que Dios elegirá.
Esa alma habitará en la bondad.
Los descendientes de esa alma heredarán la tierra.
Yahvé da consejo a sus amigos.
Su alianza es conocida por ellos.

De manera similar a las historias en Josué, los salmos enfatizan que Yahvé es quien lucha por Israel, como en los Salmos 78 y 80:

Dios llevó a [Israel] a su monte santo,
a esta montaña que su diestra adquirió.
Dios expulsó a las naciones delante de ellos,
y repartió su herencia para ellos,
y estableció las tribus de Israel en sus tiendas. (Sal 78:54-55)

Tú [Yahvé] sacaste una vid de Egipto. ¡Expulsaste naciones y luego la plantaste! (Sal 80:8)

Mientras que otras naciones suponían que su dios los asistía en la batalla, los salmos recuerdan a Yahvé como el luchador activo. Israel era un receptor pasivo, recibiendo las bendiciones que Yahvé promete:

> Dios, cuando saliste delante de tu pueblo,
> cuando marchaste por el desierto,
> la tierra tembló y los cielos derramaron lluvia ante el Dios del Sinaí—
> ante Dios, el Dios de Israel.
> Tú enviaste abundante lluvia, oh Dios,
> afirmaste tu herencia cuando estaba cansada.
> Tu rebaño habitó en ella.
> En tu bondad, proveíste para los afligidos, oh Dios.
> El Soberano Dios da la orden,
> ¡la multitud que anuncia la noticia es un gran ejército!
> Los reyes de los ejércitos huyen—¡huyen corriendo!
> Y la casa del pastor reparte el botín.
> Aunque descansan entre los rediles,
> tienen alas de paloma, cubiertas de plata y sus plumas de oro
> y esmeralda.
> Cuando el Todopoderoso dispersó allí a los reyes,
> nevó en el monte Zalmón. (Sal 68:7-14)

El Salmo 68 no narra la historia de un pueblo bien armado listo para luchar contra los cananeos. Israel es un grupo sediento y debilitado sobre el cual Yahvéh derramó bendiciones. Salmo 68:9 recuerda la toma de la tierra como un ejemplo de la protección de Dios sobre la herencia divina (¡no de Israel!).

> **El Jérem**
>
> El papel activo de Dios en la conquista también explica las reglas del *jérem*. La palabra significa "consagrar" o "aniquilar", porque ambas cosas están ocurriendo en la historia. Como Yahvé es quien lucha, Yahvé recibe el botín de guerra. Las reglas del *jérem* son las que se muestran en Deuteronomio 20. Israel no debe beneficiarse de los esfuerzos de Dios. Los metales preciosos se destinan al tesoro del tabernáculo. Todo lo que pueda ser quemado, se quema. Todo ser viviente es eliminado. Israel no puede beneficiarse económicamente del trabajo que Dios está realizando. Israel no puede poseer riquezas materiales ni animales. No se pueden tomar esposas de los pueblos conquistados, ni se puede hacer esclavos a los hombres. De esta manera, las víctimas del *jérem* son "consagradas a Dios" y "aniquiladas" al mismo tiempo.

JUECES

Mientras que la historia de Josué es rápida y completa, la narrativa de Jueces muestra un asentamiento que fue más lento e incompleto. Las ciudades destruidas en Josué están de pie y bajo control cananeo en Jueces.

Las historias en Jueces son algunas de las más gráficas y perturbadoras de todo el Antiguo Testamento. El pueblo muestra un ciclo de pecado y arrepentimiento que puede considerarse como el "ciclo deuteronomista."

1. Israel pecó.
2. Dios permitió que un enemigo los conquistara.
3. Israel (finalmente) se arrepintió.
4. Dios levantó a un juez (líder militar).
5. El juez liberó a Israel.
6. Después de la muerte del juez, Israel pecaba de nuevo, reiniciando el ciclo.

El ciclo deuteronomista se expresa claramente en el Salmo 106:

> La ira de Yahvé ardió contra el pueblo,
> y Dios llegó a aborrecer a este [pueblo,]
> la herencia divina de Dios.
> Dios los entregó en manos de las naciones.
> Aquellos que ellos odiaban los gobernaron.
> Sus enemigos los oprimieron,

y fueron sometidos bajo sus manos.
Muchas veces Dios los libró.
Pero se rebelaron en sus planes y se degradaron en su iniquidad.
Pero Dios los vio en su angustia,
al escuchar su clamor,
por ellos, Dios recordó el pacto
y mostró compasión, conforme a la abundancia de su amor fiel.
Dios hizo que todos sus captores sintieran compasión por ellos. (vv. 40-46)

> ### ¿Qué es un "juez"?
> La traducción al inglés de la palabra hebrea *shophet* como "juez" es problemática. El término se usa con tanta frecuencia que sería difícil dejar de emplearlo. Desafortunadamente, existen tantas asociaciones culturales con la palabra que pueden distorsionar el papel original del *shophet*. La principal responsabilidad del *shophet*, o "juez," era de carácter militar. Dios capacitaba especialmente a una persona en tiempos de necesidad para enfrentar una crisis que sufría Israel. Aunque el juez podía arbitrar algunas disputas legales, su tarea principal era "establecer la justicia" en el antiguo Israel. La mayor injusticia a la que se enfrentaban los jueces era la opresión de Israel. La liberación y la justicia formaban parte de la misma historia.

El libro de los Salmos no alude a muchas de las narrativas de los jueces individuales que aparecen en el libro de Jueces. Para cuando el libro fue compilado, el pueblo había comenzado a transitar de un énfasis en el liderazgo humano hacia un liderazgo divino. En los Salmos no se venera a ningún héroe militar. Los salmistas no oran para que Dios levante a un juez; los salmistas oran repetidamente para que Dios mismo se levante en el papel de juez. La oración es que Dios traiga justicia y liberación. En los Salmos, Dios ocupa el papel de juez, como se observa en el texto de Jueces, y entra en una ocasión histórica específica para proveer liberación: "Levántate, Yahvé, no permitas que los humanos prevalezcan. Que las naciones sean juzgadas delante de ti" (Sal 9:19).

Y en dos salmos postexílicos, Salmos 82 y 94:

> Levántate, oh Dios, trae juicios justos a la tierra, porque todas las naciones son tu herencia. (Sal 82:8)

> ¡Levántate, verdadero juez de la tierra! ¡Devuelve a los soberbios lo que merecen! (Sal 94:2)

Los juicios de Dios también están asociados con el papel de Yahvé como "rey supremo," como en el Salmo 96:10: "Digan entre las naciones: '¡Yahvé reina! El mundo está establecido y no se tambalea. Dios juzgará a los pueblos con equidad.'"

Los salmos sí aluden a la batalla de Débora en Jueces 4 y a la batalla de Gedeón en Jueces 6–8 en el Salmo 83:9: "Hazles como hiciste a Madián, como a Sísara y Jabín en el arroyo de Quisón." Curiosamente, el salmo no menciona a ninguno de los jueces por nombre, sino solo a los enemigos que enfrentaron. La omisión de Gedeón resulta interesante, ya que normalmente se le considera un siervo fiel de Yahvé con una larga y exitosa historia. De hecho, la historia de Gedeón inicia con una "escena tipo" de llamado y culmina con el intento del pueblo de hacerlo rey. Sin duda, es un personaje que los salmos podrían mencionar sin problema alguno. La omisión de Débora puede ser aún más sorprendente, ya que ¡ella misma escribió un salmo! Débora se desempeñó como una líder militar y profetisa perspicaz y fiel en Jueces 4, y como una excelente música en Jueces 5, con su salmo que celebra la victoria israelita en el arroyo de Quisón. El Salmo 83 tampoco menciona a Jael, la mujer cananea que logró acabar con Sísara y así aseguró la victoria para Israel, convirtiéndose en la heroína definitiva de la historia de Débora.

El enfoque del salmo en los enemigos probablemente refleja la transición del autor de los héroes humanos hacia un renovado énfasis en Yahvé como el verdadero héroe de Israel. El énfasis en el enemigo también concuerda con el resto del salmo, que trata sobre aquellos que, como los enemigos de los jueces, conspiran para destruir a Israel:

> Mira, tus enemigos rugen,
> y los que te odian alzan la cabeza.
> Contra tu pueblo traman astucias,
> y conspiran contra tus protegidos. (Salmo 83:2-3)

Como en gran parte del libro de los Salmos, la preocupación del salmista aquí no es el liderazgo humano, sino el poder de Dios para liberar a Israel de sus opresores.

Religión de Canaán

El pecado de Israel durante el periodo de asentamiento marca el inicio del resto de la historia de Israel. La narrativa bíblica enfatiza que la religión Cananea fue un problema constante para Israel. El intento de Israel de convivir con los cananeos llevó a un sincretismo generalizado entre la religión Israelita y la Cananea. En el Salmo 106:34-39, el salmista escribe:

> No exterminaron
> a todos los pueblos como Yahvé les había ordenado.
> Sino que se mezclaron con las naciones,
> y aprendieron sus obras.
> Sirvieron a sus ídolos,
> que se convirtieron en una trampa para ellos.
> Sacrificaron a sus hijos y a sus hijas a los demonios.
> Derramaron sangre inocente,
> la sangre de sus hijos e hijas
> que ofrecieron en sacrificio a los ídolos de Canaán.
> La tierra se contaminó con sangre.
> Se contaminaron con sus acciones
> y se prostituyeron con sus obras.

Un aspecto de la religión Cananea que recibe constantes condenas es la idolatría. En Génesis 1, la Biblia deja claro que la humanidad es la única "imagen de Dios" aceptable en el mundo. La prohibición de la idolatría es el segundo mandamiento. La inutilidad de la práctica idólatra es señalada específicamente en el Salmo 115:3-8:

> Nuestro Dios está en los cielos.
> Todo lo que quiere, lo hace.
> Sus ídolos son plata y oro,
> obra de manos humanas.
> Tienen boca, pero no hablan.
> Tienen ojos, pero no ven.
> Tienen oídos, pero no oyen.
> Tienen nariz, pero no huelen.
> Tienen manos, pero no palpan.
> Tienen pies, pero no caminan.
> No emiten sonido alguno con su garganta.
> Semejantes a ellos son los que los hacen,
> y todos los que confían en ellos.

Esta combinación llevó incluso a Israel a recurrir al sacrificio de niños en honor a Yahvé. Este y otros aspectos desaprobados de la religión Cananea son resaltados. Dentro de una religión de fertilidad, el sacrificio de un ejemplo de fertilidad, un niño, sería una ofrenda suprema. La asociación de Israel con la religión Cananea de la fertilidad aparentemente los llevó a adoptar esta práctica.

El libro de los Jueces narra un caso específico de sacrificio humano en Jueces 11. El juez Jefté ofrece a su hija como ofrenda a Yahvé a cambio de la victoria sobre los Amonitas.

La Religión Cananea y Ras Shamra

Durante muchos años, gran parte de lo que se sabía sobre la religión Cananea provenía del texto bíblico. Sin embargo, a principios del siglo XX, se descubrió una antigua ciudad conocida como "Ugarit" en el sitio moderno de Ras Shamra, en Siria.† Esta ciudad contaba con una gran cantidad de textos antiguos, incluyendo textos de culto Cananeo. El sitio brindó una comprensión más completa de la religión Cananea y nuevas perspectivas y contextos para las historias bíblicas.

La religión Cananea estaba basada en la fertilidad. Era cíclica y estaba relacionada con las estaciones del año. Cada año, Baal, el dios de la tormenta, era asesinado por el dios de la muerte en abril, cuando las lluvias cesaban. Cada año, Baal resucitaba en octubre, cuando regresaban las lluvias. La fertilidad era fundamental en el mundo antiguo. Las personas necesitaban fertilidad para sus cultivos y animales, para obtener alimento cada año, y también la necesitaban para sí mismas, para poder trabajar la tierra y asegurarse el sustento en su vejez. Con la esperanza de asegurar esta fertilidad, la religión Cananea hacía que los participantes realizaran magia simpática. La idea era que el adorador realizara un acto a pequeña escala para inducir a los dioses a actuar a gran escala.‡ Los adoradores participaban en prostitución ritual y ofrecían ofrendas de fertilidad, como cultivos, animales o incluso niños, con la esperanza de que los dioses trajeran fertilidad a la tierra. La religión Cananea parecía guardar el secreto de la fertilidad de la tierra, y fue un problema para Israel hasta después del exilio.

† Nicolas Wyatt, "Religious Texts from Ugarit: The Worlds of Ilimilku and His Colleagues", *Biblical Seminar*, vol. 53 (Sheffield, Inglaterra: Sheffield Academic Press, 1998).

‡ Un muñeco vudú sería una forma de magia simpática: atormentar una pequeña representación de una persona con la esperanza de que la persona real sea atormentada.

¿Qué haría pensar a Jefté que esto agradaría a Yahvé? La clave está en su ascendencia: "Jefté, el Galaadita, era un guerrero valiente. Era hijo de una prostituta. Galaad fue el padre de Jefté" (11:1). Cuando el texto bíblico utiliza el término "prostituta," a menudo se refiere a una prostituta cultual, cuya responsabilidad era trabajar en los santuarios Cananeos locales. Es probable que Jefté fuera producto de un Israelita y una prostituta Cananea. Literalmente, él era la encarnación del sincretismo. Cuando pensaba en la adoración a Yahvé, lo hacía desde ese contexto.

Conclusión

Cada vez que se repite el ciclo Deuteronomista, parece empeorar. El gran héroe, el hijo de Gedeón, intenta reclamar la realeza. Jefté ofrece un sacrificio humano a Yahvé. Al final de la historia, Israel ya no se diferencia de las demás naciones. De hecho, en Jueces 19, en lo que puede ser el pasaje más difícil de toda la Escritura, la gente del pueblo de Gabaa, de la tribu de Benjamín, no muestra hospitalidad a un hombre de la tribu de Efraín. Su rechazo a un compatriota israelita se relata intencionalmente de modo que evoque las violaciones de hospitalidad de Sodoma en Génesis 19. Este acto resulta en una guerra civil israelita y la casi destrucción de la tribu de Benjamín.

Resulta notable que en ese breve repaso de la historia de Israel no se menciona a Dios. Mientras que Yahvé desempeña un papel destacado en la historia de la conquista narrada en Josué, parece que su papel disminuye en el libro de Jueces. En el libro de Josué, el pueblo se compromete con las palabras de la Torá y de Moisés. El libro informa regularmente que el pueblo obedecía, "tal como Moisés, el siervo de Yahvé, les había ordenado...".

En Jueces, el pueblo de Israel practica una religión de emergencia. No hay compromiso con la Torá ni reconocimiento de la necesidad de vivir como ejemplo de Dios en el mundo. Simplemente viven según su propio criterio, y cuando sus acciones los llevan a la opresión, oran para que Dios los libere. Al final de la historia, Israel carece de liderazgo y lealtad al pacto, y es idéntico a las demás naciones. Así que el periodo de asentamiento en Israel es complicado. Los libros de Josué y Jueces cuentan la misma historia de dos maneras. De manera similar a la necesidad canónica de tener tanto Génesis 1 como Génesis 2, en términos generales, los libros de Josué y Jueces podrían resumirse diciendo: "Mira lo que sucede cuando el pueblo confía en Yahvé" en Josué y "Mira lo que sucede cuando no lo hace" en Jueces.

Antes del exilio, Israel parece esperar que un liderazgo fuerte, como el de las demás naciones, pueda resolver sus problemas. De hecho, el último versículo del libro de Jueces parece ubicar el problema de Israel en la falta de un rey: "En aquellos días, no había rey en Israel; cada uno hacía lo que le parecía correcto" (Jueces 21:25).

Los salmos, sin embargo, desde la realidad del exilio y con el valor de la retrospectiva, abordan este asunto eliminando por completo el liderazgo humano de la historia. El enfoque de los salmos es el juicio de Yahvé sobre la tierra. Sólo el liderazgo de Yahvé puede proporcionar la esperanza que Israel necesita.

Preguntas para Profundizar

1. ¿El comprender la violencia en la historia de la conquista de Josué y su conexión estilística con otros relatos de conquista del Oriente Próximo ayuda o dificulta la interpretación de ese texto desde una perspectiva de fe?

2. Los cristianos confiesan que Jesús es Dios y Dios es Jesús. Aunque creen que esto siempre ha sido cierto, la verdad de ello no se dio a conocer explícitamente a la humanidad hasta la primera Navidad. A la luz de esa confesión, ¿cómo pueden los lectores evitar tanto la herejía Marcionita de creer que Dios era diferente en el Antiguo Testamento como ignorar por completo el Antiguo Testamento?

3. ¿El hecho de que las historias violentas de la ocupación hayan sido escritas mientras el pueblo estaba en cautiverio y exilio afecta la manera en que se leen?

4. La Biblia reconoce que está escribiendo historia con una agenda específica (un método común de historiografía en el mundo antiguo). En varios pasajes anima al lector a consultar otras fuentes si desea llenar los vacíos históricos. En contraste, después de la Ilustración, los lectores contemporáneos han preferido creer que existe algo llamado "historia objetiva." Dado que los autores bíblicos no narran la historia de la misma manera que los historiadores contemporáneos, ¿qué implica esto para el lector actual?

5. Considerando las diversas responsabilidades de un *shophet* (שופט, juez) en el antiguo Israel, ¿existe una palabra contemporánea más adecuada para ese rol que "juez"?

Capítulo 8

REALEZA

... la realeza era algo así como un piano de cola: podías ponerle una funda encima, pero aún así podías ver la forma que tenía debajo.
—Terry Pratchett, *El Quinto Elefante*

LOS SALMOS Y LOS REYES

El periodo de asentamiento termina con Israel en la tierra, pero desafortunadamente, ese logro no resulta en la celebración que uno podría esperar. La narrativa del asentamiento finaliza con una espiral descendente de problemas morales, que culmina en una guerra civil y la casi destrucción de la tribu de Benjamín. Al final del libro de Jueces, Israel no puede distinguirse de Sodoma, y en un esfuerzo por fortalecer su identidad nacional, el pueblo de Israel ignora las advertencias de Samuel y de Dios y nombra a un rey.

Gran parte de la historia escrita en el Antiguo Testamento reflexiona sobre el periodo de la monarquía. En los Salmos, la monarquía incluye tanto una celebración de la realeza humana como una celebración de la realeza de Yahvé. Dada la asociación tradicional del libro con el rey más famoso de Israel, David, no es sorprendente que la "realeza" sea un tema dominante en los salmos. Como se ha mencionado, la realeza de Dios es el tema central de los salmos para muchos estudiosos.[1] Las monarquías en Israel y Judá proporcionan el contexto histórico para la mayoría de los textos proféticos en el canon Hebreo, que incluyen los textos de 1 y 2 Samuel y 1 y 2 Reyes. Las historias comienzan con la monarquía unida bajo Saúl, relatan el auge del poder monárquico bajo David y Salomón, y cuentan las historias de la monarquía dividida con el reino del norte de Israel y el reino del sur de Judá. Estos textos reflexionan sobre eventos desde finales del siglo X a.e.c. hasta el exilio de ambos en 722 a.e.c. y 587 a.e.c. El texto Hebreo incluso incluye una "re-narración" de algunas de las historias

---

1. James L. Mays, *El Señor reina* (Louisville: Westminster/John Knox, 1994). Para Mays, la soberanía de Yahvé es la clave para comprender el resto del libro de los Salmos.

de la monarquía en Judá en los libros de 1 y 2 Crónicas. Aunque muchos salmos reflejan el periodo de la monarquía dividida, el libro contiene pocas referencias explícitas a ese periodo histórico. Más comúnmente, los salmos se enfocan en la monarquía unida, específicamente en el reinado Davídico, con referencias ocasionales a "sus descendientes." La pérdida del gobierno de la línea davídica durante el exilio en Babilonia también es el tema central de muchos salmos.

> ### Dos Reinos
>
> Cuando Roboam, hijo de Salomón, prometió continuar las políticas opresivas de su padre Salomón (1 Reyes 12), las tribus del norte de Israel rechazaron la monarquía Davídica y decidieron formar su propio país bajo el liderazgo de Jeroboam. Roboam continuó gobernando sobre las tribus de Judá y Benjamín. Durante aproximadamente doscientos años, los dos reinos coexistieron. El reino del norte, llamado "Israel", existió desde la división en el siglo X a.e.c. hasta que fue destruido por los Asirios en el año 722 a.e.c. El reino del sur, llamado "Judá," logró subsistir hasta que los Babilonios lo destruyeron en el año 587 a.e.c. Cada reino proclamaba a Yahvé como su Dios y tenía sus propios sitios religiosos con prácticas cultuales particulares. En Israel, Jeroboam construyó dos templos en los límites norte y sur del reino como lugares de adoración a Yahvé. Desafortunadamente, estos sitios fueron escenarios de una fe sincretista, usando becerros de oro para representar a Yahvé.
>
> Aunque la Biblia Hebrea es principalmente la preservación de los documentos del reino del sur de Judá, es razonable suponer que algunos textos sagrados del reino del norte encontraron su camino dentro de la Biblia. Cuando el reino del norte cayó ante los Asirios en el año 722 a.C., los refugiados del norte huyeron al sur y llevaron consigo sus libros sagrados. El "Salterio Elohista" (Salmos 42–84) ha sido teorizado desde hace tiempo como textos de origen norteño.[†] Estos salmos prefieren el nombre "Elohim" en vez de "Yahvé" al referirse a lo divino, lo cual podría reflejar una preferencia regional. Sin embargo, el origen preciso de los textos individuales se ha perdido en la historia.
>
> [†] Martin Buss, "The Psalms of Asaph and Korah," JBL 82 (1963): 382–92; Gary Rendsburg, *Linguistic Evidence for the Northern Origin of Selected Psalms* (SBLDiss 43; Atlanta: Scholars Press, 1990), 51–60.

La Realeza Divina en los Salmos

El monarca más importante en el texto Hebreo es Yahvé. La soberanía de Dios se celebra explícitamente en una colección ubicada en el centro del libro de los Salmos, conocida como los "Salmos de entronización" (Salmos 93, 95–99). Estos salmos se distinguen por el uso frecuente de la frase "¡Yahvé reina!" Esta frase aparece por primera vez después de la liberación milagrosa de Dios en el mar, en Éxodo: "¡Yahvé reinará por siempre!" (Éxodo 15:18). El rey supremo sobre Israel demostró su poder supremo al vencer al rey de Egipto. Aunque un lector contemporáneo quizá no asocie de inmediato la liberación de Egipto con la monarquía, fue la primera respuesta de Israel ante el acto poderoso de Dios. De hecho, la monarquía divina tiene varias facetas que pueden pasar desapercibidas para el lector actual.

Creación

En el Salmo 93, Dios demuestra su realeza al someter las aguas del caos:

> ¡Yahvé reina! Dios está vestido de majestad. Yahvé está ceñido con cinturón de fuerza. En verdad, Dios estableció el mundo. Nunca será movido. (v. 1)
>
> …
>
> Por encima del estruendo de muchas aguas, más poderoso que las olas del mar, ¡Yahvé es poderoso en lo alto! (v. 4)

Como ya se mencionó, la creación y la realeza son metáforas entrelazadas en la perspectiva del antiguo Oriente Próximo. La epopeya Babilónica de la creación, el *Enuma Elish*, ofrece una visión alternativa sobre la creación del cosmos. Al igual que la celebración real de Yahvé en Génesis 1, el *Enuma Elish* busca establecer a Marduk como rey del universo. El Salmo 93 refleja la fusión de los temas de la creación y la realeza, recordando al lector la posición real de Yahvé y su majestad sobre las aguas tumultuosas.

Juicio

El concepto de realeza en el antiguo Oriente Próximo suele estar directamente vinculado al juicio. En el antiguo Egipto, la constancia del movimiento del sol sugería justicia firme y un juez eterno. El faraón era considerado hijo y portador de la imagen del dios sol, "Ra," y se le reconocía como el juez supremo. De manera similar, el prólogo al Código de Hammurabi dice: "el rey que ha hecho que las cuatro regiones del mundo le sean subyugadas… Cuando Marduk me encargó guiar correctamente al pueblo, dirigir la tierra, establecí la ley y la justicia en la lengua del país, promoviendo así el bienestar del pueblo."[2]

La ley, la justicia y el bienestar general son responsabilidades del rey, y la Biblia refleja esta perspectiva. La soberanía de Dios está vinculada a juicios justos en el Salmo 96:10: "Digan entre las naciones: ¡Yahvé reina! El mundo está establecido y no será movido. Dios juzgará a los pueblos con equidad." Y en el Salmo 9:

> Porque has hecho que mi causa sea justa.
> Te sentaste en el trono dando juicios rectos y justos. (v. 5)
> . . .
> Yahvé (Yahweh) está entronizado para siempre,
> y ha establecido ese trono para la justicia.
> Dios juzga al mundo con rectitud.
> Dios da veredictos justos al mundo. (vv. 7-8)

Esta preocupación por los juicios justos fue un tema central para el pueblo de Israel cuando pidieron a Samuel un rey en 1 Samuel 8:5: "[Los ancianos de Israel] le dijeron a Samuel: 'Mira, tú ya eres viejo y tus hijos no siguen tus caminos. Ahora nómbranos un rey que nos gobierne, como lo tienen todas las naciones.'" Y en 1 Samuel 8:19: "Pero el pueblo no quiso escuchar a Samuel, y dijeron: 'No será así cuando el rey nos gobierne. Seremos como todas las naciones. Nuestro rey impartirá justicia y saldrá delante de nosotros para pelear nuestras batallas.'"

La responsabilidad real de juzgar con equidad sugiere que incluso los textos que no contienen referencias explícitas a la realeza pero enfatizan el "juicio de Dios" y "Dios como juez," como el Salmo 94, presuponen el reinado de Dios:[3]

> ¡Dios de la venganza, oh Yahvé,
> oh Dios de la venganza, resplandece!
> ¡Levántate, juez verdadero de la tierra!
> ¡Devuélvele a los soberbios lo que merecen! (vv. 1-2)

---

2. "El Código de Hammurabi", *ANET*, 165.

3. Los salmos que apelan a Dios como juez, o a los juicios o la justicia de Dios, sin una referencia explícita a la realeza, incluyen los siguientes: Salmos 7, 10, 18, 19, 26, 33, 35, 36, 37, 43, 48, 50, 51, 58, 67, 72, 82, 89, 94, 103, 105, 111, 119, 140, 143, 146, 147, 149.

Orden

Como se observa en el libro de los Jueces, la capacidad del líder para proveer orden y seguridad como guerrero era parte de la expectativa de liderazgo. La realeza también implicaba esa expectativa. En el Salmo 47:2-3, el reinado de Dios se presenta en paralelo directo con la seguridad nacional:

> Porque Yahvé, el Altísimo, es digno de temor.
> Un gran rey sobre toda la tierra.
> Dios sometió a los pueblos bajo nosotros
> y a las naciones bajo nuestros pies.

La celebración de Yahvé como rey sobre "todas las naciones" está asociada con la seguridad y el orden. Israel no tiene nada que temer, ya que Dios está en control.

> Yahvé reina sobre las naciones.
> ¡Dios se sienta en un trono santo!
> Los príncipes de los pueblos se reúnen como el pueblo del Dios de Abraham,
> porque los escudos de la tierra pertenecen a Dios. Dios está verdaderamente exaltado. (Sal 47:8-9)

En cada uno de estos casos, Yahvé no se ve amenazado por la oposición y es el soberano supremo sobre todas las naciones.[4]

Un lector contemporáneo puede pasar por alto el carácter contracultural de afirmar a Dios como rey sobre todas las naciones. Un resultado de un mundo interconectado es la perspectiva global sobre las deidades. Sin embargo, en el antiguo Oriente Próximo, la mayoría de las deidades se consideraban con áreas de influencia local. Egipto tenía sus dioses. Asiria tenía sus dioses. Israel tenía a Yahvé. Las esferas de influencia de las deidades específicas podían ser limitadas.

Afirmar que Yahvé reina sobre el mundo implica someter a los demás dioses del mundo bajo la autoridad de Yahvé. Esto se observa en el Salmo 82:1: "Dios está en la asamblea divina. En medio de los dioses, Dios dicta sentencias justas." Esto eleva la responsabilidad de Dios sobre toda la creación. Yahvé es responsable de todo el cosmos, no solo de Israel.

---

4. Véase también Salmos 96:10; 98:4-6; 99:1.

Rectitud

Aunque los reyes suelen tener fama de ser egoístas y caprichosos, la realeza de Dios está vinculada a la rectitud y a la integridad de corazón:

> ¡Yahvé reina! ¡Que la tierra se alegre! ¡Que todas las costas se regocijen!
> ...
> ¡Si amas a Yahvé, odia el mal!
> Dios protege la vida de los fieles.
> Dios los rescata de la mano de los malvados.
> La luz es sembrada para los justos
> y la alegría para los de recto corazón. (Sal 97:1; 10-11)

Los juicios de Dios a menudo proceden de la justicia de Yahvé: "Nubes y oscuridad lo rodean. Justicia y derecho son el fundamento de su trono" (Sal 97:2) y "¡El rey poderoso ama la justicia! Tú has establecido la equidad. Tú has hecho justicia y derecho en Jacob" (Sal 99:4). En el Salmo 119:142, la justicia de Dios incluso se entiende en paralelo con la Torá: "Tu justicia es justicia eterna. Tu Torá es verdad." Esto probablemente no debería sorprendernos, ya que la justicia con frecuencia se asocia con el derecho, y el derecho a menudo se asocia con la Torá.

Torá

El último Salmo de Entronización celebra la realeza de Yahvé recordando la entrega de sus estatutos y decretos:

> Moisés y Aarón estaban entre sus sacerdotes.
> Samuel estaba entre los que invocaron su nombre.
> Todos ellos clamaron a Yahvé, y Él les respondió.
> En una columna de nube les habló.
> Ellos guardaron sus estatutos y los decretos que les dio. (Sal 99:6-7)

Esta asociación de la Torá como "los juicios de Dios" también se observa en el Salmo 119. Aunque la realeza de Yahvé no se menciona explícitamente en el Salmo 119, el salmo relaciona la celebración de la instrucción de la Torá de Dios con numerosas referencias a "los juicios de Dios":[5] "Te alabaré

---

5. El Salmo 119 contiene numerosas referencias donde se utiliza el término "juicios" para referirse a la Torá: Salmo 119:7, 13, 20, 30, 39, 43, 52, 62, 75, 91, 102, 106, 108, 120, 121, 132, 137, 149, 156, 160, 164, 175.

con rectitud de corazón cuando aprenda tus justos juicios" (Sal 119:7) y "¡Acepta, Yahvé, las ofrendas de mi boca! Enséñame tus juicios" (v. 108).

El concepto de la realeza divina parece ser como una vidriera, con paneles de creación, juicio, justicia, orden y Torá que resplandecen a lo largo del texto. Al afirmar que la instrucción de Dios conduce a la mejor vida, que los juicios de Dios son justos o que Dios es creador, se hace una declaración real sobre Yahvé. Una vez que esto se reconoce, el tema de la realeza, que ya es reconocido como un tema dominante en el libro de los Salmos, resulta ser aún más omnipresente de lo que parece a simple vista.

La Realeza Humana en los Salmos

Al igual que la realeza divina, la realeza humana también es celebrada a lo largo de los Salmos.[6] Desde el inicio de los salmos, se le recuerda al lector que la realeza humana procede directamente de la realeza de Yahvé:

> El que está sentado en los cielos se ríe,
> el Soberano se burla de ellos.
> Luego Dios les hablará con ira,
> y los aterrorizará con su furor divino.
> "Yo mismo he ungido a mi rey sobre Sion,
> mi monte santo."
> Proclamaré el decreto de Yahvé; Dios me dijo:
> "Tú eres mi hijo. Hoy te he engendrado.
> Pídeme, y te daré las naciones como herencia,
> y los confines de la tierra serán tu posesión." (Sal 2:4-8)

A diferencia de Egipto, donde el rey humano era, de hecho, la encarnación del dios, o en Asiria, donde el rey nacía de los dioses, la relación de Yahvé con el rey humano no comenzaba hasta que el rey se sentaba en el trono. Más que un destino biológico (aunque se utiliza lenguaje biológico), la realeza humana en Israel parece ser más bien de tipo adoptivo. Sin embargo, esa línea se vuelve aún más difusa en el Salmo 89:

> [El rey] mismo me llamará:
> "Mi padre, tú eres mi roca y mi salvación."
> También yo mismo lo haré primogénito,
> el más excelso de los reyes de la tierra. (vv. 26-27)

---

6. Por ejemplo, Salmos 2, 18, 21, 45, 72, 101 y 110.

Estos versículos en el Salmo 89 no afirman que el rey haya sido engendrado biológicamente, sino que la relación de Yahvé con el rey es más cercana de lo que un lector contemporáneo podría suponer. Como se observa en el capítulo sobre los antepasados, la designación de un heredero era una realidad cultural. El rey humano es entendido como un heredero designado por Dios.

Los salmos celebran acontecimientos en la vida de un rey humano. El Salmo 45 probablemente se utilizaba para la celebración de bodas reales:

> Escucha, hija, mira y presta atención,
> olvida tu pueblo y la casa de tu padre.
> El rey deseará tu belleza.
> Ya que él es tu señor, inclínate ante él.
> Hija de Tiro,
> los ricos te suplicarán con ofrendas.
> La princesa es gloriosa por dentro y por fuera,
> ¡sus vestidos están bordados con oro!
> Con ropas bordadas, es llevada ante el rey.
> Las doncellas de honor la siguen,
> y sus compañeras son llevadas detrás de ella.
> Son conducidas con alegría.
> Con regocijo son llevadas al palacio del rey. (vv. 10-15)

El Salmo 101 pudo haber sido utilizado en coronaciones, quizá recitado por el rey como una especie de juramento de su cargo:

> ¡Consideraré a los íntegros de la tierra! Ellos podrán habitar conmigo.
> Los que caminan en integridad, ellos podrán servirme.
> ¡Las personas que actúan con traición no se sentarán en medio de mi casa!
> ¡No tendré en cuenta a quienes hablan mentiras ante mí!
> Cada mañana destruiré a todos los malvados en la tierra.
> Cortaré a todos los obradores de iniquidad de la ciudad de Yahvé. (vv. 6-8)

El Salmo 101 y el Salmo 72 ilustran un requisito importante de la realeza humana en Israel. Debido a que la autoridad del rey humano procede directamente de la realeza divina, el rey humano debe reflejar las mismas prioridades de Yahvé: justicia, misericordia y rectitud. Si se considera al rey humano como un heredero adoptivo de la realeza de Dios, entonces debe encarnar la Torá. La bendición al rey en el Salmo 72 ilustra claramente sus responsabilidades:

> Porque [el rey] libra al necesitado cuando clama,
> y al afligido que no tiene quien le ayude.
> Se compadece del débil y del necesitado.
> Salva la vida del que está en necesidad.
> De la opresión y de la violencia rescata sus vidas.
> Su sangre es preciosa ante los ojos de Dios. (vv. 12-14)

La Biblia no evalúa a los reyes de Israel y Judá por su poder militar, prosperidad económica o habilidad diplomática. Los reyes son evaluados por qué tan bien sus preocupaciones reflejan las preocupaciones de Yahvé. Esta expectativa no debería sorprender a los reyes humanos. Según el libro de Deuteronomio, el rey estaba obligado a leer regularmente la Torá (¡de la copia que él mismo hizo!):

> Cuando él comience a sentarse en el trono de su reino, deberá hacer una copia de esta Torá en un rollo, a partir del que está frente a los sacerdotes levitas. Y deberá conservarla consigo y leerla todos los días de su vida, para que aprenda a temer a Yahvé, su Dios; para guardar y cumplir todas las palabras de esta Torá y los estatutos; para no enaltecer su corazón sobre sus conciudadanos, ni apartarse de los mandamientos ni a la derecha ni a la izquierda; para que prolongue sus días en su reino, él y sus hijos, en medio de Israel. (Deuteronomio 17:18-20)

Desafortunadamente, en lugar de defender los intereses de Yahvé y la Torá, la monarquía en Israel se parecía mucho a la monarquía en el resto del mundo. Los reyes promovían sus propias agendas hasta llegar a resultados destructivos.

Fracasos Reales

Aunque los salmos suelen tener una visión positiva de la monarquía humana, la pérdida de la monarquía durante el exilio y la desobediencia de los reyes también aparecen en los salmos: "Has despreciado el pacto de tu siervo, has profanado su corona en el polvo" (Salmo 89:39). Incluso los pasajes que parecen positivos respecto a la monarquía humana pueden señalar un problema más profundo con la monarquía de lo que parece a primera vista. El Salmo 20 es un salmo de David que pide a Dios una bendición de manera que refleja una lucha interna más profunda:

> Unos confían en carros y otros en caballos,
> pero nosotros confiamos en el nombre de Yahvé, nuestro Dios.
> Ellos se doblegarán y caerán,
> pero nosotros nos levantaremos y seremos restaurados.
> Yahvé salvará al rey.
> Dios nos responderá siempre que lo invoquemos. (vv. 7-9)

Este salmo advierte que, aunque algunos ponen su orgullo en los símbolos de la monarquía (20:7), Yahvé es el rey supremo en Israel. Si esta interpretación es correcta, el Salmo 20 reconoce que la monarquía humana puede fallar.

Al igual que los Salmos, el resto del Antiguo Testamento apoya la soberanía de Yahvé como rey, pero está dividido respecto a la monarquía humana. La ausencia de rey en Israel se menciona cuatro veces en los últimos cinco capítulos de Jueces.[7] El último versículo de Jueces implica que Israel se beneficiaría de tener una monarquía para añadir cierto control a la toma de decisiones: "En aquellos días, Israel no tenía rey. Cada uno hacía lo que le parecía correcto" (Jueces 21:25).

Sin embargo, en la historia de 1 Samuel, la motivación para pasar de una confederación de tribus a una monarquía fue más pragmática que ética. En 1 Samuel 8, después de un difícil enfrentamiento militar con los filisteos, el pueblo exige que Samuel, el último juez, nombre un rey "como todas las demás naciones" (1 Samuel 8:5, 20). Al pueblo no le preocupaba que el rey pudiera ser ejemplo de fidelidad al cumplimiento de la Torá ni que representara bien a Yahvé. Lo que querían era un líder militar fuerte para poder ser como las otras naciones. Ni siquiera las advertencias de Yahvé sobre las políticas del rey lograron disuadir al pueblo. Samuel les advirtió que el paso a la monarquía resultaría en:

1. Servicio militar forzado
2. Un complejo militar-industrial establecido
3. Trabajo obligatorio (conscripted labor)
4. Confiscación de propiedades

La queja de que el rey "tomará a sus hijos para el ejército" (1 Samuel 8:11) y "tomará a sus hijas para ser cocineras, panaderas y perfumistas" (1 Samuel 8:13) recuerda las quejas de la ciudad de Uruk sobre Gilgamesh:

> ¿No fue Aruru quien creó este fuerte toro salvaje? No tiene igual...

---

7. Jueces 17:6; 18:1; 19:1; 21:25.

> Gilgamesh no deja al hijo con su padre; Día y noche es su arrogancia.
> ¿Es este el pastor de Uruk?... Gilgamesh no deja a la doncella con su madre,
> la hija del guerrero, la esposa del noble.[8]

Yahvé le asegura a Samuel que esta actitud era un rechazo al liderazgo divino y era consistente con el comportamiento de Israel hasta ese momento:

> Y Yahvé le dijo a Samuel: "Haz todo lo que el pueblo te pida. No te han rechazado a ti; a mí me han rechazado como rey sobre ellos. Tal como lo han hecho desde que los saqué de la tierra de Egipto hasta hoy. Me han rechazado y han servido a otros dioses. Esto mismo te están haciendo a ti. Ahora, obedécelos, pero debes advertirles claramente y explicarles los derechos del rey que gobernará sobre ellos." (1 Samuel 8:7-9)

El pueblo de Israel estaba utilizando la monarquía como un talismán mágico que resolvería sus problemas, de la misma manera en que intentaron usar el arca del pacto unos capítulos antes (1 Sam 4–5).

Sin embargo, la monarquía humana no parece ser un problema en sí misma. De hecho, algunos textos bíblicos presentan una evaluación positiva de la monarquía. En 1 Samuel 9, el autor dice:

> Y Yahvé le dijo a Samuel, un día antes de que Saúl llegara: "A esta hora mañana, te enviaré un hombre de la tribu de Benjamín. Tú lo ungirás como líder sobre mi pueblo Israel, y él salvará a mi pueblo de la mano de los filisteos. Porque he visto a mi pueblo y sus clamores han llegado hasta mí." (vv. 15-16)

Los mensajes de Dios en 1 Samuel 9 y 10 reflejan los llamados de otros grandes héroes en la narrativa bíblica. A pesar de la reacción inicial negativa de Yahvé y Samuel, ambos ofrecen su bendición a Saúl y a la posición de rey: "Entonces Samuel tomó una redoma de aceite y la derramó sobre su cabeza. Samuel lo besó y le dijo: '¿No eres tú el ungido de Yahvé para liderar la herencia de Dios?'" (1 Sam 10:1). Saúl incluso profetiza junto con los profetas de Guibeá. Este rey-profeta parecería estar bien posicionado para comenzar su reinado.

Desafortunadamente, Saúl rápidamente se convierte en una figura completamente trágica. En los Salmos, Saúl es recordado únicamente por

---

8. "La epopeya de Gilgamesh," *ANET*, 74.

sus intentos de acabar con la vida de David. El nombre de Saúl aparece en varias superscripciones de los salmos, pero en cada caso, el salmo está vinculado a su persecución de David.[9] Por ejemplo, la superscripción del Salmo 18 dice: "Para el director musical, [un salmo] del siervo de Yahvé, de David, quien habló a Yahvé las palabras de este canto el día en que Yahvé lo libró de la mano de su enemigo y de la mano de Saúl." Probablemente no ayuda a la percepción de Saúl que su nombre sea un homófono de la palabra hebrea para "sepulcro." En la mayoría de las traducciones de 2 Sam 12:7, Dios le asegura a David que fue rescatado de la "mano de Saúl." La misma frase en el Salmo 49:15 se traduce como la "mano del Seol" o "mano del sepulcro." Este juego de palabras podría influir en cómo un lector de hebreo interpreta el Salmo 18:5 después del desafío explícito de Saúl a David en la superscripción: "Las cuerdas del Seol [¿Saúl?] me rodearon. Los lazos de la muerte vinieron sobre mí." Los salmos dejan claro que Saúl es el opresor y enemigo de David, y quizás incluso la personificación del sepulcro.

> ### Saúl: ¿Primer Rey o último Juez?
>
> Oficialmente, la era de los jueces termina con Samuel, dando paso a la monarquía unida. Si bien es cierto que Saúl es el primer rey de Israel, en muchos aspectos Saúl se parecía más a un juez que a un rey. Fue David quien unió a las tribus bajo una nueva capital en Jerusalén y estableció una dinastía gobernante que duró más de cuatrocientos años.
>
> En contraste, Saúl ascendió al poder como respuesta a una situación militar, de manera similar a un juez. Su reinado fue confirmado después de una victoria militar (algo que normalmente no se asocia con los reyes). No tuvo sucesión dinástica. El "espíritu de Yahvé" vino sobre Saúl y lo dejó, de manera semejante al liderazgo carismático del periodo de los jueces.[†]
>
> El trágico gobierno de Saúl parece no tener límites. Incluso el número de años de su reinado se ha perdido en la historia. Literalmente, el texto hebreo dice: "Saúl tenía... años cuando comenzó a reinar; y reinó... y dos años sobre Israel." Aunque tenía el título de rey, podría entenderse mejor como el último de los jueces. Los primeros capítulos de 1 Samuel ofrecen una comprensión compleja del concepto de realeza en general y una caracterización trágica de Saúl en particular.
>
> [†] En este caso, "carismático" significa "especialmente dotado por Dios". Compare las acciones del "espíritu de Yahvé" en Jueces 3:10, 6:34, 9:23, 11:29, 13:25, 14:19, 15:14 y 15:19 con sus acciones en 1 Samuel 10:10, 11:6 y 16:14-16.

---

9. Pss 18, 52, 54, 57 y 59.

David

No se puede exagerar la importancia de David en la Biblia Hebrea. David es celebrado a lo largo de todo el texto bíblico. Aunque David puede ser el segundo rey en la historia de Israel, es él quien realmente establece la monarquía unida, centralizando el poder real en Jerusalén y ganándose el apoyo de todo el pueblo. Los elogios comienzan en 1 Samuel, cuando se le dice a Saúl que será reemplazado por "uno conforme al corazón de Dios" (1 Sam 13:14). Los reinados de los reyes del posterior reino del sur, Judá, se miden en comparación con David (la mayoría de las veces, de manera desfavorable). Miqueas 5 anticipa un Mesías de Belén (la ciudad natal de David). Ezequiel ve al propio David gobernando sobre una nación resucitada en Ezequiel 37. Jesús es llamado regularmente "hijo de David."[10] La referencia final a David aparece en el clímax del último capítulo del Apocalipsis, donde Jesús celebra su identidad: "Yo, Jesús, he enviado a mi ángel para dar testimonio de estas cosas a las iglesias. Yo soy la raíz y el descendiente de David, la estrella resplandeciente de la mañana" (Ap 22:16).

La veneración a David puede alcanzar su punto máximo en los salmos. De hecho, la tradición judía posterior asoció todo el libro de los Salmos con David.[11] Incluso los salmos no davídicos se entendían como poseedores de una voz Davídica, ya que muchos de los cantores, como Asaf, Hemán y Etán, tenían conexiones con David.[12] La copia de los Salmos en la Septuaginta celebra a David en un grado aún mayor que el texto Hebreo, al titular trece salmos sin título en los manuscritos Hebreos con inscripciones Davídicas en Griego.

Aunque la mayoría de las referencias a David ocurren en las inscripciones de los salmos, éstas no se distribuyen de manera uniforme a lo largo del Salterio. David se encuentra en la posición de "cantor" más comúnmente en la primera mitad de los Salmos y como objeto del "canto" en la segunda mitad del libro. Mientras que casi la mitad de los salmos (setenta y tres) tienen una inscripción Davídica, sólo diecisiete aparecen después del Salmo 70. De las once menciones de David en el cuerpo de un salmo, sólo una ocurre antes del Salmo 72 (Sal 18:50). Este fenómeno probablemente está relacionado con la conformación canónica del libro de los Salmos.

---

10. Mateo 1:1; 9:27; 12:23; 15:22; 20:30-31; 21:9, 15; 22:42; Marcos 10:47-48; 12:35; Lucas 1:32; 3:31; 18:38.

11. El Midrash Tehillim dice que así como Moisés entregó cinco libros de la Torá, David entregó cinco libros de los Salmos.

12. 1 Crónicas 6:18, 24, 29; 15:17; 19:1.

El favor de Yahvé hacia la realeza Davídica es claro cuando David es el objeto del canto. Considere el Salmo 18:50: "Dando grandes victorias a su rey y mostrando amor fiel a su ungido, a David y a su descendencia para siempre." O la celebración del compromiso de Yahvé con David en el Salmo 132:11: "Yahvé juró a David una promesa fiel, de la cual no se retractará: 'Pondré en tu trono a uno de tus propios descendientes.'"

La frecuencia de las referencias Davídicas y la celebración de David en los textos de los salmos no debe llevar a pensar que los salmos presentan una vida fácil para este rey favorecido. Más bien, parece ser lo contrario. Muchos de los salmos con inscripciones Davídicas se clasificarían como lamentos. A menudo, cuando David es el objeto del salmo, el salmista recuerda las dificultades de David: "¿Dónde está, Señor, tu amor de antaño, que en tu fidelidad juraste a David?" (Sal 89:49) y "El que libra a los reyes, el que rescata a su siervo David de la espada destructora" (Sal 144:10).

Una Realeza Difícil

Con el enfoque en David y su posterior veneración como rey modelo, uno podría esperar que David fuera celebrado en los salmos y en los relatos narrativos como un ejemplo a seguir. Sin embargo, en realidad, ni los salmos ni el material narrativo idealizan las decisiones o el gobierno de David. En los salmos, esto se observa quizá de manera más clara en los encabezados extensos. Estas superscripciones de los salmos ofrecen un contexto histórico para su lectura, y dejan en claro que la vida de David no es idílica.

Los salmos recuerdan las frecuentes huidas de David de Saúl, su adulterio con Betsabé y el intento casi exitoso de golpe de Estado por parte de su hijo Absalón.

El material narrativo respalda la lectura del salmo. De hecho, la "Historia de la Corte de David" es el nombre que se le da al material que va de 2 Samuel 9 a 1 Reyes 2. Esta narración ofrece una exposición de los mecanismos internos de la monarquía Davídica y la lucha por la sucesión. También llamada la "Narrativa de la Sucesión," contiene relatos de adulterio, violación, fratricidio y malas decisiones que afectan a la casa de David. Al igual que las historias de Abraham y Moisés, la narrativa bíblica de David no busca ofrecer propaganda ni ocultar las indiscreciones de sus "héroes." Los salmos son consistentes en este propósito. Incluso en la celebración de David, se reconocen sus fallas.

Sal 3	Un salmo de David, cuando huyó de su hijo Absalón.
Sal 18d	... Un salmo de David, siervo de Yahvé, quien dirigió las palabras de este cántico a Yahvé el día en que Yahvé lo libró de la mano de todos sus enemigos y de la mano de Saúl.
Sal 34	De David, cuando fingió estar loco ante Abimelec, quien lo echó, y él se fue.
Sal 38	Un salmo de David, implorando que Dios lo recuerde.
Sal 51	... un salmo de David, escrito después de que el profeta Natán lo confrontó tras su relación con Betsabé.
Sal 52	... Un Maskil de David, cuando Doeg el edomita fue con Saúl y le dijo: "David ha llegado a la casa de Ahimelec."
Sal 54	... Un Maskil de David, cuando los Zifeos fueron y le dijeron a Saúl: "David está escondido entre nosotros."
Sal 56	... Un Miktam, cuando los filisteos lo capturaron en Gat.
Sal 57	... De David. Un Miktam, cuando huyó de Saúl, en la cueva.
Sal 59	... De David. Un Miktam, cuando Saúl ordenó vigilar su casa para matarlo.
Sal 60	... Un Miktam de David; para instrucción; cuando luchó contra Aram-naharaim y contra Aram-zobá, y cuando Joab, al regresar, mató a doce mil Edomitas en el Valle de la Sal.
Sal 63	Un salmo de David, cuando estaba en el desierto de Judá.
Sal 70	Un salmo de David, implorando que Dios lo recuerde.
Sal 142	Un Maskil de David. Cuando estaba en la cueva. Una oración.

Pacto Davídico

Antes de que todo se desmoronara en el reinado de David tras el incidente con Betsabé, David recibe un honor especial y una promesa de Yahvé. David deseaba construir un templo en Jerusalén como una "casa" para Yahvé. Dios responde prohibiéndole a David construir el templo, pero en cambio le promete edificarle a David una "casa":

> Durante ese tiempo mandé jueces sobre mi pueblo Israel.
> Te daré descanso de todos tus enemigos.
> Y Yahvé te declara que ¡Yahvé hará una casa para ti! ...
> Mi amor fiel no se apartará de ti como se apartó de Saúl, a quien aparté delante de ti.

> Puedes confiar en que tu casa y tu reino durarán para siempre.
> Tu trono será establecido para siempre. (2 Sam 7:11, 15-16)

Esta promesa eterna e incondicional de favor divino es celebrada a lo largo de los salmos. Los salmos 18 y 21 hacen referencia específica al pacto Davídico.

> Dando grandes victorias a su rey
> y mostrando amor fiel a su ungido,
> a David y a su descendencia para siempre. (Sal 18:50)

> Tú le das tu bendición para siempre.
> Lo haces alegrarse con el gozo de tu presencia.
> Porque el rey confía en Yahvé,
> y nunca se apartará del amor fiel del Altísimo. (Sal 21:6-7)

La promesa de Dios de que el reinado de David duraría para siempre llevó a la creencia popular de que un descendiente de la línea de David siempre ocuparía el trono en Jerusalén. Con esta promesa incondicional de Dios y el templo de Yahvé ubicado en Jerusalén, el pueblo de Judá creía que la ciudad nunca podría ser destruida. Durante un tiempo, parecía que tenían razón. Aunque el reino del norte de Israel fue destruido por los Asirios y la nación de Judá tuvo varios momentos de peligro,[13] Jerusalén permaneció en pie y el rey siguió en el trono.

Los profetas intentaron combatir esta interpretación idólatra del pacto Davídico, recordando al pueblo que Dios no debe ser burlado y que llegaría un momento de rendición de cuentas por su comportamiento. El sermón del templo de Jeremías en Jeremías 7 aborda directamente la idolatría relacionada con el templo y advierte que se avecina la destrucción.

> Así dice el Supremo Comandante Yahvé, Dios de Israel: "Busquen la verdadera bondad en la manera en que viven y en lo que hacen, entonces habitaré con ustedes en este lugar." No confíen en estas palabras engañosas que dicen: "¡El templo de Yahvé—el templo de Yahvé—el templo de Yahvé está aquí!" ... Por lo tanto, así dice el Soberano Yahvé: "He aquí, mi ira y mi furor se derramarán sobre este lugar—sobre seres

---

13. En el año 701 a.C., el rey asirio Senaquerib destruyó todas las ciudades fortificadas de Ezequías y rodeó Jerusalén. El Segundo Libro de los Reyes deja en claro que, de no haber sido por el arrepentimiento de Ezequías y la intervención divina de Dios, el reino de Judá habría sido destruido.

> humanos y animales, incluso sobre los árboles del campo y los cultivos—arderá y no se apagará." (Jer 7:3-4, 20)

Dios proporciona una lección objetiva y gráfica para quienes malinterpretaron la promesa Davídica. El pueblo de Judá reconocía que, ante la inminente invasión Babilónica, quizá no era el momento adecuado para expandir sus asentamientos, pero creían que estarían seguros siempre que permanecieran en Jerusalén.

> Dios me dijo: "Ser humano, estos son los que traman iniquidad y aconsejan destrucción en esta ciudad. Dicen: 'Aún no es tiempo de construir casas. La ciudad es la olla y nosotros la carne.' Por eso, profetiza contra ellos, ser humano. ¡Profetiza!" (Ez 11:2-4)

Aunque una olla de metal protege la carne, Yahvé dice que Jerusalén no protegerá a los malvados. Se acerca un ajuste de cuentas en forma del exilio Babilónico.

Salomón

La sucesión de David se narró con dramatismo e incertidumbre, y finalmente la realeza recayó en un hijo que David tuvo con Betsabé. Solo dos salmos mencionan a Salomón en la superscripción. El primero, el Salmo 72, aparece al final del Libro II, tras la mayoría de los salmos Davídicos en ese libro. Con la fuerte presencia de la voz Davídica al inicio del Salterio, algunos académicos han interpretado la ubicación editorial de este salmo como un "pase de estafeta" o transición a la siguiente generación y una afirmación del pacto Davídico.[14]

Como ocurre con la mayoría de las superscripciones, es difícil determinar si el salmo fue cantado "para" Salomón o "por" Salomón. La bendición al final del salmo, que menciona el final de las "oraciones de David", podría implicar que este salmo debe leerse como una oración de David por su hijo. Sin duda, el salmo ilustra el gobierno de un rey en la mejor luz posible:

> Oh Dios, da tu justicia al rey,
> y tu rectitud al hijo del rey.
> Que él juzgue a tu pueblo con justicia,

---

14. Gerald Wilson, "Uso de los Salmos Reales en las 'uniones' del Salterio Hebreo," *JSOT* 11 (1986): 88–89.

y a tus afligidos con equidad.
Que las montañas traigan bienestar al pueblo,
y las colinas justicia.
Que gobierne con justicia a los afligidos del pueblo.
Que salve a los hijos de los necesitados,
y aplaste al opresor. (Sal 72:1-4)

La preocupación en el Salmo 72 es por la Torá, tal como se vislumbraba para el rey en Deuteronomio 17.

El otro cántico de Salomón, el Salmo 127, recuerda al lector la asociación de Salomón con las tradiciones de sabiduría. La tradición ha relacionado tres libros canónicos y varios libros no canónicos de sabiduría con Salomón. Aunque el Salmo 127 forma parte de la colección de los "Cánticos de Ascenso," este canto de peregrinación, que podría haberse cantado en el camino a Jerusalén, parece una recopilación de proverbios:

Si Yahvé no edifica la casa,
en vano se esfuerzan los constructores.
Si Yahvé no cuida la ciudad,
en vano vigilan los guardias.
En vano madrugan y retrasan el descanso,
comiendo el pan de duro trabajo.
Así es como Dios da sueño a sus amados.
He aquí, los hijos son una herencia de Yahvé.
El fruto del vientre es una recompensa. (Sal 127:1-3)

No es sorprendente que un salmo de ascenso haga alusión al templo, o que un salmo de Salomón evoque recuerdos de David. Sin embargo, algo que se logra al presentar a Salomón en términos de David es que los salmos pueden pasar por alto u oscurecer los aspectos más difíciles de la vida de Salomón. Ciertamente, en la evaluación bíblica, Salomón ofrece ejemplos claros de un liderazgo deficiente.

El reinado de Salomón no se discute en los salmos. Sin embargo, su evaluación en la narrativa no es positiva. El resumen de su reinado puede parecer positivo si se evalúa bajo los estándares del éxito de la realeza en el antiguo Oriente Próximo.

El peso del oro que Salomón recibía cada año era de seiscientos sesenta y seis talentos. [...] Salomón reunió carros y caballos. Tenía mil cuatrocientos carros y doce mil caballos, y los colocó en las ciudades de los carros y con el rey en Jerusalén. El rey hizo la plata tan común en Jerusalén como las piedras, e hizo la madera de cedro tan abundante como los sicómoros en la Sefelá. (1 Reyes 10:14, 26-27)

[...]

El rey Salomón amó a muchas mujeres extranjeras, además de la hija del Faraón: Moabitas, Amonitas, Edomitas, Sidonias e Hititas. (1 Reyes 11:1)

Sin embargo, al comparar esto con las palabras de Deuteronomio que advierten sobre los malos reyes, el reinado de Salomón parece mucho menos positivo:

Tampoco deberá adquirir muchos caballos para sí mismo, ni hará que el pueblo regrese a Egipto para aumentar su caballería. Yahvé les ha dicho: "No deben volver jamás por ese camino." No deberá tomar muchas esposas, para que su corazón no se desvíe, ni acumular grandes cantidades de plata y oro para sí mismo. (Deuteronomio 17:16-17)

El texto en Deuteronomio parece ser una advertencia clara contra exactamente el tipo de rey que fue Salomón. El autor de 1 Reyes, enfrentando el exilio en Babilonia, incluyó estos detalles específicos del reinado de Salomón para invocar Deuteronomio en la mente del lector y ayudar a explicar los acontecimientos que llevaron al eventual exilio de la nación.

La astuta capacidad administrativa de Salomón contribuyó en gran medida a expandir la riqueza y el estatus internacional de Israel. Sin embargo, su sabiduría no se aplicó a la representación fiel de Yahvé ni a la administración de la Torá. Salomón estaba más preocupado por mejorar su propio estatus que el de Israel. Con el trabajo forzado impuesto por Salomón para sus proyectos de construcción, se parece más al Faraón que a un rey fiel de Israel.

Conclusión

Los salmos retoman el llamado de Deuteronomio: la responsabilidad del rey es hacia la Torá. Este compromiso y responsabilidad con la Torá se ve en el Salmo 72, donde el salmista ora para que el reinado del rey sea largo y celebrado debido a su compromiso con los marginados:

Porque él libra al necesitado que clama,
y al afligido que no tiene quien le ayude.
Se compadece del débil y del necesitado,

> y salva la vida de los menesterosos.
> De la opresión y de la violencia redime sus vidas,
> y su sangre es preciosa ante los ojos de Dios. (vv. 12-14)

En el Salmo 101, David ora para estudiar los caminos de justicia de Dios y vivir conforme a ellos. Como ya se ha visto, el compromiso con los marginados es un elemento clave de la Torá, y la aplicación de la Torá por parte del rey es importante en su evaluación.

> He considerado cuidadosamente tu camino intachable.
> ¿Cuándo vendrás a mí?
> Me he conducido con integridad de corazón en mi casa.
> No pondré delante de mis ojos cosa indigna.
> Aborrezco las acciones perversas;
> no serán parte de mí. (vv. 2-3)

Samuel ya había advertido al pueblo cómo serían los reyes en 1 Samuel 8:11-12:

> Y él dijo: "Estos son los juicios de un rey cuando gobierna sobre ustedes. Tomará a sus hijos y los pondrá en sus carros o sobre sus caballos para correr delante de sus carros. Designará jefes de mil y jefes de cincuenta. Y ciertamente ararán sus campos y cosecharán sus frutos. Fabricarán sus instrumentos de guerra y todos sus carros".

Estas decisiones no resultan tan sorprendentes. Normalmente se asocia la realeza con poder absoluto y privilegio. Sin embargo, Yahvé esperaba que Israel tuviera una actitud diferente hacia la monarquía. El rey no debía estar exento de la Torá. De hecho, Deuteronomio ordena que la Torá sea copiada y leída en presencia del rey. La monarquía no otorgaba al rey privilegios especiales. Al contrario, la monarquía era simplemente otro medio por el cual la Torá podía llegar al mundo. Si el rey no honraba ese llamado, su legado no continuaría.

Preguntas para Profundizar

1. ¿En qué se contrapone el concepto de "realeza" que se entiende generalmente con el concepto bíblico de "realeza"?

2. Dios parece estar en contra de la realeza humana en 1 Samuel, pero varios textos en la Historia Deuteronomista y en los Salmos muestran a Dios celebrando la realeza humana. Jesús le dice a Poncio Pilato que su reino no es de este mundo, pero Dios le dijo a Moisés en Deuteronomio 17 que los reyes humanos deben conformarse a la Torá. A la luz de todo esto, ¿cuál es la postura de Dios respecto a la realeza? ¿Tiene Dios una forma de gobierno humano preferida?

3. ¿Qué nos dice la evaluación bíblica sobre lo que hace a un "buen rey" y lo que hace a un "mal rey" respecto a las evaluaciones contemporáneas del liderazgo, la riqueza y el poder corporativo?

4. La Narrativa de Sucesión muestra que el reinado de David no fue pacífico. ¿Por qué se considera a David como el modelo de realeza? ¿Debería serlo?

5. Samuel advirtió al pueblo sobre lo explotador que sería un rey, pero aun así el pueblo insistió en que quería un rey como las demás naciones. ¿Por qué? ¿Qué hay detrás de esta sumisión desesperada a la presión social?

Profetas

Soy el enemigo de la traición—el enemigo de la discordia / Soy el enemigo de la vida sin sentido y no vivida / No soy un falso profeta—simplemente sé lo que sé / Voy donde solo los solitarios pueden ir...

—Bob Dylan, "False Prophet,"
Rough and Rowdy Ways

Salmos y Profetas

Cuando los reyes empezaron a creer en su propia fama y gobernar de la manera que les parecía correcta, los profetas comenzaron a aparecer en mayor número para ofrecer un testimonio contrario. En contraste con la responsabilidad principal de un sacerdote, que era asegurar que el pueblo fuera aceptable ante Dios, la responsabilidad principal del profeta era llevar la palabra de Dios al pueblo. Esa palabra era a menudo pronunciada directamente ante el poder real, aunque sería una simplificación excesiva decir que el profeta tenía solo un distrito electoral. Además de abogar por el camino de Dios ante el pueblo, el profeta a menudo sentía la necesidad de interceder directamente por el pueblo ante Dios. Los profetas se encontraban en la brecha entre lo divino y la humanidad—un lugar solitario y frustrante.

Muchos de los cánticos del Salterio fueron primero recopilados y usados en la liturgia del templo por los sacerdotes. Sin embargo, el grupo sacerdotal era a menudo supervisado directamente—a veces, sería justo decir "controlado"—por la monarquía en Jerusalén. Un palacio real formaba parte del complejo del templo en Jerusalén desde su construcción inicial y a lo largo de su historia. La proximidad real a los sacerdotes puede ayudar a explicar por qué el lenguaje de la realeza es común en los Salmos y por qué ese lenguaje no se limita a la "realeza de Dios." Dado que los reyes eran tan a menudo el objetivo del descontento de Dios—y por lo tanto del profeta—uno podría no esperar muchos mensajes proféticos desafiantes en los Salmos. Además, dado que los salmos en sí mismos son primero "palabras *para* Dios," uno podría esperar que el discurso profético sea difícil de encontrar en el libro, ya que el discurso profético es por definición "palabras *de* Dios." Por lo tanto, no es sorprendente que la palabra más común para "profeta" solo aparezca tres veces en el libro de los Salmos, una vez en una superscripción y una vez en el cuerpo de dos salmos individuales. Sin embargo, los diferentes contextos de cada una de estas ocurrencias ofrecen una visión sobre la naturaleza del discurso profético.

Hablar con la Verdad al Poder

La primera aparición de la palabra "profeta" se encuentra en la super-scripción del conocido Salmo 51. Esta superscripción brinda un vistazo a quizás la responsabilidad más difícil del profeta: decir la verdad al poder. La superscripción informa al lector que el contexto narrativo de este salmo es: "Cuando el profeta Natán vino a David, después de que él tuvo relaciones sexuales con Betsabé." Dentro de la narrativa de 2 Samuel, la historia de la violación de Betsabé por David es un error del cual su reinado nunca se recuperó. Después de este pecado, David y su casa enfrentaron numerosos desafíos: el asesinato de Urías por David, la violación de la hija de David, Tamar, por su medio hermano Amnón, el asesinato de Amnón por el hermano de Tamar, Absalón, la insurrección de Absalón y el asesinato de Absalón por el leal general de David, Joab.

En 2 Samuel 12, Dios llama a Natán para confrontar al rey por cometer, en esencia, el pecado más común al que los reyes sucumbían: usar la posición y el poder para el deseo personal en lugar de utilizarlo para el bien del pueblo. Es probable que el profeta Natán fuera un "profeta de la corte" con acceso directo al rey. Los profetas de la corte eran profetas profesionales en otras partes del antiguo Oriente Próximo, y es probable que Israel tuviera una función similar. Los profetas de la corte recibían un salario del gobierno y servían como asesores especiales del rey.[1] Sin embargo, confrontar a un rey sobre un asunto como el pecado de David era una excelente manera para que un asesor real se convirtiera en un "asesor real encarcelado" o incluso un "asesor real muerto."

---

1. Los arqueólogos encontraron un gran depósito de documentos en cuneiforme en el antiguo sitio de Mari, en el Cercano Oriente, que datan de varios siglos antes del texto bíblico. Estos documentos muestran la existencia de una oficina para "profetas" profesionales. Véase Martti Nissinen, *Prophets and Prophecy in the Ancient Near East (Profetas y profecía en el Antiguo Cercano Oriente)* (Atlanta: Society of Biblical Literature, 2003).

En el texto de 2 Samuel, Natán acepta este llamado y aborda el asunto con sabiduría y diplomacia. Como resultado, David reconoce su error y se arrepiente. Desafortunadamente, la historia de Natán es una excepción. Mucho más frecuentemente, los profetas eran ignorados, golpeados, arrestados o asesinados—o una combinación de las cuatro—por reyes que no aceptaban la corrección tan bien como David. En 1 Reyes 26, el rey Acab del reino del norte encarceló al profeta Micaías ben Imlá por "nunca profetizar nada favorable sobre mí, sino solo desgracias" (v. 18). En 2 Crónicas 24, bajo el reinado del rey Joás de Judá (finales del siglo IX a.e.c.), el profeta Zacarías ben Joyadá tuvo un final aún más desafortunado:

> El espíritu de Dios revistió a Zacarías, hijo de Joyadá, el sacerdote. Él se puso de pie frente al pueblo y les dijo: "Así dice Dios: '¿Por qué pasan por alto los mandamientos de Yahvé? Esto no los hará prosperar. Han rechazado a Yahvé, y por eso Yahvé los rechazará a ustedes.'" Entonces lo ataron y, siguiendo la orden del rey, lo apedrearon en el patio de la casa del Señor. (vv. 20-21)

Escenas-Tipo

Las escenas-tipo son relatos que comparten una estructura narrativa común. En la Biblia se utilizan varias escenas-tipo. La escena-tipo del "hallazgo de una esposa" era frecuente entre los antepasados y en épocas posteriores. Los llamados proféticos también siguen una fórmula conocida:

1. Teofanía: Dios o el representante de Dios se aparece.
2. Palabra introductoria: El profeta es saludado y se le anima a no temer.
3. Comisión: Se le comunica al profeta la misión.
4. Objeción: El profeta presenta una objeción a la misión.
5. Reafirmación: Dios ofrece una reafirmación o un contraargumento ante la objeción.
6. Señal: Se ofrece una señal como evidencia para la fe.

En las escenas-tipo, no es necesario que existan todos los elementos, pero normalmente hay suficientes para contar la historia. Un llamado profético específico puede no incluir todos los elementos mencionados aquí; sin embargo, la "Objeción" es lo suficientemente común como para parecer un elemento universal. Nadie que comprendiera el trabajo de un profeta deseaba realmente el trabajo de profeta.

Esta misión profética común—"Decirle a la Persona que Tiene el Poder de la Vida y la Muerte sobre Ti que Está Equivocada"—explica por qué el "tipo de escena del llamado profético" siempre incluye una "objeción al llamado." Nadie que fue llamado a ser profeta deseaba realmente serlo. Los llamados de Miqueas, Natán y Zacarías hijo de Joyadá son ejemplos que ilustran el motivo.

Otros profetas en el texto bíblico pudieron haber sido profetas de la corte, como Natán, quien tuvo el valor de decir verdades incómodas al poder. De hecho, se sugiere que el profeta Isaías también encaja en este modelo. Mientras que muchos de los profetas en el antiguo Oriente Próximo recibían un salario del gobierno, la mayoría de los profetas bíblicos parecen provenir de fuera del liderazgo político y religioso, lo cual podría explicar por qué enfrentaron tanta resistencia. Con pocas excepciones, los profetas de la corte eran más comúnmente los "falsos profetas," quienes simplemente afirmaban cualquier cosa que el rey deseara.

Una característica común de la verdadera predicación profética es su disposición a desafiar al liderazgo y a la tradición. Los profetas de la Biblia nunca permitieron que Yahvé fuera domesticado dentro de una comprensión teológica fija. ¡Cada vez que los reyes lo intentaban, Yahvé tomaba el lado opuesto! En uno de los pasajes más escandalosos de la Biblia, Jeremías sugiere que Yahvé no está del lado del rey de Judá. El rey de Judá se identificaba como descendiente de David, líder del pueblo escogido que Dios sacó de Egipto, y vecino directo de la casa de Dios en Jerusalén. Jeremías dejó claro que este linaje no importaba porque el rey militarista y politeísta de Babilonia, Nabucodonosor, en realidad era el siervo de Yahvé y no de Marduk, el dios de Babilonia.

> Por lo tanto, el Comandante Supremo Yahvé dice: "Porque no han obedecido mis palabras, ahora, yo envío a todas las tribus del norte, declara Yahvé, y a mi siervo, el rey de Babilonia—Nabucodonosor. Los traeré contra esta tierra y contra sus habitantes y contra todas las naciones vecinas, y las convertiré en motivo de horror y burla—una desolación eterna." (Jer 25:8-9)

Debido a que el pueblo de Dios no vivió como el pueblo de Dios, el profeta dice que ¡Dios ha cambiado de bando! El juicio sobre Judá vendrá de la mano de Babilonia. Es fácil entender por qué la mayoría de los profetas nunca llegó a la jubilación.

Un mensaje tan desafiante era difícil de aceptar para cualquiera. Incluso el profeta Habacuc luchó por comprender cómo era justo que "Dios estuviera del lado de los malos":

> ¿No eres tú de antaño, Yahvé, mi Dios, mi Santo? ¡No moriremos!
> ¡Yahvé, tú los has puesto para juicio?!
> ¡Oh Roca, los has establecido para reprendernos?! (Hab 1:12)

La respuesta de Dios a Habacuc no logrará satisfacer a la mayoría de las personas:

> Contempla al orgulloso.
> Su alma no es recta dentro de él.
> Pero el justo vivirá por su fe. (Hab 2:4)

El mensaje de Dios era que eventualmente Babilonia sería juzgada, pero hasta entonces, la persona justa simplemente tendría que confiar en Dios. Los caminos de Dios eran desafiantes, incluso para los fieles.

La política no era el único objetivo de este tipo de replanteamiento. Los profetas también ampliaron las ideas teológicas cuando estas se volvían demasiado estrechas. El "Día de Yahvé" o Día del Señor era una expectativa algo escatológica que existía en la conciencia del pueblo a lo largo de la historia de Israel. La gente creía que el Día de Yahvé sería el día en que Yahvé aparecería y destruiría a todos los enemigos de Dios. Para las personas, era sencillo aplicar la propiedad transitiva y decir: "Ese es el día en que Dios destruye a los enemigos divinos. Nosotros somos el pueblo de Dios. Debe ser el día en que Dios destruye a nuestros enemigos."

Los profetas tomaron esta verdad teológica aceptada y la voltearon completamente:

> ¡Ay de los que desean el Día de Yahvé!
> ¿Qué crees que será el Día de Yahvé para ti?
> Es un día de oscuridad, no de luz.
> Como si alguien huyera de un león y se encontrara con un oso,
> y llegara a una casa y apoyara su mano en la pared,
> y lo mordiera una serpiente.
> ¿Acaso no sabes que el Día de Yahvé es oscuridad y no luz—
> tinieblas sin ningún resplandor? (Amós 5:18-20)

Amós confrontó al pueblo con una realidad inquietante. El Día de Yahvé bien podría ser el día en que Dios destruya a todos los enemigos de lo divino. Desafortunadamente para Israel, ellos mismos se han hecho enemigos de lo divino. Este tipo de predicación profética escandalosa generaba crisis existenciales para el pueblo, por lo que a menudo era respondida con violencia contra el profeta.

Dando Palabra para el "Ahora," no para el "Entonces"

La segunda mención explícita de la palabra "profeta" en los salmos ocurre en el Salmo 74, y esta aparición ayuda a corregir un malentendido común sobre los profetas bíblicos. En la comprensión cultural contemporánea, los "profetas" funcionan más como adivinos. Profetas excéntricos ofrecen pronósticos vagos e imprecisos sobre un futuro lejano que contienen pistas de un mensaje que personas décadas o siglos después pueden interpretar y descifrar para su propio contexto. Sin embargo, este tipo de profeta contrasta fuertemente con la predicación profética de la Biblia. Un profeta bíblico predicaba a su audiencia inmediata, y su mensaje rara vez era difícil de entender. De hecho, la gente comprendía claramente lo que los profetas querían decir con su predicación, y los profetas sufrían por ello.

El Salmo 74 es un lamento comunitario que expresa el dolor por la destrucción del templo y la realidad del exilio para el pueblo de Judá. El versículo 9 muestra al salmista anhelando la presencia de un profeta, no para dar números de la lotería o advertir sobre catástrofes que ocurrirán siglos después, sino para proporcionar un mensaje para el presente:

> No vemos nuestras banderas.
> Ya no hay profeta,
> y nadie sabe cuánto tiempo durará esto.
> ¿Hasta cuándo, oh Dios?
> ¿Hasta cuándo el enemigo se burlará,
> y el adversario despreciará tu nombre?
> ¿Será para siempre? (vv. 9-10)

La comunidad necesitaba una respuesta a la pregunta "¿hasta cuándo?"—¿hasta cuándo Dios esperaría para liberarlos, cuánto tiempo más su oración quedaría sin respuesta, cuánto tiempo más su enemigo parecería victorioso? Para responder esa pregunta, necesitaban un profeta que pudiera comunicar la respuesta de Dios.

El salmista comprendía el papel del profeta y la inmediatez de su predicación. La mayoría de los oráculos proféticos en el Antiguo Testamento se enfocaban en el presente, pero cuando el profeta hablaba sobre el futuro, solía sonar más como "antes de que termine este año...", "antes de que mi hijo cumpla dos años...", o "antes de que mi hijo cumpla doce años..." que como "dentro de mil años...". Un profeta bíblico hablaba palabras dirigidas a las personas que tenía frente a él, de manera similar a como un predicador contemporáneo adapta su mensaje para la congregación presente. ¡Imaginen lo extraño que sería escuchar un mensaje que no tuviera relevancia para el oyente, sino que estuviera dirigido a los tataranietos del oyente!

Las predicciones y mensajes de los profetas bíblicos sobre el futuro tenían relevancia para la audiencia contemporánea del profeta. El profeta constantemente enfrentaba múltiples realidades al mismo tiempo. La predicación del profeta respondía a "lo que ahora es," "lo que ahora pudiera ser" y "lo que el futuro será."

Cuando los profetas bíblicos hablaban acerca del final que Dios tenía previsto para la tierra, estas profecías escatológicas tenían aplicación en su propio tiempo. La visión del futuro que Dios mostraba tenía el propósito de inspirar un cambio de conducta en las personas próximas al profeta. El profeta esperaba que al ver "lo que será" se transformara "lo que es" en "lo que podría ser." Si el profeta hablaba sobre un futuro que ocurriría durante la vida del oyente o acerca de la realidad del fin de los tiempos—cuyas implicaciones deberían influir en la manera en que el oyente vive ahora— cada palabra profética tenía una aplicación contemporánea.

Afortunadamente, esta preocupación por el futuro inmediato permitía que las predicciones de un profeta fueran evaluadas con relativa rapidez, y la confiabilidad del profeta podía conocerse poco tiempo después de que sus palabras fueran pronunciadas. Esta evaluación rápida era afortunada porque Israel no contaba con ningún otro sistema aprobado para determinar si una palabra profética era verdadera—más allá de si esa palabra profética se cumplía.[2] Una predicción verdadera significaba que el profeta era un verdadero profeta. Una predicción falsa significaba que el profeta era un falso profeta. Deuteronomio 18 explica este estándar:

---

2. Otras culturas solían utilizar la adivinación para evaluar la veracidad de los oráculos proféticos. En su opinión, la adivinación era la prueba objetiva y científica para la palabra profética.

"¿Pero qué hay de Jesús?"

Cada vez que un Cristiano habla sobre el discurso profético en el Antiguo Testamento, invariablemente la conversación se dirige hacia Jesús. Históricamente, la apologética Cristiana ha vinculado la interpretación de los textos proféticos del Antiguo Testamento con una predicción del Mesías en el Nuevo Testamento. La Septuaginta fue la Biblia de la iglesia primitiva, y tradujo la palabra Hebrea para "ungido" al Griego como "ungido", que en Inglés se angliciza como "Cristo." La referencia en un texto profético a la venida del "ungido" proporcionó a los autores del Nuevo Testamento escrituras para citar en apoyo de "Jesús el Mesías", o Jesucristo.

Sin embargo, incluso las predicciones mesiánicas del Antiguo Testamento estaban enmarcadas dentro de la vida del propio profeta. Miqueas 5:2-5a se cita frecuentemente durante la Navidad, ya que Mateo 2:6 la utiliza en la discusión sobre el nacimiento de Jesús:

> Pero tú, Belén, te haré fructífera. Aunque eres pequeña entre las familias de Judá, de ti saldrá alguien que gobernará sobre Israel—alguien cuyos orígenes son de tiempos antiguos, de días remotos. Así que los entregaré hasta el momento en que la que está de parto dé a luz, y el resto de sus hermanos vuelva para reunirse con los hijos de Israel. Él se mantendrá firme y pastoreará con el poder de Yahveh, con la grandeza del nombre de Yahveh su Dios. Y ellos vivirán seguros porque él será grande. Este será la paz...

Al leer el oráculo completo, se observa que el profeta esperaba que el Mesías venidero, nacido en Belén, proporcionara liberación del imperio Asirio, la principal amenaza para la existencia de Judá en la época de Miqueas:

> ...cuando Asiria invada nuestra tierra y pise nuestros palacios. Levantaremos contra ellos siete pastores, hasta ocho gobernantes del pueblo. Ellos gobernarán la tierra de Asiria con espada y la tierra de Nimrod en sus puertas. Nos librarán de los asirios cuando entren en nuestra tierra y pisen nuestro territorio. (Miq 5:5b-6)

Cuando los escritores del Nuevo Testamento citan textos del Antiguo Testamento años después, reflejan convenciones interpretativas del siglo I que no consideraban importante el contexto original para construir un argumento. Por eso el libro de Santiago utiliza "Abraham creyó a Dios, y le fue contado por justicia" para demostrar la justificación por obras, y Pablo usa el mismo versículo para mostrar la justificación por gracia. Ninguno está equivocado, pero su uso de las Escrituras es diferente al de los lectores contemporáneos. Como resultado, el antiguo profeta fue inspirado para ofrecer un mensaje relevante para la audiencia de su época, sin saber que pequeñas partes de ese mismo mensaje podrían tener aplicación para los autores del Nuevo Testamento siglos después.

Y si te preguntas: "¿Cómo sabremos que una palabra no ha sido hablada por Yahvé?" Todo lo que un profeta hable en nombre de Yahvé—si no sucede o la palabra no se cumple, entonces Yahvé no lo ha hablado. El profeta lo ha hablado con presunción. No le tengas miedo. (vv. 21-22)

Por supuesto, "si la cosa sucede" pudiera ser demasiado tarde para quien intenta decidir si debe escuchar a un profeta. Para superar esa dificultad, en ocasiones los profetas ofrecían "señales" para palabras proféticas difíciles. Las señales pueden dar énfasis a la palabra o acción de Dios. En el caso del discurso profético, las señales ilustran las palabras o acciones de Dios y confirman que el profeta está transmitiendo una verdadera palabra del Señor. Cuando uno ve la señal, sabe que la palabra pronunciada es verdadera.

En 2 Reyes 20:8-10, Ezequías quiere creerle a Isaías cuando éste le promete que Dios lo sanará, pero también desea una confirmación. Dios le ofrece una señal astronómica para confirmar la palabra de Isaías. Ezequías también es el destinatario de lo que podría ser la señal más inusual y efectiva en el texto bíblico, cuando el profeta Isaías predica desnudo durante tres años como señal de que Ezequías no debe rebelarse contra el rey de Asiria, como lo habían hecho Egipto y Etiopía:

> En ese momento, la palabra de Yahvé vino a Isaías, hijo de Amoz, diciendo: "Ve, quítate el cilicio de la cintura y las sandalias de tus pies," y él lo hizo, caminando desnudo y descalzo. Yahvé dijo: "Así como mi siervo Isaías ha caminado tres años desnudo y descalzo como señal y prodigio contra Egipto y Etiopía, así el rey de Asiria llevará a los cautivos egipcios y a los prisioneros etíopes—jóvenes y ancianos—desnudos y descalzos, con las nalgas descubiertas, mostrando la vergonzosa desnudez de Egipto." (Isaías 20:2-4)

Como reveló el profeta Isaías, la predicación profética no se limitaba a las palabras. También se manifestaba en la vida de los profetas. Las "ilustraciones del sermón" se reflejaban en sus vidas: Jeremías llevó un yugo mientras predicaba (Jeremías 28); Oseas fue llamado a casarse con una prostituta (Oseas 1); y Ezequiel comió un rollo y simuló una guerra, entre otras acciones creativas (Ezequiel 2–7). La predicación profética iba mucho más allá de lo que se decía.

Hablar una Palabra, Solo para Ser Escuchada Después

La tercera mención explícita de los profetas en los Salmos ya ha sido discutida. En el Salmo 105:15, la palabra "profeta" se asocia con Abraham, Isaac y Jacob. El término se usa en paralelo con una palabra normalmente asociada con los reyes, "mashiaj [mesías]" o "ungido". Esta referencia es peculiar, ya que los patriarcas no suelen considerarse "profetas" o "mesías" en los relatos sobre ellos, aunque Dios llama profeta a Abraham en Génesis 20, cuando ordena a Abimelec devolver a Sara a Abraham: "Ahora devuelve la esposa al hombre porque él es profeta, y orará por ti para que vivas. Pero

> ### ¿Cómo le Habla lo Divino a los Profetas?
>
> En el antiguo Oriente Próximo, las personas conocían varios tipos diferentes de fenómenos proféticos. A veces, los dioses tomaban la iniciativa y hablaban al profeta a través de visiones o sueños. Si los dioses guardaban silencio, sus preocupaciones podían buscarse de maneras más sobrenaturales por parte de profesionales que utilizaban técnicas como la necromancia y la adivinación. Aunque estos dos métodos para buscar una palabra divina están explícitamente prohibidos por el texto bíblico, el Dios de Israel tiene la libertad de actuar como Yahvé quiera, y Dios le proporciona una palabra al rey Saúl al final de su vida a través de una necromante en Endor, según 1 Samuel 28. La tradición bíblica también permitía "echar suertes" para buscar la voluntad divina. Aunque esto podría parecer peligrosamente cercano a la "adivinación" para la mentalidad moderna, para el creyente antiguo, que no entendía ninguna separación entre lo "natural" y lo "sobrenatural," echar suertes era un método objetivo y sancionado por Dios para recibir confirmación divina cuando no se quería dejar una decisión al azar.
>
> En la mayoría de las tradiciones del antiguo Oriente Próximo, el acto de adivinación se consideraba una evaluación objetiva de la palabra profética. Los sueños y visiones no se entendían como mandatos infalibles o absolutos de los dioses. Después de que un profeta pronunciaba una palabra profética para el rey, los profetas solían entregar una muestra de cabello y de vestimenta para acompañar la palabra profética.[†] El rey entonces buscaba verificar esa palabra profética mediante el acto de adivinación. Si la adivinación confirmaba la palabra profética, todo estaba bien. Si la adivinación contradecía al profeta, entonces el profeta era identificado y castigado adecuadamente por tergiversar a los dioses y tentar al rey.
>
> [†] Para ejemplos, véase Martti Nissinen, "*Profetas y templos*", *Profecía antigua: Perspectivas del Oriente Próximo, bíblicas y griegas* (Oxford Academic, 2017), pp. 211–213.

si no la devuelves, sabe que ciertamente morirás—tú y todos los que están contigo" (Génesis 20:7). Aunque Dios parece conocer el estatus profético de Abraham, la gente no lo reconoce hasta los salmos. Esto ilustra otra característica de los profetas: su llamado a menudo solo se reconocía mucho tiempo después.

Durante la vida de Jeremías, sus mensajes fueron ignorados y despreciados. Fue golpeado, encarcelado y amenazado de muerte. La mayoría de los profetas contemporáneos—incluidos ciertamente aquellos que recibían salario del gobierno—apoyaban al rey, y a corto plazo, probablemente les iba bastante bien. Sólo después de la destrucción de Jerusalén y la realidad del exilio, cuando se demostraron ciertas las advertencias de Jeremías, la gente ya no pudo negar que él era el verdadero profeta y que sus contemporáneos no lo eran.

El Discurso Profético Encarnado en los Salmos

Aunque hay una escasez de menciones proféticas explícitas en los Salmos, no debe inferirse que el discurso profético esté ausente. Si bien el discurso profético en los Salmos no se presenta con la fórmula tradicional de "Así dice Yahvé" ni con el nombre de un profeta, las oraciones del salmista a menudo reflejan preocupaciones proféticas. Además, al igual que las palabras pronunciadas por los profetas, en los salmos ocasionalmente aparece el discurso directo de Dios. Así como la palabra profética se encarnaba en la vida del profeta, el discurso profético a menudo se encarna en el lenguaje de los salmos.

La voz profética del Salterio se asemeja a la voz profética presente en otras partes de la Biblia Hebrea. Sus mensajes se dividen en las mismas dos categorías que el discurso profético tradicional: visiones escatológicas y advertencias proféticas. Los oráculos escatológicos se centran en el fin de los tiempos, cuando la realidad total de Dios finalmente se manifiesta en este mundo. Las advertencias proféticas, que constituyen la mayoría del discurso profético, ofrecen evaluaciones contemporáneas y advertencias sobre el comportamiento de Israel.

"Lo que Pudiera Ser": La Esperanza de la Profecía Escatológica

La escatología se ocupa de las "últimas cosas." La palabra significa "el estudio del fin." Cuando las personas piensan en el fin del mundo, generalmente lo hacen en términos que recuerdan la conversación al final de la película Los Cazafantasmas (*Ghostbusters*, 1984): "¡Fuego y azufre cayendo del cielo! ¡Ríos y mares hirviendo!... ¡Cuarenta años de oscuridad! Terremotos, volcanes... Los muertos levantándose de sus tumbas... Sacrificio humano, perros y gatos viviendo juntos: ¡HISTERIA MASIVA!"

Aunque esas imágenes no son poco comunes en los relatos "apocalípticos" (aparte de los perros y gatos conviviendo), no necesariamente representan los textos escatológicos. Los textos apocalípticos son escatológicos, pero los textos escatológicos no son necesariamente apocalípticos. De hecho, muchos textos escatológicos son oráculos bellos y llenos de esperanza, que imaginan lo que podría ser si el mundo se comprometiera con lo divino.

El Salmo 96 es un ejemplo de un texto escatológico (pero no apocalíptico), ya que mira con gran anticipación hacia el fin de los días, cuando Yahvé finalmente será adorado por todas las familias de todos los pueblos de la tierra, y todas las naciones finalmente confesarán a Yahvé como rey.

> ¡Den gloria a Yahvé, todas las familias de la tierra!
> ¡Den gloria y poder a Yahvé!
> ¡Den a Yahvé la gloria debida a su nombre!
> ¡Traigan una ofrenda y entren en sus atrios!
> ¡Adoren a Yahvé con santidad y hermosura!
> ¡Que toda la tierra tiemble ante él!
> Digan entre las naciones: "¡Yahvé reina!
> El mundo está afirmado y no será conmovido.
> Dios juzgará a los pueblos con equidad." (vv. 7-10)

Es un final optimista compartido por el oráculo en Miqueas 4:1-4 y su paralelo en Isaías 2:2-5:

> En el futuro, el monte de la casa de Yahvé será establecido como el más importante de los montes. Será elevado por encima de las colinas, y los pueblos acudirán a él en multitud. Muchas naciones vendrán y dirán: "Vengan, subamos al Monte de Yahvé y vayamos a la casa del Dios de Jacob, para que Dios nos enseñe el camino divino y para que podamos andar por la senda divina, porque la Torá saldrá de Sion, y la palabra de Yahvé desde Jerusalén. Dios juzgará entre muchos pueblos y tomará decisiones para naciones poderosas y lejanas, y ellos convertirán sus espadas en arados y sus lanzas en hoces de podar. Nunca más se levantará nación contra nación con espada. Nunca más aprenderán la guerra. Más bien, cada persona se sentará bajo su propia vid y bajo su propia higuera. Nadie les causará temor, porque lo ha hablado la boca del Comandante Supremo Yahvé. Aunque todos los pueblos sigan cada uno el nombre

de su dios, nosotros—nosotros seguiremos el nombre de Yahvé nuestro Dios por siempre." (Miq 4:1-4)

La promesa de una paz eterna que se hace realidad en la tierra también se comparte en otros salmos:

> Vengan y vean las obras de Yahvé,
> quien ha puesto devastación en la tierra.
> El que pone fin a las guerras hasta los confines de la tierra.
> Dios romperá el arco, quebrará la lanza y quemará el escudo en el fuego.
> Quédense quietos y reconozcan que yo soy Dios,
> exaltado entre las naciones y exaltado en la tierra.
> El Comandante Supremo Yahvé está con nosotros.
> El Dios de Jacob es nuestro refugio. (Sal 46:8-11)

La defensa de Israel por parte de Dios proporciona protección y seguridad absolutas. En verdad, la protección de Dios es tan segura que las puertas de la ciudad pueden abrirse. En un mundo donde la guerra de asedio era una realidad constante, "puertas abiertas" simbolizan poderosamente confianza y seguridad.

> En ese día, sin duda se cantará este canto en la tierra de Judá:
> "Tenemos una ciudad fuerte. La salvación ha sido puesta como muros y baluartes.
> Abran las puertas para que entre una nación justa—una que es digna de confianza.
> Tú mantienes en paz al corazón firme. En paz porque confía en ti.
> Confíen en Yahvé por siempre, porque en Yahvé—Yahvé—se encuentra una roca eterna." (Is 26:1-4)

La victoria escatológica de Dios viene con Dios entronizado como rey sobre todas las naciones:

> Yahvé reina sobre las naciones.
> ¡Dios se sienta en un trono santo!
> Los príncipes de los pueblos se reúnen como el pueblo del Dios de Abraham,
> porque los escudos de la tierra pertenecen a Dios.
> Dios está verdaderamente exaltado. (Sal 47:8-9)

Incluso los salmos clasificados como lamentos expresan momentos de confianza y esperanza con elementos proféticos escatológicos que suenan como oráculos proféticos, como en el Salmo 22:27-31:

> Todos los confines de la tierra recordarán y volverán a Yahvé.
> Y todas las familias de las naciones adorarán delante de él.
> Porque el dominio pertenece a Yahvé.
> Dios gobierna las naciones.
> Los prósperos de la tierra comerán y se postrarán ante Dios—
> todos los que bajan al polvo y no pueden mantenerse con vida.
> Sus descendientes servirán a Dios.
> Las generaciones contarán las historias del Todopoderoso.
> Vendrán y anunciarán la justicia de Dios por siempre,
> a la siguiente generación, por lo que Dios ha hecho.

Mientras que algunos oráculos miran hacia el futuro último e ideal cuando todas las promesas de Dios se hayan realizado para todo el mundo, a veces el fin, para el profeta y el salmista profético, es lejano pero no tan distante como el fin de los tiempos. Algunos oráculos "escatológicos" miran hacia un futuro más cercano—aunque todavía por venir—cuando el pueblo de Dios encontrará la esperanza prometida en su vida de lucha. El oráculo del Día de Yahvé visto en Amós es un ejemplo de este tipo de oráculo. Estos oráculos a menudo se preocupan menos por el resto del mundo (excepto para traer juicio sobre los malvados) y más sobre una época cuando el pueblo de Dios será restaurado y ya no cometerá los errores que históricamente ha cometido.

> ¡Alaben a Yahvé! Qué bueno es cantar alabanzas a nuestro Dios.
> ¡Porque Dios es bondadoso, la alabanza es apropiada!
> Yahvé edifica Jerusalén.
> Dios reúne a los desterrados de Israel.
> El que sana el corazón quebrantado
> y venda sus heridas.
> El que cuenta las estrellas
> ¡y a todas les pone nombre!
> ¡Grande es nuestro Soberano en fuerza abundante!
>
> ¡No hay manera de cuantificar el entendimiento de Dios!
> Yahvé alivia a los humildes,
> y arroja a los malvados por tierra (Sal 147:1-6).

Este tipo de esperanza "escatológica cercana" es análoga a la que se encuentra al final de varios libros proféticos. Véase, por ejemplo, las últimas palabras de Sofonías:

> Mira, en aquel tiempo yo me encargaré de todos tus opresores, y salvaré a la coja y reuniré a la descarriada, y convertiré su vergüenza en alabanza y renombre en toda la tierra. En aquel tiempo yo los guiaré y los reuniré. Les daré fama y reconocimiento entre todos los pueblos de la tierra, cuando restaure su cautiverio ante sus propios ojos, dice Yahvé. (Sof 3:19-20)

En efecto, la restauración del pueblo es una esperanza escatológica cercana que comparten tanto los profetas como los salmos.

> Por lo tanto, así dice el Soberano Yahvé: Ahora haré volver a Jacob de su cautiverio y tendré compasión de toda la casa de Israel. Mostraré lealtad a mi santo nombre. La vergüenza de todas sus infidelidades que cometieron contra mí será perdonada. Vivirán seguros en su tierra y nadie los hará temer. (Ez 39:25-26)

La declaración confiada del salmista en el Salmo 10, que anticipa el juicio sobre los malvados y la restauración de los marginados, se asemeja mucho a la esperanza que el profeta Joel también anticipaba. Compáralos:

> Rompe el brazo del malvado y del perverso.
> Busca su maldad hasta que no la encuentres.
> ¡Yahvé es rey por siempre!
> Las naciones han sido destruidas de su tierra.
> Yahvé, tú has escuchado el deseo de los afligidos,
> has fortalecido su corazón inclinando tu oído.
> Para hacer justicia al huérfano y al oprimido,
> para que nadie en la tierra vuelva a aterrorizarlos. (Sal 10:15-18)

> Egipto será una desolación. Edom será un desierto desolado.
> Por la violencia cometida contra los hijos de Judá. Derramaron sangre inocente en su tierra. Pero Judá habitará para siempre, y Jerusalén de generación en generación. Limpiaré su sangre, la que no había limpiado, y Yahvé residirá en Sion. (Joel 3:19-21)

Dado que muchos de estos oráculos se centran en las consecuencias del exilio, la restauración de Jerusalén es un tema común. La restauración de la ciudad simboliza la esperanza y la paz que llegarán a todo el pueblo. Al igual que en el Salmo 147 y el profeta Joel, el profeta Ezequiel también visualiza una esperanza escatológica expresada en una ciudad de Jerusalén restaurada.

> Haré con ellos un pacto de prosperidad. Será un pacto eterno. Los estableceré y los multiplicaré. Pondré mi santuario en medio de ellos para siempre. Y será una morada entre ellos. Yo seré su Dios. Ellos serán mi pueblo. Entonces las naciones sabrán que yo—Yahvé—santifico a Israel, cuando mi santuario esté en medio de ellos para siempre. (Ezequiel 37:26-28)

En el libro de Ezequiel, la restauración y transformación de la ciudad será tan dramática que resultará en un cambio de nombre. La ciudad ya no se llamará Jerusalén, o "Ciudad de Paz." Pero en el versículo final del libro, en Ezequiel 48:35b, encontramos: "... el nombre de la ciudad desde ese día será: 'Yahvé está allí.'"

Antes de que Yahvé pueda habitar para siempre en esta "nueva" Jerusalén, el pueblo tendrá que ser transformado. El salmista en el Salmo 18 celebra la preparación de Dios para que Israel alcance la victoria definitiva, usando un lenguaje similar al de Miqueas. Compáralos:

> ¿Quién es Dios, sino Yahvé?
> ¿Y quién es roca, sino nuestro Dios?
> El Dios que me ciñe de fuerza,
> y quien hace perfecto mi camino.
> Hace mis pies como los de ciervo,
> y me da la capacidad de estar firme en las alturas. (Salmo 18:31-33)

> ¿Qué Dios hay como tú? Que perdona la iniquidad y pasa por alto la rebelión de los que quedan como herencia suya. Que no retiene su enojo para siempre, sino que se complace en mostrar amor fiel. Volverá a compadecerse de nosotros, y sepultará nuestras iniquidades. Arrojarás todos nuestros pecados a las profundidades del mar. Mostrarás fidelidad a Jacob, y amor leal a Abraham, como juraste a nuestros antepasados en tiempos antiguos. (Miqueas 7:18-20)

La misericordia y compasión de Dios son celebradas en los profetas y en los salmos, mientras el salmista espera la restauración definitiva del pueblo:

> Yahvé, fuiste favorable a tu tierra.
> Restauraste la fortuna de Jacob.
> Perdonaste la iniquidad de tu pueblo.
> Cubriste todos sus pecados.
> Apartaste todo tu enojo,
> y desististe de tu ira ardiente. (Salmo 85:1-3)

Y en Amós 9:

> Restauraré al pueblo de Israel de la cautividad, y ellos reconstruirán las ciudades en ruinas y habitarán en ellas. Beberán vino de los viñedos que planten. Comerán los frutos de los huertos que cultiven. Yo los plantaré, y nunca más serán arrancados de la tierra que les he dado, dice Yahvé tu Dios. (Amós 9:14-15)

La esperanza prometida no siempre tiene que ser escatológica, o siquiera "cercana a lo escatológico." De hecho, el Salmo 91 ofrece uno de los ejemplos en que Dios habla directamente en los salmos y promete rescate en tiempo real. Mientras que el resto del salmo está en tercera o segunda persona, al final, Dios habla directamente:

> Libraré al que está dedicado a mí.
> Exaltaré al que conoce mi nombre.
> Cuando me invoquen, les responderé.
> Yo mismo estaré con ellos en su angustia.
> Los rescataré y los honraré.
> Los saciaré con larga vida,
> y les mostraré mi salvación. (Salmo 91:14-16)

Al igual que el Salmo 91, la predicación profética termina en esperanza, y esa esperanza a menudo toma la forma de visiones de lo que podría ser si el pueblo de Dios finalmente llegara a ser el pueblo que Dios creó para que fueran. Los salmos comparten esa visión del "casi final" y del "verdadero final," así como la esperanza que es posible para quienes se comprometen con Dios. Desafortunadamente, "lo que podría ser" se enfrenta a "lo que es," lo que nos lleva al segundo, y más común, tipo de mensaje profético: la palabra de desafío profético.

¿Qué es el Desafío Profético?

Además de los oráculos escatológicos y los oráculos "escatológicos cercanos," los salmos también contienen discursos que recuerdan la predicación profética de "reprensión" más típica. En ocasiones, hay una superposición entre el mensaje profético y los salmos. Ambos comparten una fuerte reprensión contra la idolatría.

> Los ídolos de las naciones son plata y oro,
> obra de manos humanas.
> Tienen boca, pero no hablan.
> Ojos, pero no ven.
> Tienen oídos, pero no oyen.
> De hecho, no hay aliento en sus bocas.
> Y quienes los hacen serán como ellos,
> y todos los que confían en ellos. (Salmo 135:15-18)

Las referencias a la idolatría en los profetas son demasiado numerosas para enumerarlas exhaustivamente, pero Isaías ilustra bien los sentimientos de Dios sobre el tema:

> Todos los que hacen ídolos no son nada.
> Lo que desean no tiene valor.
> Sus testigos no pueden ver, ni pueden saber,
> por eso quedan avergonzados.
> ¿Quién formaría un dios
> o fundiría un ídolo que resulte inútil?
> Miren, todos sus asociados quedarán avergonzados.
> ¡Sus artesanos son humanos!
> Que se reúnan y se presenten.
> Todos se llenarán de pánico y serán avergonzados juntos. (Isaías 44:9-11)

Esta perspectiva también se encuentra en el Salmo 97:6-7:

> Los cielos proclaman la justicia de Dios,
> y todos los pueblos ven la gloria de Dios.
> Que sean avergonzados los siervos de los ídolos,
> los que alaban simples imágenes. ¡Todos los dioses se inclinan ante Dios!

Dos de los salmos históricos (Salmos 78 y 106) cuentan la misma historia que los profetas relatan. La idolatría era común en Israel, incluso hasta el punto de llegar al sacrificio humano a dioses falsos:

> Hicieron enojar a Dios con sus lugares altos
> y lo llenaron de celos con sus ídolos.
> Dios escuchó y se enojó,
> y rechazó totalmente a Israel. (Sal 78:58-59)

> Pero se mezclaron con las naciones,
> y aprendieron sus costumbres.
> Sirvieron a sus ídolos,
> lo cual se convirtió en una trampa para ellos.
> Sacrificaron a sus hijos
> y a sus hijas a los demonios.
> Derramaron sangre inocente,
> la sangre de sus hijos e hijas
> que sacrificaron a los ídolos de Canaán.
> La tierra se contaminó con sangre.
> Se contaminaron con sus acciones
> y se prostituyeron con sus hechos. (Sal 106:35-39)

> Porque han cometido adulterio y la sangre está en sus manos. Han cometido adulterio con sus ídolos, e incluso a sus hijos que me dieron, los ofrecieron como alimento para ellos. ¡Y aún más que esto! Me lo han hecho a mí. Han profanado mi santuario el mismo día que profanaron mi sábado. El mismo día—matando a sus hijos para sus ídolos y viniendo a mi santuario para contaminarlo. ¡Mira! Esto es lo que han hecho en medio de mi casa. (Ez 23:37-39)

Además de los temas compartidos, los salmos ofrecen en ocasiones discurso profético directo. De hecho, el Salmo 50 parece como si hubiera sido tomado de los mismos profetas. Aunque los salmos pueden carecer del indicador retórico "Así dice Yahvé," el lector no puede pasar por alto cuando es Dios quien comienza a hablar en vez del salmista (como en el Sal 91:14-16). El Salmo 50 es un excelente ejemplo de un discurso profético desafiante, pronunciado directamente por Dios:

> Escucha, pueblo mío, voy a hablar.
> Israel, voy a advertirte.
> Yo soy Dios, tu Dios.

No te reprendo por tus sacrificios
ni por tus holocaustos que están continuamente delante de mí.
No necesito un toro de tu establo
ni un chivo de tus rebaños.

Porque todo lo que vive en el bosque,
el ganado sobre mil colinas, es mío.
Conozco todas las aves de los montes
y todo lo que se mueve en el campo es mío. (vv. 7-11)

Este pasaje resuena con los mensajes proféticos del siglo VIII a.e.c. de Amós a Israel:

¡Odio, desprecio profundamente tus festividades sagradas!
Aunque ofrezcas holocaustos y ofrendas de cereal, no los aceptaré.
No miraré la ofrenda de paz de tus mejores animales.
¡Aleja de mí el ruido de tus cantos!
No escucharé las melodías de tus arpas.
¡Pero que el derecho fluya como las aguas,
y la justicia como un arroyo inagotable! (Amós 5:21-24)

También resuena con el mensaje de Isaías a Judá:

"¿De qué me sirven sus muchos sacrificios?", dice Yahvé. "Estoy harto de los holocaustos de carneros y de la grasa de animales engordados. La sangre de toros, corderos o machos cabríos no me agrada... Cuando extienden las manos, aparto de ustedes mi vista. Aunque multipliquen las oraciones, no las escucharé. Sus manos están llenas de sangre. ¡Lávense! ¡Purifíquense! Aparten de mi vista sus malas acciones. ¡Dejen de hacer el mal! Aprendan a hacer el bien. Busquen la justicia. Defiendan al oprimido. Hagan justicia al huérfano y aboguen por la viuda!" (Isaías 1:11, 15-17)

Tanto el texto de Isaías como el de Amós presentan un concepto común en los profetas: la idea de la justicia. El tema de la justicia ha surgido en las discusiones sobre la Torá y sobre la realeza. Debido a que el rey debe gobernar con justicia, la injusticia dentro del pueblo de Dios parece motivar la mayor parte de la predicación profética. También es una característica importante de los salmos. Frecuentemente, los salmos relacionan de manera natural la práctica de la justicia con la Torá:

> La boca del justo murmura sabiduría,
> y su lengua habla de justicia.
> La Torá de su Dios está en su corazón,
> y sus pasos no vacilan. (Salmo 37:30-31)

La justicia fue el tema del primero de los dos "Salmos de Salomón" en los Salmos:

> Oh Dios, concede tu justicia al rey,
> y tu rectitud al hijo del rey.
> Que él juzgue a tu pueblo con rectitud,
> y a tus afligidos con justicia.
> Que las montañas otorguen vidas prósperas al pueblo,
> y las colinas traigan rectitud. (Salmo 72:1-3)

Ni siquiera la influencia real que rodeaba los salmos fue suficiente para que los salmos ignoraran que los profetas tenían razón. Los reyes no estaban gobernando con justicia. En el Salmo 146, un salmo probablemente escrito después del exilio, tras que el salmista había visto las consecuencias de las decisiones de los reyes de Israel y Judá, el salmista ofrece reflexiones prácticas sobre el liderazgo político:

> No confíen en los príncipes, ni en los seres humanos,
> que no pueden traer salvación.
> Cuando su aliento se va, vuelven a la tierra,
> y ese día perecen sus planes.
> Dichosos aquellos cuya ayuda es el Dios de Jacob,
> cuya esperanza está en Yahvé su Dios.
> El que hizo los cielos y la tierra, el mar y todo lo que hay en ellos.
> El que permanece fiel para siempre.
> El que hace justicia a los oprimidos y da alimento a los hambrientos.
> Yahvé libera a los prisioneros. (Salmo 146:3-7)

No importa tu posición o tus conexiones—aun si son divinas (cf. Salmo 82)—el estándar para el liderazgo es la justicia. De hecho, después de rechazar a los líderes humanos en el Salmo 146, el salmo continúa mostrando cómo se ve un liderazgo efectivo, con un tono muy similar al pasaje de Isaías que Jesús seleccionó para resumir su llamado en Lucas 4. Compáralos:

> ... libera a los prisioneros.

> Yahvé da vista a los ciegos.
> Yahvé levanta al que está encorvado.
> Yahvé ama a los justos.
> Yahvé protege al extranjero.
> Dios sostiene al huérfano y a la viuda,
> y frustra el camino de los malvados. (Salmo 146:7b-9)

> El espíritu de Dios, Yahvé, está sobre mí porque Yahvé me ha ungido para llevar buenas noticias a los oprimidos y sanar a los de corazón quebrantado, para proclamar libertad a los cautivos y a los prisioneros. Para proclamar el año del favor de Yahvé y el día de la venganza de nuestro Dios. Para consolar a todos los que lloran... Extranjeros se levantarán y apacentarán tus rebaños, los hijos de extranjeros cultivarán tu tierra y cuidarán tus viñedos. Y ustedes mismos serán llamados sacerdotes de Yahvé y ministros de nuestro Dios. Consumirán la riqueza de las naciones y se gloriarán en su esplendor... Porque yo, Yahvé, amo la justicia. (Isaías 61:1-2, 5-6, 8a; citado por Jesús en Lucas 4)

La justicia es tan prevalente en los salmos y los profetas que sería impráctico citar todos los ejemplos de coincidencia.[3] Pero parece claro que la "voz profética" de los salmos es mucho más común de lo que uno podría esperar. De hecho, al encontrar versículos fuera de contexto, sería difícil saber de dónde provienen, ¿de un salmo o de un profeta?

> ¿Quién puede expresar adecuadamente las obras de Yahvé?
> ¿Quién puede dar a conocer todo lo que Dios ha hecho y es digno de alabanza?
> ¡Bendito quien guarda la justicia!
> Quien practica la rectitud en todo momento. (Salmo 106:2-3)

Un Dios Apasionado

El Dios de los profetas es un Dios profundamente emocional. Aunque las personas suelen sentirse más cómodas imaginando a un Dios imperturbable y desapasionado, que acepta judicialmente a quienes son declarados inocentes o castiga desapasionadamente a quienes son hallados culpables, esta caricatura tiene poca semejanza con el Dios de la Biblia. En Génesis 1, la humanidad es creada a imagen de Dios, y los seres humanos somos criaturas emocionales complejas. No debería sorprendernos descubrir que Dios

---

3. Los profetas utilizan la palabra "justicia" aproximadamente 145 veces, desde Isaías hasta Malaquías. Los salmos presentan 65 apariciones de la palabra por sí sola.

también es un ser emocionalmente complejo. En el Salmo 95, el discurso directo de Dios expresa una gama de emociones, desde súplica y frustración hasta aversión y enojo, según la propia admisión de Dios.

> ¡Hoy, si tan solo escucharan la voz de Dios!
> No endurezcan sus pensamientos como lo hicieron en Meribá,
> como en el día de Masá en el desierto.
> Cuando sus antepasados me pusieron a prueba y me pidieron señales,
> ¡cuando ya habían visto mis obras!
> Durante cuarenta años sentí aversión por esa generación,
> y dijo: "¡Este pueblo tiene una mente errante y no conoce mis caminos!
> Por eso juré en mi enojo: ¡No entrarán en mi descanso!" (Sal 95:7b-11)

Todos los profetas expresan este profundo "pathos" (sentimiento) de Dios, pero quizás ninguno muestra un rango tan amplio como Oseas. Oseas presenta a un Dios que manifiesta todas las emociones de una pareja herida en una relación. Desde la nostalgia por tiempos más felices al inicio de Oseas 11—

> Cuando Israel era niño, yo lo amé. Y de Egipto lo llamé.
> Cuanto más los llamaba, más se alejaban de mí. Ofrecían sacrificios a los Baales y quemaban incienso a los ídolos.
> Sin embargo, fui yo quien enseñó a Efraín a caminar, tomándolo en mis brazos.
> Pero ellos no reconocieron que yo los sanaba. Los atraje con lazos de ternura humana, con cuerdas de amor. Quité el yugo de su cuello y me incliné para alimentarlos. (Os 11:1-4)

—hasta el juicio destructivo que vendrá sobre ellos en medio del capítulo—

> Pero volverán a la tierra de Egipto,
> y Asiria los gobernará porque se niegan a arrepentirse.
> La espada recorrerá sus ciudades y acabará con sus adivinos.
> Los devorará por causa de sus malas intenciones.
> Mi pueblo está empeñado en alejarse de mí.
> Claman juntos al Altísimo,
> pero no serán enaltecidos. (Os 11:5-7)

—y finalmente, al arrepentimiento y la misericordia que Dios está dispuesto a mostrar por el poder de su amor divino:

> ¿Cómo podría abandonarte, Efraín, o entregarte, Israel? ¿Cómo podría dejarte como a Admá, o hacerte como a Zeboím? Mi corazón se conmueve dentro de mí, toda mi compasión se enciende. No desataré el ardor de mi ira, no destruiré a Efraín, porque yo soy Dios y no un ser humano. Yo soy el Santo en medio de ti, y no vendré con furia. (Os 11:8-9)

En solo nueve versículos, verdaderamente Dios revela la montaña rusa emocional de las rupturas. Aunque los salmos quizá no capten ese rango tan extremo, sí reflejan a un Dios apasionado que sufre por la desobediencia de su pueblo. Al igual que Oseas, el Salmo 81 presenta un discurso directo de un Dios emocional que oscila entre la ira—

> Pero mi pueblo no escuchó mi voz.
> Israel no me quiso.
> Así que los dejé libres según la terquedad de sus corazones,
> para que caminaran conforme a sus propios planes. (Sal 81:11-12)

y un profundo anhelo de que las cosas fueran mejores:

> Si tan solo mi pueblo me escuchara.
> Si tan solo Israel anduviera en mis caminos.
> Entonces humillaría a sus enemigos en un instante.
> Y contra sus adversarios, levantaría mi mano.
> Los que odian a Yahvéh se someterían ante Dios,
> y su tiempo acabaría para siempre.
> Alimentaría a Israel con el mejor trigo,
> y los saciaría con miel de la roca. (Sal 81:13-16)

Oráculos Contra las Naciones

Una característica de la predicación profética que tiene un claro paralelo en el libro de los Salmos es el "Oráculo contra las Naciones." La predicación profética frecuentemente interrumpe los oráculos dirigidos a Israel o Judá para tomar un momento y predicar contra las naciones del mundo, advirtiendo sobre el juicio que vendrá sobre ellas. Algunos salmos adoptan este estilo de predicación, haciendo referencia a naciones específicas, y otros salmos predican contra "naciones" de manera genérica. Los profetas parecen creer que existe suficiente revelación de Dios en este mundo para que el juicio contra las naciones sea justificado, y los salmos están de acuerdo.

En el Salmo 9, el juicio llega contra "todas" las naciones debido a su pecado. Las naciones no han recordado a los pobres ni a los necesitados.

> Las naciones han caído en el hoyo que cavaron.
> Han atrapado su propio pie en la red que escondieron.
> Yahvéh ha dado a conocer su carácter divino.
> Dios ha establecido la justicia.
> Por las obras de sus manos, los malvados han quedado atrapados.
> Los malvados se retirarán al sepulcro—
> todas las naciones que olvidan a Dios.
> Porque los necesitados no serán olvidados para siempre.
>
> La esperanza de los pobres no perecerá para siempre.
> Levántate, Yahvé, no permitas que los humanos prevalezcan.
> Que las naciones sean juzgadas delante de ti.
> Yahvé, haz que tengan temor,
> y hazles saber que sólo son humanos. (Sal 9:15-20)

De igual manera, el Salmo 59 ofrece una palabra de juicio contra todas las naciones por sus planes malvados.

> ¡Tú eres Yahvé, Dios que gobierna a Israel!
> ¡Despierta para castigar a todas las naciones!
> ¡No tengas misericordia de quienes tramposamente planean la iniquidad!
> Vuelven al atardecer y aúllan como perros,
> y rondan por la ciudad.
> Vociferan con sus bocas,
> hay espadas en sus labios porque dicen: "¿Quién nos escucha?"
> Tú, Yahvé, te ríes de ellos.
> Te burlas de todas las naciones. (Sal 59:5-8)

El Salmo 60 y su copia en el Salmo 108 ofrecen pronósticos más específicos de destrucción, análogos a los profetas. Compara el Salmo 60 con un oráculo contra Moab en Isaías 15:

> Dios habló en el santuario divino:
> "Con alegría dividiré Siquem
> y mediré el valle de Sucot."
> Galaad es mío.
> Y Manasés es mío.
> Efraín es mi casco.

> Judá es mi cetro.
> Moab es mi vasija para lavar.
> Arrojaré mi sandalia sobre Edom.
> Gritaré sobre Filistea. (Sal 60:6-8)
>
> Oráculo acerca de Moab.
> En verdad, de noche queda devastada.
> Ar de Moab está arruinada.
> En verdad, de noche queda devastada.
> Kir de Moab está destruida.
> Subieron a Bayit—a Debín—a los lugares altos, para lamentarse.
> Sobre Nebo—sobre Medeba—¡Moab clama!
>
> Toda cabeza está rapada.
> Toda barba está afeitada.
> En sus calles, visten ropas de saco.
> En sus azoteas y en sus plazas,
> todos lloran
> y se desploman en lágrimas. (Isa 15:1-3)

La palabra contra Moab continúa desde Isaías 15 hasta el final del capítulo 16.

El Salmo 83 proporciona un ejemplo de uno de los contrastes específicos entre los salmos y los profetas, específicamente, el uso del tiempo verbal.

> Conspiran contra tu pueblo,
> y traman contra tus protegidos.
> Dijeron: "Vengan, destruyámoslos para que no sean nación,
> y que el nombre de Israel no sea recordado jamás."
> Porque conspiran con un mismo propósito,
> y han hecho un pacto contra ti:
> las tiendas de Edom, y los ismaelitas,
> Moab y los agarenos,
> Gebal, Amón y Amalec,
> Filistea con los habitantes de Tiro.
> Hasta Asiria se ha unido a ellos
> para prestar su brazo a los hijos de Lot.
> Haz con ellos como hiciste con Madián,
> como con Sísara y Jabín en el arroyo de Quisón. (Sal 83:3-9)

En el salmo, el salmista utiliza el modo imperativo para pedir a Dios que haga justicia sobre las naciones ofensivas. La predicación del profeta muestra que Dios ya ha decidido traer juicio sobre los malvados.

Dos de los libros proféticos funcionan como "Oráculos contra las Naciones" independientes. Abdías recuerda la destrucción de Edom en un solo capítulo, convirtiéndose en el libro más corto del canon Hebreo. El libro lamenta la soberbia de Edom, que causó su destrucción, y les recuerda la realidad kármica en el versículo 15: "Porque cercano está el día de Yahvé para todas las naciones. Como tú hiciste, se hará contigo; tu recompensa recaerá sobre tu propia cabeza." El tono de Abdías es de pesar por el comportamiento de Edom. Se pensaba en esa nación como un "pueblo hermano," cuyo patriarca era Esaú. Su crueldad es lamentada.

Esta actitud contrasta con el libro de Nahúm, el otro texto profético que funciona como "Oráculo contra las Naciones" independiente. Nahúm recuerda la destrucción de Nínive, la ciudad capital del cruel imperio asirio, y aunque su mensaje es el mismo que el de Abdías, su tono solo puede describirse como jubiloso. De hecho, el libro termina con una declaración de que todos los que escuchan la noticia de la caída de Asiria se alegran:

> No hay alivio para tu dolor,
> pues tu herida es mortal.
> Quien escuche la noticia sobre ti
> aplaudirá por ello,
> porque nadie se libró de sufrir
> por tu constante destrucción. (Nahúm 3:19)

Y el texto no solo celebra la destrucción de Nínive, sino también su humillación:

> Mira, yo estoy contra ti —declara el Comandante Supremo Yahvé—,
> y levantaré tus faldas sobre tu rostro,
> y dejaré que las naciones vean tu desnudez,
> los reinos verán tu vergüenza.
> Arrojaré sobre ti cosas detestables,
> te trataré con desprecio,
> y te pondré como espectáculo público,
> y todos los que te vean huirán de ti
> y dirán: "Nínive está devastada, ¿pero quién la llorará?"
> No hay nadie a quien pueda acudir para consolarte. (Nahúm 3:5-7)

Si bien es cierto que Nínive cometió estos actos contra otros y ahora simplemente sufre de la misma manera que hizo sufrir a los demás, el libro de Nahúm pone emociones en boca de Dios que pueden parecer muy diferentes de la persona que los Cristianos ven encarnada en Jesús. Aunque Nahúm afirma que estos oráculos son "Así dice Yahvé...", suenan exactamente como las emociones de un pueblo que sufrió a manos de un imperio cruel, como en el Salmo 137:

> Recuerda, Yahvé, lo que dijeron los hijos de Edom el día de Jerusalén—
> los que decían: "¡Destrúyanla, destrúyanla hasta los cimientos!" contra la ciudad.
> Hija de Babilonia, destructora,
> dichoso el que te pague conforme a lo que nos hiciste.
> Dichoso el que tome a tus hijos
> y los estrelle contra las rocas. (vv. 7-9)

Aunque es posible leer este difícil libro de Nahúm de manera similar al Salmo 137, como una expresión de la emoción humana de que "los malos por fin reciben su merecido," esto no hace que el libro sea muy "profético." No parece que se desafíe al liderazgo político ni religioso. De hecho, este mensaje no le habría causado ningún problema a Nahúm al predicarlo. ¡Por este mensaje patriótico, sería celebrado!

Quizá el lector debería reconsiderar quién es el público al que va dirigido. ¿Y si Nahúm no se trata de "presumir" ante Nínive, sino que está dirigido a Judá? De hecho, es posible pensar que todos los Oráculos contra las Naciones están destinados a Judá e Israel, más que a las propias "naciones."

Si ese es el caso, estos oráculos se convierten en advertencias proféticas para el pueblo de Dios: "Si Edom, Moab, Filistea, incluso Egipto, Asiria y Babilonia no pudieron burlarse de Dios sin consecuencias, ¿qué posibilidades tienes tú?" De hecho, parece que el profeta Amós utiliza su pasaje de "Oráculos contra las Naciones" exactamente de esta manera. Abre el libro llamando la atención sobre las fallas de todas las naciones alrededor de Israel, solo para terminar señalando a Judá e Israel como ejemplos similares, o incluso peores, de desobediencia. Leídos de esta forma, estos oráculos se convierten en advertencias de que Israel y Judá no están exentos del juicio. De hecho, al llevar el nombre de Dios y no cumplir con la Torá de Dios, Israel y Judá recibirán un juicio peor que el de las naciones paganas que los rodean.

Conclusión

Puede ser tentador considerar el mensaje profético de los Salmos como análogo a la manera en que los salmos abordan las historias de los antepasados: ¡el mensaje está en lo que no dicen! Sin embargo, los salmos son mucho más proféticos de lo que parecen a primera vista. Ciertamente, a través del proceso canónico, pero incluso en su forma canónica, estas "palabras dirigidas a Dios" son también "palabras de Dios" de manera directa. Los salmos ofrecen palabras de condena contra lo que existe, lamento por la pérdida de lo que podría haber sido y celebración de lo que será. Los salmos presentan juicios contra las naciones y explicaciones del juicio contra Israel y Judá. En ocasiones, Dios habla directamente en los salmos. "Llevar la palabra de Dios al pueblo" es la definición clásica de un profeta.

Preguntas para Profundizar

1. Usando la definición sencilla de profeta como "aquel que lleva la palabra de Dios al pueblo," ¿quiénes son los profetas contemporáneos? ¿Cómo corresponde su trato por parte de las personas de fe y el establecimiento al trato que recibieron los profetas bíblicos?

2. Un Dios profundamente emocional incomoda a algunas personas. Sin embargo, el rango emocional que los profetas presentan que Dios posee es claro. ¿La creencia en un "Dios complejo y emocional" causa incomodidad o consuelo? ¿Por qué?

3. Si alguien dice que quiere que su iglesia "sea profética" en este mundo, ¿qué debería saber según las Escrituras? ¿Realmente desean que su iglesia sea profética?

4. Saber cómo termina la historia al final de los tiempos se suponía que tendría un efecto en cómo las personas vivían en su época. Parte de la lucha de Israel era que no tenían una comprensión teológica saludable de cómo terminaba la historia ("¡Ay de los que desean el Día de Yahvé...!"). ¿La comprensión teológica contemporánea sobre el final de la historia es mejor? ¿Qué hace que la adoración contemporánea sea "ruido" y "ofensiva" para Dios?

5. Los profetas y los salmos tienen más de doscientas referencias a la "justicia de Dios." ¿Aparece con igual prominencia en la predicación y el canto de la adoración contemporánea? ¿Por qué sí o por qué no?

Capítulo 10

Sabiduría

Hablar contigo es como hacer dumplings sobre una marmota...
solo desperdicias tu harina.

—John F. Wallace, abuelo

Los Salmos y la Sabiduría

La educación formal de mi abuelo terminó en sexto grado, y poco después comenzó a trabajar en las minas de carbón. Sin embargo, una vida dedicada a la minería, la agricultura de subsistencia y la crianza de cuatro hijos en las colinas del este de Kentucky le otorgó una sabiduría ganada a pulso, que Papaw Wallace siempre estaba dispuesto a compartir. Esa sabiduría a veces tomaba la forma de proverbios que había recopilado a lo largo de los años. Algunos proverbios eran conocidos, como "no puedes hacer una bolsa de seda con la oreja de una cerda," y otros, como el epígrafe de este capítulo, eran originales de él. Mi hermano y yo seguimos usando sus proverbios. Años después, mi abuelo sigue enseñando sabiduría y sigue provocando una sonrisa.

Personas como mi abuelo dejan una huella en nuestra vida con la sabiduría que ofrecen. Mentores mayores o miembros de la familia brindan consejos que provienen de una perspectiva más amplia y nos enseñan cómo vivir mejor. Este tipo de consejo refleja la idea hebrea de "sabiduría". La palabra original en hebreo traducida como "sabiduría," *hokmah* (חכמה), está asociada con el conocimiento, pero ese conocimiento va más allá del intelecto. La palabra puede usarse para hablar de las habilidades de herreros, carpinteros y artesanos. En el pensamiento Hebreo, la sabiduría no es simplemente adquirir conocimiento; es aprender a vivir bien.

Los salmos y la literatura sapiencial comparten una filosofía de inspiración. Mientras que el discurso profético y la Torá incluyen la frase "así dice Yahvé" y presentan sus palabras como pronunciadas directamente de la boca de Yahvé, los salmos y la literatura sapiencial representan una revelación "indirecta." La revelación indirecta supone que la creación de

Dios refleja intencionalmente la voluntad de Dios. Por lo tanto, uno puede conocer algo de la voluntad de Dios al observar la creación con diligencia. La verdad llega de manera indirecta, mediada no por un profeta, sino por la experiencia de vivir en el mundo. Vivir más significa tener más oportunidad de adquirir sabiduría. Por esta razón, la sabiduría se asocia con la edad. Las canas son una "corona de gloria" (Prov 16:31) y son hermosas (Prov 20:29).

Sin embargo, el material sapiencial de la Biblia está dividido respecto a cuánto puede revelar la verdad a través de la revelación indirecta. El libro de Proverbios acepta y celebra las verdades que se obtienen al observar el mundo. Eclesiastés y Job ofrecen un testimonio contrario—o al menos una advertencia—sobre hasta qué punto la "verdad" que se aprende del mundo puede atribuirse a la voluntad de Dios. Para las reglas y principios que se encuentran en Proverbios, existen excepciones en Job y Eclesiastés.

Este contraste proporciona dos grandes categorías en las que se clasifica la sabiduría bíblica. La sabiduría "práctica" es el tipo asociado con mi abuelo y el libro de Proverbios. La sabiduría "escéptica" o "filosófica" plantea preguntas, expresa dudas y frustraciones, y se asocia con mi abuela[1] y los libros de Job y Eclesiastés (Qohelet). El canon preserva ambas perspectivas: las respuestas y las preguntas. El material sapiencial que se encuentra en los salmos también contiene ambas perspectivas. Algunos salmos defienden las verdades simples que se encuentran en la sabiduría práctica. Otros salmos luchan por encontrar sentido en un mundo confuso, como la sabiduría filosófica.

Sabiduría Práctica

Aunque el libro de los Salmos está asociado con David, varios otros nombres aparecen en los encabezados de los salmos. De manera similar, Proverbios se asocia tradicionalmente con Salomón, y se mencionan varios otros colaboradores. El libro parece estar reunido en colecciones con declaraciones introductorias que marcan el inicio de cada nueva sección.

- Proverbios 1–9 se presentan como "Proverbios de Salomón, hijo de David, rey de Israel."
- Proverbios 10–22:16 también se describen como los "Proverbios de Salomón."

---

1. Papaw Wallace solía decir de mi abuela: "Si no tenía suficiente de qué preocuparse esta semana, se iba a la próxima semana para buscar algo de qué preocuparse."

- Proverbios 22:17–24:22 se denominan los "Dichos de los Sabios," que tienen una notable similitud con un documento de sabiduría Egipcia.
- Proverbios 25–29 se introducen como "Otros proverbios de Salomón que los oficiales del rey Ezequías de Judá copiaron."
- Proverbios 30 contiene las "Palabras de Agur, hijo de Jaqué."
- Proverbios 31 concluye el libro con "las palabras del rey Lemuel, una profecía que le enseñó su madre."

El último oráculo en Proverbios 31 es llamativo porque Israel nunca tuvo un rey llamado Lemuel. Esta sabiduría no solo proviene de una mujer (la madre del rey Lemuel), sino que también viene de una fuente fuera de Israel. Este oráculo es uno de varios ejemplos que muestran que los sabios de Israel creían que "la sabiduría era sabiduría" sin importar su origen. Parecían estar dispuestos a incluir enseñanzas de sabiduría extranjeras que consideraban relevantes.

La mayoría de la sabiduría en el libro de Proverbios se expresa en pensamientos sencillos que normalmente caben en un solo versículo o incluso en una parte de un versículo. Sin embargo, ocasionalmente, los pensamientos pueden ser más complejos. La figura de la mujer sabiduría tiene una sección extensa en el centro del libro (Prov 8:1–9:6), y para finalizar el libro, la madre del rey Lemuel ofrece un poema acróstico complejo y hermoso sobre las cualidades de una "mujer fuerte" (o quizás sobre cómo se pueden vivir las cualidades de la mujer sabiduría). El Salmo 133 presenta una enseñanza de sabiduría con un poco más de detalle que un proverbio tradicional. Este Salmo de Ascenso de tres versículos celebra lo bueno que es para la familia vivir unida, tomando dos versículos adicionales para celebrar la verdad encontrada en el primer versículo.

> Miren cuán bueno y cuán agradable es
> que la familia habite unida en armonía.
> Como el buen aceite sobre la cabeza,
> que desciende sobre la barba, la barba de Aarón,
> que baja hasta el borde de sus vestiduras.
> Como el rocío del Hermón,
> que desciende sobre los montes de Sion,
> porque allí Yahvéh ha ordenado bendición, vida para siempre.

El Salmo 37 contiene numerosos ejemplos de declaraciones de sabiduría concisas que podrían confundirse con versículos de Proverbios. Comparen estos pareados:

> Deja la ira y abandona el enojo;
> no te exasperes, eso solo conduce al mal. (Sal 37:8)
>
> La persona iracunda provoca conflictos,
> pero quien es lento para la ira calma las disputas. (Prov 15:18)
>
> Los mansos heredarán la tierra,
> y se deleitarán en una vida de abundante prosperidad. (Sal 37:11)
>
> Porque los rectos habitarán la tierra,
> y los inocentes permanecerán en ella. (Prov 2:21)
>
> Mejor es lo poco que tiene el justo
> que la abundancia de muchos malvados. (Sal 37:16)
> Es mejor tener poco con justicia
> que una gran cosecha sin equidad. (Prov 16:8)
>
> El malvado pide prestado, pero no hace las paces con ellos.
> El justo muestra compasión y da generosamente. (Sal 37:21)
> Quien tiene un ojo generoso será bendecido.
> Los conflictos y los insultos cesarán. (Prov 22:9)
>
> He aquí, los hijos son una herencia de Yahvé.
> El fruto del vientre es una recompensa. (Sal 127:3)
> Los nietos son la corona de los ancianos,
> y los padres son el orgullo de sus hijos. (Prov 17:6)
>
> Si Yahvé no edifica la casa, en vano trabajan los constructores.
> Si Yahvé no cuida la ciudad, en vano vigilan los guardias. (Sal 127:1)
> La maldición de Yahvé está sobre la casa del malvado,
> pero él bendice el hogar del justo. (Prov 3:33)

No son raros en los salmos los breves ejemplos de sabiduría práctica, que ofrecen instrucción sobre cómo encontrar una buena vida.[2]

---

2. Además de los Salmos 37 y 127, se pueden encontrar declaraciones de sabiduría práctica en los Salmos 112 y 128, que comparten muchas similitudes con el Salmo 1.

El Salmo 1 como Sabiduría Práctica

Para los estudiosos que reconocen la categoría de género "salmo de sabiduría,"[3] el Salmo 1 es considerado un excelente ejemplo de este género. Los temas del salmo resuenan con los temas del libro de Proverbios: cómo tener una buena vida, los resultados de los justos y los malvados, cómo los justos deben evitar asociarse con los malvados y el comportamiento que conduce a una vida feliz.

> Dichoso el que no sigue el consejo de los malvados,
> ni se detiene en el camino de los pecadores,
> ni se sienta en la reunión de los arrogantes.
> ¡Sino que su deleite está en la Torá (Torah) de Yahvé!
> Y medita en la Torá de Dios día y noche.
> Será como un árbol plantado junto a corrientes de agua,
> que da su fruto a su tiempo.
> Sus hojas nunca se marchitan.
> ¡Todo lo que hace prospera!
> No así los malvados.
> Ellos son como paja inútil
> que se lleva el viento.
> Por eso los malvados no resistirán en el juicio,
> ni los pecadores en la asamblea de los justos.
> Pero Yahvé conoce el camino de los justos,
> pero el camino de los malvados lleva a la destrucción. (vv. 1-6)

Estos conceptos se repiten a lo largo de Proverbios:

> Dichoso el que halla sabiduría,
> el que obtiene entendimiento. (Prov 3:13)
> …

---

3. La existencia de los "salmos sapienciales" es un tema debatido en los estudios sobre los Salmos. Hermann Gunkel incluyó esta categoría en su obra fundamental sobre los Salmos (*Introducción a los Salmos: Los géneros de la lírica religiosa de Israel* [4ª ed., comp. Joachim Begrich, trad. Jim Nogalski; Mercer University Press, 1998]; traducción de *Einleitung in die Psalmen: die Gattungen der religiösen Lyrik Israel*, 1933, pp. 293–305). Sin embargo, posteriormente, los especialistas no han logrado llegar a un consenso sobre si el "salmo sapiencial" constituye un tipo de salmo o si algunos salmos simplemente expresan características de sabiduría al servicio de otros géneros de salmos, como el "Torá" o la "realeza" (kingship). James Crenshaw ha sido una de las voces más críticas respecto a la existencia de los "salmos sapienciales" (véase su obra *Los Salmos* [Grand Rapids: Eerdmans, 2001], pp. 87–95).

> Sus caminos son caminos agradables,
> y todas sus sendas llevan a la prosperidad.
> Ella es árbol de vida para los que la abrazan.
> Quienes la retienen son dichosos. (Prov 3:17-18)
> No entres en la senda de los malvados
> ni sigas el camino de los destructores. (Prov 4:14)

El final del Salmo 1, donde se describe el camino de los malvados y el de los justos, identifica este salmo como un texto de sabiduría para muchos. El tema de "dos caminos" es una característica común en Proverbios.

> Las bendiciones están sobre la cabeza del justo,
> pero la violencia cubre la boca de los malvados.
> El recuerdo del justo es bendición,
> pero el nombre de los malvados se pudre. (Prov 10:6-7)
> …
> El salario de los justos es la vida.
> La ganancia de los malvados es el pecado. (Prov 10:16)

Esta doctrina de la retribución se encuentra en más de una cuarta parte de los proverbios. La vida funciona según una fórmula sencilla: los justos reciben cosas buenas y los malvados cosas malas. El Salmo 1 refleja esta teología y ofrece instrucciones sobre cómo alcanzar el éxito. Los justos deben evitar las situaciones de los malvados y así les irá bien. Cuando los justos meditan en la Torá de Dios, serán como un árbol plantado junto a un arroyo. Los malvados, en cambio, son llevados por el viento como la pelusa de un diente de león.

Además de los dichos proverbiales breves que se encuentran en el Salmo 37, este salmo también ofrece un excelente resumen de los dos caminos:

> No te irrites a causa de los malhechores.
> No envidies a los que practican la iniquidad.
> Porque pronto se marchitarán como la hierba:
> se desvanecerán como el pasto verde.
> Confía en Yahvé y haz el bien.
> Habita en la tierra y sé pastor de la fidelidad.
> Alégrate en Yahvé
> y Dios responderá a tus peticiones. (Sal 37:1-4)

El Temor de Yahvé

Además de los "dos caminos," un tema común en el libro de Proverbios es el "temor de Yahvé."[4] Como ya se ha mencionado, este "temor" es más bien un reconocimiento de la posición que una emoción de terror. El tema también se refleja en los salmos; de hecho, el Salmo 111 parece provenir directamente de los proverbios. Compara estos dos pasajes:

> El temor de Yahvé es el principio de la sabiduría.
> El entendimiento llega a todos los que hacen el bien.
> La alabanza de Dios permanece para siempre. (Sal 111:10)

> El temor de Yahvé es el principio del conocimiento.
> Los necios desprecian la sabiduría y la disciplina. (Prov 1:7)

Una diferencia entre los Salmos y los Proverbios respecto a este tema, sin embargo, es que en los Salmos es más común que el "temor de Yahvé" esté relacionado con la Torá. El gran salmo de la Torá, el Salmo 119, tiene cinco referencias a "temer" a Dios, y como ya se ha visto, el Salmo 19 compara el "temor de Yahvé" con la observancia de la Torá. Incluso aunque el Salmo 111 conecta el "temor de Yahvé" con la sabiduría en el versículo 10, lo relaciona con el pacto unos versos antes: "Dios dará alimento a los que temen lo divino. Aquellos que recuerdan el pacto para siempre" (Salmo 111:5). Este intercambio no es sorprendente. La Torá y la sabiduría comúnmente se asocian entre sí. A pesar de las diferentes filosofías de la revelación, en la tradición judía la Torá suele considerarse como la "Sabiduría de Dios." El Salmo 1 refleja la superposición natural de ambos conceptos. Aunque se utiliza como ejemplo de un "salmo de sabiduría," el salmo no promete que meditar en la *sabiduría* lleve a una vida "feliz" o "bendecida"; meditar en la Torá sí lo hace. Incluso las "dos vías" del salmo conectan la sabiduría con la Torá, ya que otro nombre para las "dos vías" es la "teología Deuteronomista." Intentar separar lo que constituye un "salmo de sabiduría" en comparación con un "salmo de la Torá" es solo una de las razones por las que los estudiosos no se ponen de acuerdo al clasificar un texto como "salmo de sabiduría."

---

4. Prov 1:7, 29; 2:5; 3:7; 8:13; 9:10; 10:27; 14:26-27; 15:16, 33; 16:6; 19:23; 22:4; 23:17; 29:25. En Prov 24:21, se ordena al lector temer tanto a Yahvé como al rey.

Fuentes de Sabiduría

Dado que la base de la revelación en la literatura sapiencial son simplemente las observaciones de la vida en el mundo, los sabios de Israel utilizaron fuentes de sabiduría más allá de su propio país. Israel no es el único grupo de personas que vivió en el mundo y realizó observaciones sobre la vida en él, y los sabios de Israel nunca dudaron en tomar prestadas tradiciones de los pueblos que los rodeaban.

Proverbios	Amen-Em-Opet
22:20: ¿Acaso no te he escrito treinta excelentes ejemplos de consejo y conocimiento?	(30) Observa, estos treinta capítulos; te informan, te instruyen.
22:22: No explotes al pobre porque es pobre, ni oprimas al afligido en el tribunal.	(2) Cuídate de robar a los oprimidos y de abusar de las personas con discapacidad.
22:24-25: No hagas amistad con personas iracundas, ni te relaciones con quienes se enojan fácilmente, para que no aprendas sus maneras y quedes atrapado en una trampa.	(9) No te relaciones con el hombre iracundo, ni lo visites para conversar... no sea que un terror te arrebate.
23:4-5: No te hagas amigo de un jefe iracundo ni te relaciones con personas coléricas. No sea que aprendas sus caminos y tu vida quede atrapada en una trampa.	(7) No entregues tu corazón a la búsqueda de riquezas... si las riquezas llegan a ti por medio del robo, no pasarán la noche contigo... o se habrán hecho alas como los gansos y habrán volado hacia los cielos.
22:28: No muevas los linderos antiguos que establecieron tus antepasados.	(6) No muevas la señal (hito) en los límites de la tierra cultivable... ni invadas los linderos de una viuda.
23:10: No muevas los linderos antiguos para apropiarte del campo de los huérfanos.	

Cuando los sabios tomaban ideas prestadas, siempre ajustaban la sabiduría de manera teológica. Si el enfoque estaba en un dios extranjero, Israel lo cambiaba para centrarse en Yahvé, pero los maestros de sabiduría preservaban la verdad sin importar su origen. Dos ejemplos de este préstamo internacional se encuentran en Proverbios. Primero, Proverbios

22:17–24:22 contiene secciones que son paralelas directas a la Instrucción de Amen-em-opet,[5] un documento de sabiduría Egipcia.

El segundo ejemplo claro de préstamo es más explícito: el oráculo de la madre del rey Lemuel en Proverbios 31. Se desconoce el reino de Lemuel, aunque algunas traducciones suponen que la palabra comúnmente traducida como "oráculo" en el versículo 1, "Masa," podría referirse a su ciudad o territorio. Sin embargo, tanto él como su madre son claramente no israelitas y presentan un poema acróstico complejo y bello sobre las cualidades de una mujer "fuerte," lo cual resulta irónico, ya que en 31:3 ella le advierte que no entregue su "fuerza" a las mujeres, usando la misma palabra.

La mujer fuerte que imagina la madre del rey Lemuel es sorprendentemente progresista para la sociedad patriarcal antigua. Ella beneficia a su esposo y no le causa daño. Trabaja en el negocio textil (vv. 13, 19, 22, 24), provee alimento para la familia (v. 14), trabaja más duro que las sirvientas (v. 15), se dedica a los bienes raíces y a la producción de vino (v. 16), es generosa (v. 20) y es una maestra capaz de sabiduría. Una mujer así parecería más propia de la canción de Helen Reddy de 1972, "I'm a Woman," que del mundo patriarcal del antiguo Oriente Próximo. ¿Cómo llegó este texto a formar parte del canon?

Ocasionalmente, se encuentran destellos en la narrativa bíblica que recuerdan al lector que la subordinación patriarcal de las mujeres fue una consecuencia del estado caído de la humanidad y no la visión que Dios tenía para la humanidad. Quizás, al igual que la "mujer fuerte" llamada Rut y el hermoso amor recíproco sin sometimiento que se encuentra en el Cantar de los Cantares, Proverbios 31 logró pasar desapercibido ante los guardianes patriarcales del mundo antiguo, aunque incluso en ese caso, las ideas tuvieron que venir de un rey extranjero —o de su madre; sin embargo, ningún rey Israelita asumiría la autoría.

Más que una declaración progresista sobre los derechos de las mujeres, Proverbios 31 podría ser la culminación de la celebración de la sabiduría en el libro de los Proverbios. El oráculo podría mostrar cómo se ve la "Sabiduría" personificada. Después de todo, se dice que la personificación misma de la Sabiduría estuvo presente en la creación:

> Yahvé me poseía al principio de su obra,
> antes de sus hechos de antaño.

---

5. "La Instrucción de Amen-Em-Opet", *ANET*, 421–25.

> Desde tiempos antiguos fui establecida, desde el principio,
> aun antes de que existiera el mundo.
> Cuando no había profundidades agitadas,
> y cuando no había manantiales de aguas profundas. (Prov 8:22-24)

En Proverbios 31, la mujer "fuerte" es digna de la confianza de su esposo. Ella le hace bien y no mal (vv. 11-12). Ella le da honra a su esposo (v. 23). Todas estas son recompensas que recibe el joven que busca a la Sabiduría. Ella canta:

> Yo andaré por el camino de la justicia, en medio de las sendas del derecho.
> Para otorgar herencia a los que me aman. ¡Tendrán sus tesoros llenos! (Prov 8:20-21)
> . . .
> Dichoso el que me escucha,
> velando cada día a mis puertas,
> guardando los postes de mi entrada. (Prov 8:34)

Así, el oráculo extranjero de Proverbios 31 podría ofrecer ejemplos de cualidades personificadas de la sabiduría de Dios —personificada como una mujer— o podría afirmar las capacidades sabias de las mujeres que tan a menudo fueron marginadas en el mundo antiguo. Cualquiera de las dos interpretaciones resulta notablemente progresista en la sociedad patriarcal de la antigüedad.

Contradicciones en la Sabiduría

Las afirmaciones absolutas rara vez son verdaderas de manera universal.[6] Las reglas siempre parecen tener excepciones, y la literatura sapiencial también lo reconoce. Los libros de Job y Eclesiastés ofrecen excepciones a lo que a menudo puede leerse como reglas absolutas en Proverbios; sin embargo, el propio libro de Proverbios reconoce que, a veces, un solo proverbio puede no ser siempre cierto. Por ejemplo:

> No respondas al necio conforme a su necedad,
> para que no seas tú también como él.
> Respóndele al necio conforme a su necedad,
> para que no sea sabio en su propia opinión. (Prov 26:4-5)

---

6. Como se observa en mi reticencia a utilizar una afirmación absoluta sobre las afirmaciones absolutas.

Sin una apreciación del género de la literatura sapiencial y de la revelación indirecta, este tipo de contradicción dentro de las Escrituras podría ser desconcertante. Para los lectores hiper-literalistas de las Escrituras, Prov 26:4-5 presenta un contraste que podría sacudir la fe. Sin embargo, se debe recordar que Proverbios es un ejemplo del género de literatura sapiencial. Es necesario considerar las cualidades especiales de este género.

Las tradiciones proverbiales se contradicen entre sí porque las tradiciones proverbiales siempre se contradicen entre sí. Incluso los proverbios populares Estadounidenses se contradicen. Por ejemplo, se dice "Mira antes de saltar" ("Look before you leap"), pero también que "El que duda, pierde" ("He who hesitates is lost"). ¿Cuál opción es correcta? ¿Prudencia o atrevimiento? Depende de la situación. A veces se necesita paciencia antes de decidir, y otras veces es necesario aprovechar una oportunidad antes de que pase. La verdadera sabiduría radica en saber cuándo hacer una cosa y cuándo hacer la otra.

De la misma manera, Prov 26:4 advierte que no se debe permitir que las personas necias nos arrastren a una discusión. Prov 26:5 advierte que, a veces, es necesario señalarle a la persona necia su necedad. La verdadera sabiduría consiste en saber cuándo aplicar cada proverbio. Prov 26:4-5 ofrece una lección importante. Aunque los proverbios están redactados como prohibiciones y promesas absolutas, siguiendo el estilo de las tradiciones sapienciales, no deben aplicarse como absolutos. A veces, "al que madruga, Dios lo ayuda" ("the early bird gets the worm"), pero en otras ocasiones, "el segundo ratón es el que se lleva el queso" ("the second mouse gets the cheese").

Esta precaución es especialmente importante al considerar uno de los pasajes más populares de Proverbios, que a menudo se utiliza en guías para padres:

> Instruye al joven en el camino que debe seguir,
> y aun cuando sea viejo no se apartará de él. (Prov 22:6)

Si se olvida que este versículo pertenece al género de la literatura sapiencial, puede llevar a interpretaciones poco útiles e incluso peligrosas. Sin duda, como este versículo implica, uno puede pensar en ejemplos de buenos padres que crían buenos hijos. Sin embargo, también puede ocurrir que buenos padres se distancien de sus hijos sin que sea culpa suya. Más desconcertante aún, a veces se encuentran buenos hijos que provienen de padres terribles.

Ninguno de estos contraejemplos "refuta" la Escritura. No se puede leer este pasaje como una garantía o un control sobre las incertidumbres de la vida o las decisiones individuales. En realidad, Génesis 3 proporciona una contradicción significativa a este proverbio, mostrando que incluso cuando se ofrece la instrucción, el entorno y la supervisión perfectos, los hijos aún así comerán del árbol del conocimiento del bien y del mal y serán expulsados del jardín. Como el resto de la sabiduría proverbial, este proverbio ofrece una regla general que brinda las mejores probabilidades para vivir una buena vida. Para criar buenos hijos, se obtendrán mejores resultados siendo un buen padre que siendo uno malo.

De manera más amplia, aunque el libro de Proverbios presenta afirmaciones de sabiduría como absolutas, incluso en Proverbios se reconocen excepciones. Aunque el libro es famoso por abogar por los dos caminos, Proverbios 17:8 observa que a veces los malvados prosperan: "El soborno es como una piedra mágica a los ojos de quien lo da; adondequiera que se vuelve, prospera." Y para que nadie piense que los sobornos son algo bueno, el sabio también reflexiona sobre en qué categoría caen los sobornos: "El malvado acepta sobornos en secreto para torcer los caminos de la justicia" (Prov 17:23). Así que a veces los sobornos funcionan, pero los malvados los aceptan y pervierten la justicia.

El Salmo 37 ofrece el mismo optimismo generalizado que Proverbios sobre cómo los justos no serán abandonados. Sin embargo, esta seguridad se expresa en una declaración que retoma los dos caminos mencionados antes en el salmo: "Fui joven y ya soy viejo, pero nunca he visto a un justo en abandono ni a sus hijos mendigando pan" (v. 25). Parece una ecuación bastante simple. Si alguien es abandonado, no puede ser justo. Si los hijos piden limosna, claramente sus padres son malvados: "Yahvé no permite que el justo pase hambre, pero frustra la avidez de los malvados" (Prov 10:3).

Sin embargo, la vida en este mundo es complicada. No hace falta vivir mucho tiempo ni leer mucho en los salmos para descubrir que la vida no siempre funciona según la fórmula aparentemente simple del Salmo 1 o las garantías del Salmo 37 y Proverbios 10. No hay que avanzar mucho en los salmos para ver que, después de esta segura confesión del cuidado de Dios por los justos, los salmistas ofrecen ejemplo tras ejemplo de justos que sufren y malvados que prosperan. Esta frustración con la tensión entre cómo son las cosas y cómo deberían ser es abordada más explícitamente por la sabiduría filosófica.

Sabiduría Escéptica o Filosófica

Aunque puede ser difícil definir con exactitud qué constituye un salmo de sabiduría bajo la convención de la "sabiduría práctica," los salmos encajan bien dentro de la tradición de la sabiduría escéptica o filosófica. De hecho, si la sabiduría escéptica fuera la definición principal del género, se podría decir que los "salmos de sabiduría" existen sin ningún problema.

La sabiduría escéptica o filosófica utiliza el mismo tipo de revelación que la sabiduría práctica, observando el mundo de manera indirecta. Desafortunadamente, en lugar de proporcionar respuestas, el mundo simplemente ha generado más preguntas. Estos textos sapienciales cuestionan las verdades que los sabios de los Proverbios han ofrecido—en ocasiones, de manera muy directa.

El título Hebreo del libro de Eclesiastés es "Qoheleth" (קֹהֶלֶת), nombrado así por el orador del texto. La mejor traducción contemporánea de la palabra probablemente sea "el Maestro." El libro se asocia con Salomón, ya que el Maestro se identifica como "hijo de David, rey en Jerusalén," aunque, siendo justos, todo rey de Judá se habría llamado a sí mismo "hijo de David, rey en Jerusalén." Se puede suponer que la reputación de sabiduría de Salomón contribuye a esta identificación tradicional.

El Maestro reflexiona sobre la vida y se frustra al no poder reconciliar cómo parece funcionar el mundo con las lecciones que le han enseñado sobre cómo se supone que debe funcionar. De hecho, concluye que la revelación indirecta que ofrece las afirmaciones de verdad de Proverbios es, en última instancia, "vana" o "sin sentido." Eclesiastés establece el tono desde el principio: "'Total vanidad', dice el Maestro. 'Total vanidad, todo es vanidad'" (Ecl 1:2). Para el Maestro, la vida carece de sentido. Ninguna verdad obtenida al observar el mundo puede dar sentido a la vida, y, en última instancia, uno no tiene control alguno. El Maestro ha observado la vida, al igual que los sabios de Proverbios, y no ha encontrado ninguna perspectiva que pueda dar sentido a la breve existencia humana en la tierra: "¿Qué provecho saca el hombre de todo su trabajo? Una generación va, y otra generación viene, pero la tierra permanece para siempre" (Ecl 1:3-4).

La fugacidad de la vida es un tema compartido con los salmos:

Mis pensamientos internos se encendieron.
Mientras reflexionaba, un fuego ardía.
Entonces hablé con mi lengua:
Yahvé, ayúdame a comprender mi final

y la medida de mis días.
Lo que sé es cuán fugaz soy.
Mira, has hecho que mis días sean solo unos cuantos centímetros,
y mi vida no es nada ante ti.
Ciertamente, toda la humanidad no es más que un suspiro. (Sal 39:4-6)

Aún más frustrante que la vida no funcione como les enseñaron, más a menudo, la vida funciona de manera opuesta a lo que les enseñaron: "Durante todos mis días vanos, he visto al justo morir en su justicia, y he visto al malvado vivir muchos años en su maldad." (Ecl 7:15) El salmista tuvo frustraciones similares:

Pero en cuanto a mí, casi tropecé,
mis pies casi resbalaron.
Porque tuve envidia de los arrogantes.
Vi la prosperidad de los malvados.
No tienen sufrimientos en su muerte
y sus cuerpos están bien alimentados.
No sufren como los demás,
no son afligidos como los otros. (Sal 73:2-5)

Ser "malvado" parece funcionar. El salmista se pregunta cuál es el sentido de ser justo.

He mantenido mis pensamientos puros,
y he lavado mis manos en inocencia para nada.
Cada día soy afligido. Cada mañana soy reprendido. (Sal 73:13-14)

El escepticismo del Maestro puede incomodar a las personas de fe, pero sería injusto decir que el Maestro carece de fe. El Maestro cree en Dios, pero se rehúsa a aceptar la premisa de que los caminos de Dios pueden conocerse mediante la experiencia o un examen cuidadoso del mundo.

Me dije a mí mismo: "¡Mira! Soy más sabio y he adquirido más conocimiento que todos los que estuvieron antes de mí en Jerusalén. Sí, mi mente ha experimentado mucha sabiduría y conocimiento. He dedicado mi mente a conocer la sabiduría y a conocer la necedad y la locura. Me di cuenta de que todo esto es correr tras el viento." (Ecl 1:16-17)

En última instancia, para el Maestro, el único sentido se encuentra en Dios:

> Los pecadores cometerán cien actos de destrucción y vivirán mucho tiempo, pero aun así, yo mismo sé que es mejor para quienes temen a Dios, porque permanecen en temor ante Dios. Pero no le irá bien al malvado y no alargarán sus días como una sombra, porque no permanecen en temor ante Dios. (Eclesiastés 8:12-13)

La maldad puede parecer que trae éxito. La rectitud puede parecer que no trae nada, pero el Maestro sabe que las respuestas no se encuentran observando el mundo. Se encuentran en la presencia de Dios. En el Salmo 73, Asaf dijo lo mismo al intentar comprender este mundo. Después de una crisis de fe, finalmente encontró respuestas en la presencia divina.

> Cuando traté de entender esto,
> me resultó muy difícil.
> Hasta que entré en el santuario de Dios
> y comprendí su destino. (vv. 16-17)

En el santuario del Señor, todo tenía sentido.

> Mi mente estaba amargada y mis emociones eran dolor.
> Era ignorante y sin conocimiento.
> Era como una bestia ante ti.
> Pero siempre estoy contigo.
> Tú tomas mi mano derecha.
> Me guías en tus planes.
> Y después, me recibes en gloria.
> ¿A quién tengo en el cielo?
> No deseo nada en la tierra fuera de ti.
> Mi cuerpo y mi mente pueden fallar,
> pero Dios es la roca de mis pensamientos para siempre. (Salmo 73:21-26)

Las preguntas sobre el sentido de la vida aparecen a lo largo de la Biblia y de los salmos. En el Salmo 49, el salmista no oculta su deseo de ofrecer sabiduría a quien quiera escuchar, y al principio, esa sabiduría parece que tomará la forma de la sabiduría práctica de los Proverbios:

> ¡Escuchen esto, todos los pueblos!
> ¡Presten atención, todos los habitantes del mundo!
> ¡Tanto los ricos como los pobres, todos juntos!

> Mi boca hablará sabiduría
> y mi mente meditará en el entendimiento.
> Inclinaré mi oído a un proverbio.
> Resolveré un enigma con el arpa. (vv. 1-4)

Sin embargo, la historia cambia rápidamente. Después de confesar que Dios es la fuente de seguridad que ninguna riqueza puede proporcionar, el salmista se acerca a la actitud del Maestro:

> Porque uno puede ver morir al sabio,
> y tanto el necio como el insensato perecen juntos,
> y dejan su riqueza a otros.
> En su interior piensan que su casa durará para siempre,
> una morada de generación en generación. Dan su nombre a las tierras.
> Pero el ser humano no puede perdurar por su propio valor.
> Son como los animales que perecen.
> Este es su camino, su necedad,
> y también la de quienes los siguen y aprueban sus palabras,
> como ovejas destinadas al Sheol.
> La muerte será su pastor y tendrá dominio sobre ellos.
> Los justos los dominarán por la mañana,
> y desde allí, su figura se consumirá en el Sheol. (vv. 10-14)

El Maestro siente lo mismo acerca de la muerte:

> Así que reflexioné sobre todo esto. Entregué mi mente a todo esto. Las obras de los justos y los sabios están en manos de Dios—ya sean amados u odiados—no lo pueden saber. Todo está por delante de ellos. Todos comparten el mismo destino: justos e impíos, buenos, limpios e impuros, los que ofrecen sacrificios y los que no. El bueno es igual que el pecador. El que hace un juramento es igual que el que teme hacer un juramento. Esta es la realidad fútil para todos los que trabajan bajo el sol: el mismo destino les llega a todos. Además, la mente de todos está llena de destrucción. En sus pensamientos hay locura durante toda su vida, y después, mueren. (Eclesiastés 9:1-3)

Sin embargo, el salmista encontró un poco más de esperanza de la que pudo hallar el Maestro: "Pero Dios redimirá mi alma del poder del Seol, porque él me recibirá" (Salmo 49:15).

El salmista no logró exactamente comprender el sentido de la vida, pero encontró esperanza en la idea sencilla de: "No te preocupes cuando las cosas no tengan sentido. La muerte iguala todo."

> No temas cuando alguien se enriquezca,
> ni cuando aumente la gloria de su casa,
> porque al morir nada se llevará,
> ni su gloria descenderá con él.
> Aunque en vida se bendiga a sí mismo,
> y te elogien cuando te va bien,
> irá a reunirse con la generación de sus antepasados,
> y nunca más verá la luz. (Salmo 49:16-19)

En contraste directo con Proverbios, el Maestro luchaba con la falta de comprensión que surgía al observar el mundo. Las fórmulas que los sabios de los proverbios utilizaban no ofrecían verdad alguna en la experiencia del Maestro. Todo era completa vanidad.

> Volví a considerar esto, y vi que bajo el sol, la carrera no es para los veloces ni la batalla para los fuertes. Además, el pan no llega a los sabios, ni las riquezas a los inteligentes, ni el favor a los instruidos; sino que el tiempo y el azar les suceden a todos. Porque nadie conoce su momento. Como los peces atrapados de repente en una red mortal, y como los pájaros atrapados en la trampa, así son atrapados los seres humanos en tiempos de calamidad cuando esta cae sobre ellos de repente. (Eclesiastés 9:11-12)

Pero esta falta de comprensión no se tradujo en *una* falta de fe. De hecho, la conclusión del Maestro fue únicamente la fe, no porque garantice el éxito, sino porque esa es la obligación del ser humano.

> El fin de todo discurso oído es este: Teme a Dios y cumple sus mandamientos, porque esto es el todo del ser humano. Porque Dios juzgará toda obra, aun todo lo oculto, sea bueno o sea malo. (Eclesiastés 12:13-14)

Algunos consideran que este final representa un cambio de tono respecto al resto del libro de Eclesiastés, pero el mensaje del libro es coherente. Dios es soberano. El mundo no tiene sentido. Aunque llevar una vida justa puede no ofrecer ninguna explicación ni control sobre la vida en el presente, vivir justamente tendrá sentido en la presencia de Dios.

El Salmo 1 como Sabiduría Filosófica

Tradicionalmente, el Salmo 1 se entiende como un ejemplo clásico de sabiduría práctica por todas las razones mencionadas anteriormente. Sin embargo, puede haber más en el salmo de lo que parece a simple vista. Las imágenes del Salmo 1 serían familiares para cualquiera que haya leído Jeremías 17:

> Así dice Yahveh: "Malditos los que confían en seres humanos y creen que la carne es su fuerza. Sus mentes se alejan de Yahvé." Serán como un arbusto en el desierto. No verán cuando llegue el bien. Habitarán en el desierto árido, una tierra estéril donde nadie puede vivir. Benditos los que confían en Yahvé, cuya confianza está en Yahvé. Serán como un árbol plantado junto a corrientes de agua, que extiende sus raíces hacia el arroyo. No temerá cuando llegue el calor. Sus hojas estarán verdes. En el año de sequía no se inquietará, y nunca dejará de dar fruto. (Jer 17:5-8)

Al igual que en el Salmo 1, los que confían en Dios en Jeremías son árboles florecientes en medio de la desesperación y la destrucción. Sin embargo, el contexto de Jeremías es el juicio. La ira de Dios está en contra de quienes lo han abandonado. En ese contexto, Jeremías declara que los malvados son arbustos resecos en el desierto, pero los justos son árboles florecientes plantados junto al agua.

A simple vista, este oráculo de Jeremías parece ofrecer la misma teología Deuteronomista que el Salmo 1. Sin embargo, la realidad para ambos podría ser más complicada. En el contexto de Jeremías, esta confesión no parece ser cierta. Los malvados pueden haber provocado la destrucción y sufrir cuando los ejércitos Babilónicos conquisten la tierra, pero los justos también sufrirán. Este oráculo de Jeremías ofrece una palabra de aliento a las víctimas justas de las decisiones de los malvados: "En este tiempo de sequía, no se angustien. Yahvé es su ayuda."

El sufrimiento de los justos no es algo nuevo. En más de la mitad de los salmos, los justos claman al Señor por ayuda en diversas circunstancias difíciles. Como observó el Maestro, la vida puede ser difícil. Los malvados parecen prosperar. Los justos parecen sufrir. El Salmo 1 podría parecer una negación de esto; sin embargo, el salmista parece estar muy consciente de esta lucha. El Salmo 1:6 dice literalmente: "Yahvé conoce el camino de los justos." "Conocer" en la mente Hebrea antigua implicaba más que una capacidad intelectual. La palabra implicaba una conexión profunda. Incluso podía servir como eufemismo para relaciones íntimas. "Conocer" algo transmitía una comprensión profunda.

Como se ha visto, uno de los lugares más conmovedores donde se puede percibir la cercanía del "conocimiento de Dios" se encuentra al inicio del libro del Éxodo. Después de que Moisés huye de Egipto y se refugia en Madián, el texto dice:

> Después de mucho tiempo, murió el rey de Egipto. Los hijos de Israel gemían a causa de su esclavitud. Clamaron a Dios pidiendo ayuda por su esclavitud. Dios escuchó sus gemidos y recordó el pacto con Abraham, Isaac y Jacob. Dios vio a los hijos de Israel, y Dios conoció. (Éxodo 2:23-25)

Dios no solo sabe acerca del sufrimiento del pueblo. Dios escucha, ve y conoce íntimamente el dolor de Israel. El conocimiento de su lucha motiva a Dios a recordar el pacto y actuar para liberarlos. De hecho, después de esta expresión de la conexión de Dios con el sufrimiento de Israel, el siguiente acontecimiento es el llamado de Moisés, donde la relación de Dios con el dolor de Israel se expresa nuevamente: "Y Yahvé dijo: 'Ciertamente he visto la aflicción de mi pueblo que está en Egipto y he escuchado su clamor a causa de sus opresores. Conozco sus sufrimientos'" (Éxodo 3:7).

Si tanto el contexto del árbol floreciente como el sufrimiento de los exiliados en Jeremías 17, así como el contexto del conocimiento cercano de Dios sobre la opresión de los Egipcios hacia los antiguos Hebreos, informan la lectura del Salmo 1, entonces este salmo puede no ser una declaración formulaica acerca de la bendición y el castigo. Tal vez, como los justos en Jeremías 17 que fueron exiliados de sus hogares y llevados a una tierra extranjera, el salmista del Salmo 1 también está sufriendo y reflexionando sobre cómo responder.

Leído de esta manera, el Salmo 1 se convierte en una confesión de fe. El salmo anima a quienes sufren con la seguridad: "Ten valor; Dios conoce tu camino, así como Dios conoció el sufrimiento del antiguo Israel." Los justos deben continuar meditando en la instrucción de Dios (Torá). No deben abandonar a Dios por otros "caminos" y "consejos" pecaminosos que prometen respuestas.

Leído de esta forma, el salmo no es una excepción dentro de los lamentos del Salterio. Más bien, pertenece a un texto que aborda regularmente el sufrimiento de los justos. Los lamentos individuales y comunitarios constituyen casi la mitad del himnario del antiguo Israel.

Esperanza en la Desesperación

No importa cuán difícil sea la vida, cada lamento en los salmos tiene un momento al final en el que el salmista expresa confianza en Yahvé. El Salmo 6 es un lamento clásico donde el salmista lamenta su mala salud. Después de desesperarse por su salud, su dolor y sus enemigos, el tono cambia en el versículo 8:

> Apártense de mí, todos ustedes, hacedores de iniquidad,
> porque Yahvé ha escuchado mi llanto.
> ¡Yahvé ha escuchado mi súplica!
> Yahvé ha aceptado mi oración.
> Todos mis enemigos quedarán avergonzados y totalmente confundidos.
> Se retirarán y serán avergonzados en un instante. (vv. 8-10)

Cada salmo de lamento contiene una afirmación similar de confianza. Solo un salmo rompe el patrón: el Salmo 88. Ningún otro salmista canta con la desesperación del Salmo 88. La última palabra de este salmo es literalmente "oscuridad." Además, a diferencia de otros lamentos, el salmo no contiene una petición para que Dios haga algo respecto al sufrimiento del salmista. El Salmo 88 no contiene un momento de "¡Sáname!," "¡Ten compasión de mí!" o incluso "¡Hiere a mis enemigos!" como se encuentra en otros salmos de lamento. El salmista hace solo una petición, y aparece al principio del salmo:

> Oh Yahvé, Dios de mi salvación.
> De día y de noche clamo directamente a ti.
> Que mi oración llegue ante ti.
> Inclina tu oído a mi clamor desgarrador. (vv. 1-2)

Aunque el salmista se ha presentado ante Dios con peticiones antes (diariamente, según el v. 9), esta vez el salmista solo tiene una petición para Dios: "Escúchame". El salmista desea la atención de Dios para que lo divino pueda escuchar las formas en que la vida del salmista es difícil y, en última instancia, cómo es culpa de Dios sus problemas.

> Porque mi alma está llena de aflicción,
> y mi vida pende al borde de la tumba.

> Se me cuenta entre los que bajan a la fosa.
> Soy como alguien sin ayuda.
> Apartado entre los muertos,
> como los muertos que yacen en sepulcros,
> a quienes nunca vuelves a recordar.
> Han sido arrancados de tu mano.
> Me has puesto en lo más hondo del pozo,
> en las tinieblas profundas. (Sal 88:3-6)

El salmista no puede entender por qué su fidelidad a Dios es correspondida con sufrimiento y el silencio de Dios. "Pero yo, a ti clamo por ayuda, Yahvé. Por la mañana mi oración llega ante ti. ¿Por qué, Yahvé, rechazas mi alma? ¿Por qué escondes tu rostro de mí?"

Dios no tiene sentido. La vida no tiene sentido. La desesperación del salmista en el Salmo 88 proporciona la transición perfecta para leer el libro de Job.

Job: Obra Maestra de la Sabiduría Filosófica

Harold Kushner afirmó en su libro *Cuando a la Gente Buena le Pasan Cosas Malas* que, así como todo actor quiere interpretar a Hamlet, todo estudiante de la Biblia querrá escribir un comentario sobre Job.[7] Es difícil discutir ese punto. El libro de Job es extraordinario. Su poesía es compleja y hermosa. Su tema es atemporal. Su verdad es difícil de comprender. Aunque ha sido ampliamente estudiado, el libro ha generado poco consenso sobre su propósito y mensaje. Es una obra de genialidad de la comunidad Israelita, lo cual es irónico porque no parece ser una historia Israelita.

Job es originario de la desconocida tierra de "Uz" y es llamado "el más grande de todos los hijos de oriente." No se especifica al oriente de qué. El lejano oriente podría ser Babilonia. Un relato Babilónico llamado "La Teodicea Babilónica"[8] es un poema acróstico que toma la forma de un diálogo entre una persona y sus amigos sobre el sufrimiento. Un texto Sumerio de sabiduría titulado "El hombre y su Dios" narra la historia de un hombre justo que, aunque fiel a los dioses, sufre a manos de ellos.[9] El libro de Job no es una adaptación directa de ninguna de estas historias, pero la narrativa

---

7. Harold S. Kushner, *Cuando cosas malas le pasan a gente buena* (Anchor Books, 1981), 37. Irónicamente, Kushner cumplió su palabra y posteriormente escribió *El libro de Job: Cuando cosas malas le suceden a una buena persona*.

8. "La Teodicea Babilónica", *ANET*, 601–604.

9. "El hombre y su dios", *ANET*, 589–91.

bíblica pudo haberse inspirado en una o ambas. Como se ha mostrado, los autores Israelitas antiguos conocían y tomaban libremente de la literatura que los rodeaba, especialmente de relatos de sabiduría.

La historia también podría originarse más cerca de Israel. Bildad, amigo de Job, proviene de una ciudad en Edom, vecino de Israel.[10] Edom estaba asociado con la sabiduría,[11] por lo que "el oriente" en Job podría referirse más bien al sureste. Job podría ser una historia tradicional Edomita; sin embargo, no se debe descartar la posibilidad de que esta notable historia haya surgido dentro de la misma comunidad israelita.

Junto con la ubicación, también se debate la fecha de composición del libro. Algo en lo que coinciden los especialistas es que la historia se sitúa en la época de los antepasados. El lector no recibe muchos detalles sobre la vida de Job, pero su carácter moral es claro. Job era intachable y "temía a Dios y se apartaba del mal." Este detalle es fundamental para la lectura del libro de Job. De vez en cuando, los salmistas protestan su inocencia como justificación para la bendición y liberación de Dios. Por ejemplo: "Júzgame, Yahvé, porque he caminado en integridad, y en Yahvé he confiado sin vacilar. Examíname, Yahvé, pruébame. Escudriña mis emociones y mi mente" (Salmo 26:1-2); "Examina mis motivaciones. Visítame de noche y pruébame, y no hallarás ningún plan malicioso. Jamás pecaré con mi boca" (Salmo 17:3). Sin embargo, el lector de Job tiene la ventaja de saber que, en el caso de Job, él es intachable. La historia establece desde el principio que los acontecimientos que le suceden a Job no son consecuencia de una conducta malvada.

El inicio en prosa de dos capítulos del libro relata el sufrimiento inmerecido que le ocurre a Job y proporciona el contexto para lo que sigue: treinta y nueve capítulos de poesía compleja y hermosa que intentan dar sentido a un mundo sin sentido. Sin embargo, contrariamente a muchas interpretaciones, el libro de Job no explica la naturaleza del sufrimiento en el mundo. Más bien, el sufrimiento de Job es la manera en que se responde la pregunta de "el Satán" en Job 1:9: "¿Acaso teme Job a Dios de balde?." El Satán argumenta que las motivaciones de Job para obedecer no pueden conocerse, ya que Dios bendice la obediencia de Job. El objetivo del Satán es usar el sufrimiento para responder a la pregunta sobre las verdaderas motivaciones de Job.

---

10. Elifaz es de Temán, y Bildad y Zofar provienen de lugares en Arabia.

11. Abdías 8, Jeremías 49:7 y el libro apócrifo de Baruc 3:22 asocian la "sabiduría" con el país de Edom.

Después de perder su riqueza y a sus hijos en un solo día, Job se aferra a su fe. Se lamenta, pero adora a Dios diciendo: "Desnudo salí del vientre de mi madre, y desnudo allá volveré. Yahvé dio y Yahvé quitó. ¡Bendito sea el nombre de Yahvé!" (Job 1:21). El Satán se equivoca sobre la fe de Job. Desafortunadamente, en Job 2, el Satán insiste en su acusación ante Dios; como resultado, Job también pierde la salud. A partir de ese punto en la historia, la fidelidad de Job queda como una pregunta abierta. Durante el resto del

> ### *"El Satán" vs. "Señor Satán"*
>
> Un nuevo personaje aparece en el prólogo de Job. "HaSatán" (literalmente, "el Satán") se presenta ante Yahvé. Aunque ninguna traducción principal de la Biblia lo conserva, en dos de los tres pasajes en los que aparece la palabra "Satán" en la Biblia Hebrea, incluye el artículo "el." Además de las apariciones en Job, "el Satán" aparece en Zacarías 3, donde el personaje desafía la dignidad del sumo sacerdote Josué para ocupar el cargo. En la otra aparición del Antiguo Testamento, 1 Crónicas 21:1, "Satán" aparece sin el artículo definido y parece utilizarse más como un nombre que como un título. Sin embargo, en 1 Crónicas, las acciones de "Satán" cuentan la misma historia que aparece en 2 Samuel 24. La diferencia es que en 2 Samuel la ira del Señor motiva las acciones de David, y en 1 Crónicas es "Satán" quien motiva las acciones de David. A lo largo de la Biblia Hebrea (incluso en 1 Crónicas), el personaje de Satán está trabajando para Yahvé: dando evaluaciones de desempeño en Job, ofreciendo una evaluación de aptitud en Zacarías, o sirviendo como la personificación de la ira de Dios en 1 Crónicas.
>
> Ninguno de esos roles corresponde exactamente a lo que el Nuevo Testamento presenta como un "Señor Satán" plenamente realizado: un personaje maligno que interactúa con Jesús en las tentaciones de los Evangelios y que es expulsado en Apocalipsis. Parece claro que la palabra se utiliza de manera diferente entre los testamentos. Mientras que el Nuevo Testamento narra la historia de la personificación de todo lo que se opone a Dios en el mundo, la Biblia Hebrea parece tener la figura de "el Satán" o, literalmente, "el Acusador," que era ocupada por uno de los seres divinos. El trabajo de este ser divino era poner a prueba las motivaciones de las personas. La mejor metáfora contemporánea podría ser "fiscal acusador." Este personaje pone a prueba las motivaciones y determina la idoneidad de los seres humanos. El problema en Job es que las bendiciones de Dios a Job le han impedido hacer su trabajo.
>
> Aunque algunos piensan que el libro de Job es una competencia entre Dios y Satán, el libro no respalda esa interpretación. "El Satán" sale de la historia en el capítulo 2. En el libro de Job, la competencia es entre Dios y Job, y ambos personajes lo reconocen. Job llama a Dios su "adversario" y Dios responde a las acusaciones de Job al final.

libro, el lector no sabe si Job "temerá a Dios sin esperar nada a cambio" o maldecirá a Dios. Después de guardar silencio junto a sus amigos durante una semana, Job finalmente rompe el silencio con un lamento desesperado que, al igual que el lamento de Jeremías en Jer 20, maldice el día en que nació:[12] "¡Sea ese día oscuridad! Que Dios desde lo alto no lo busque, ni la luz brille sobre él" (3:4).

El lamento de Job utiliza varias alusiones a la creación de Dios en Génesis 1, pero de manera negativa. En lugar de decir "Hágase la luz," Job clama: "¡Que ese día se convierta en oscuridad!" En vez de que las estrellas marquen las estaciones como en Génesis 1, Job dice:

> Que la densa oscuridad se apodere de esa noche.
> Que no sea celebrada entre los días del año,
> y que no sea contada entre los meses.
> ¡Mira ahora! ¡Que esa noche sea estéril!
> ¡Que no se escuche en ella ningún grito de alegría! (3:6-7)

Si las alusiones a la anti-creación eran demasiado sutiles, Job las hace más explícitas en el versículo 8: "¡Maldíganla los que maldicen los días, los expertos en despertar a Leviatán!" Puede parecer extraño que una queja personal invoque a un monstruo marino; sin embargo, en el Antiguo Testamento, el Leviatán es la personificación del caos primordial. El dolor y la desesperación de Job son tan grandes que desea que el caos se despierte y que la creación ordenada de Dios se deshaga. En Jeremías 20, Jeremías desea no haber nacido nunca. En Job 3, Job desea que nadie más haya nacido tampoco.

En el Salmo 88, el salmista no se alinea explícitamente con el enemigo de la creación ordenada de Dios como lo hace Job; su expresión de desesperación podría ser incluso peor. El lenguaje que utiliza para describir su desesperación implica que Dios es el verdadero agente del caos en su vida.

> Tu ira pesa sobre mí,
> y tus olas me oprimen
> ...
> Tu furia ha pasado sobre mí,

---

12. Nunca subestimes la ingeniosidad humana para eludir las reglas. La Torá prohíbe maldecir a Dios (Levítico 24:13-16) o a tus padres (Éxodo 21:17) bajo pena de muerte. Al maldecir tu cumpleaños, puedes expresar tu frustración y reprochar tanto a Dios como a tus padres sin temor a ser castigado.

> tus terrores me están acabando.
> Cada día me rodean como el agua,
> me envuelven por completo. (vv. 7, 16-17)

El Salmo 88 utiliza el lenguaje de aguas embravecidas para hablar del caos en su vida—un caos del cual acusa a Dios de ser responsable.

Existe otro punto de conexión entre el Salmo 88 y Job: sus amigos no les ayudan. Aunque al menos los amigos del salmista no empeoran la situación, lo abandonan: "Has alejado de mí a mis seres queridos y amigos. Mi única compañía es la oscuridad" (Sal 88:18). Los amigos de Job guardan silencio durante una semana, pero se sienten incómodos después de que Job se alinea con el enemigo de la buena creación de Dios. Después de que Job rompe el silencio, el libro presenta tres ciclos de largos discursos, desde el capítulo 3 hasta el capítulo 31, y Job y sus amigos se alternan para hablar. Al principio, los discursos podrían leerse como intentos de responder a las preocupaciones del otro, pero al final, simplemente hablan sin escucharse. Los amigos de Job lo acusan de autojustificarse al afirmar que es inocente. Job no encuentra ayuda ni consuelo en sus amigos ni en sus palabras.

> Soy motivo de burla para mis amigos.
> Yo mismo clamé a Dios y Dios respondió:
> "El justo y sin culpa es motivo de burla." (Job 12:4)

> Mis amigos me desprecian ante Dios mientras las lágrimas corren por mis mejillas. (16:20)

> Todos mis amigos más cercanos me aborrecen. Y aquellos a quienes he amado se han vuelto contra mí. (19:19)

De hecho, como el salmista del Salmo 88, todo lo que Job puede ver es oscuridad: "Mi rostro se ha enrojecido de tanto llorar. Y la oscuridad ha cubierto mis párpados" (Job 16:16).

El lector sabe desde el capítulo 1 que Job es intachable y que el sufrimiento que experimenta no está relacionado con ningún pecado en su vida. Sus amigos no le ofrecen consuelo porque el lector sabe que sus amigos están equivocados, lo cual es irónico porque lo que dicen parece tener sentido. Elifaz le recuerda que nadie es verdaderamente inocente: "¿Puede un ser humano ser justo delante de Dios? ¿Puede alguien ser puro ante su hacedor?" (4:17). Y Dios obra de maneras misteriosas, así que Job debería mantenerse del lado de Dios: "Sin embargo, yo mismo buscaría a Dios; a Él encomendaría mi causa" (5:8).

Bildad, sin saber lo que ocurre al inicio del libro, no puede soportar que Job crea que es inocente. Obviamente, Dios nunca dañaría a un inocente, así que Job debe ser culpable. Bildad pregunta: "¿Acaso Dios tuerce la justicia? ¿Acaso el Todopoderoso tuerce lo que es recto?" (8:3).

El tercer amigo de Job, Zofar, va más allá y señala que, evidentemente, Job está recibiendo lo que merece. Zofar piensa que Job debería sentirse afortunado de que su castigo no sea peor:

¿No deberían responderse tus muchas palabras?
¿Debe considerarse justo a un charlatán?
¿Tus alardes deben quedar sin respuesta?
¿No debería alguien avergonzarte por tu burla?
Tú dices: "Mi enseñanza es pura"
y "¡Estoy limpio ante tus ojos!"
...
Pero deja que Dios te muestre los secretos de la sabiduría, porque la comprensión es compleja.
¡Debes saber que Dios incluso ha olvidado parte de tu iniquidad!
(11:2-4, 6)

Sin embargo, tanto Job como el lector saben que estos castigos no son consecuencia de la culpa. Esto lleva a Job a la inquietante conclusión de que Dios sí tuerce la justicia. Al igual que el Maestro en Qohelet, Job respeta la posición de Dios pero expresa su frustración porque Dios no es justo. De hecho, seguir la revelación indirecta de los Proverbios ha llevado a Job a conclusiones inquietantes sobre Dios y el mundo. Ya que él sabe que es inocente y está sufriendo, evidentemente Dios es irresponsable y caprichoso. Los malvados prosperan:

"Pero las tiendas de los bandidos están en paz, y los que provocan a Dios, los que llevan a sus dioses en sus manos, viven seguros" (12:6).

El salmista en el Salmo 73 tuvo el mismo problema con los malvados:

No tienen lucha en su muerte
y sus cuerpos están bien alimentados.
No tienen los problemas que tienen los demás.
No son afligidos como otros. (vv. 4-5)

La única conclusión a la que se puede llegar es que la justicia es arbitraria:

Dios lleva a los consejeros a la vergüenza y convierte a los jueces en necios.
Dios quita los cinturones de los reyes y los ata con ellos.
Dios se lleva desnudos a los sacerdotes y derriba a los poderosos.
Dios silencia a los que son dignos de confianza y quita el discernimiento de los ancianos.
Dios vierte desprecio sobre los nobles y afloja el cinturón de los fuertes.
(Job 12:17-21)

Job incluso ensaya lo que le diría a Dios si pudiera mantener la calma y no ser abrumado por la presencia divina:

Yo le diría a Dios: "¡No me condenes!
¡Muéstrame qué tienes en mi contra!
¿Te parece bien oprimir a la gente?
¿Despreciar la obra de tus manos
mientras favoreces las acciones de los malvados?" (10:2-3)

Desafortunadamente, Job sabe que aunque es inocente, no puede esperar contender con Dios:

Si se trata de fuerza, ¡Dios es poderoso!
Si se trata de justicia, Dios dirá: "¿Quién puede igualarme?"
Aunque soy inocente, mi propia boca me acusaría.
Aunque soy irreprochable, se me mostraría como perverso. (9:19-20)

Job desea un mediador que no se intimide ante Dios y que pueda defender su inocencia ante lo divino.

Porque Dios no es como yo,
no es como un ser humano común al que yo pudiera responder.
No hay mediador entre nosotros
que pueda poner la mano sobre ambos. (9:32-33)

Finalmente, el sufrimiento de Job supera su paciencia, y exige que Dios se presente ante él y le muestre pruebas para justificar su castigo. La queja de Job ha ido más allá del "Oh Yahvé, ¿por qué escondes tu rostro de mí?" de Salmo 88:14, a "¡Yahvé, baja aquí y respóndeme!"

En el discurso culminante de Job en el capítulo 31, él presenta un recuento completo de su comportamiento, desafiando a Dios a que aparezca y demuestre que está equivocado. Este reto culmina con Job firmando una acusación contra Dios y exigiendo una acusación escrita del Todopoderoso que enumere de qué es culpable.

> ¡Ah, si tuviera a alguien que me escuchara!
> Aquí está mi firma. ¡Que el Todopoderoso me responda!
> En cuanto a una acusación de mi adversario,
> si tuviera una, ¡la llevaría sobre mi hombro!
> ¡La alzaría y la luciría como una corona!
> Pero puedo dar cuenta de mis pasos,
> ¡y podría acercarme a mi adversario como un príncipe! (31:35-37)

Si Dios pudiera presentar una razón para el castigo, Job la llevaría en su cabeza, pero Job está seguro de que Dios no puede hacerlo. La frustración de Job puede ser lo que el salmista en Salmo 73:16 quiso decir con: "Por poco se deslizan mis pies," para expresar lo que Job consideraría una subestimación: "Cuando traté de entender esto, fue muy difícil para mí" (v. 16). Uno podría esperar que Dios apareciera para responder a los cargos que un Job insolente ha presentado. Pero Job tenía razón en Job 9:19: "¿Quién puede convocar a lo divino?" Dios no aparece sino hasta siete capítulos después.

Los capítulos intermedios están llenos de los discursos de Eliú, un cuarto amigo previamente no mencionado que aparece de la nada e intenta (sin éxito) reprender a todos en la historia. Aunque muchos estudiosos suponen que los discursos de Eliú fueron añadidos posteriormente al libro, narrativamente, los discursos de Eliú ofrecen un espacio entre la convocatoria de Job y la aparición de lo divino. La soberanía de Dios se preserva ya que el reto de un simple mortal no puede convocar a lo divino.

Dios finalmente se manifiesta de la manera en que Job lo imaginó en Job 9: "sacudiendo la tierra... ordenando al sol... extendiendo los cielos y pisoteando las olas." Las primeras palabras de Dios confirman todo lo que Job temía. Dios es demasiado grande para enfrentarlo.

> Yahvé respondió a Job desde la tormenta, diciendo:
> "¿Quién es este que oscurece el plan divino, hablando palabras sin conocimiento?
> Prepárate como un adulto. Yo te preguntaré, y tú me responderás." (Job 38:1-3)

Dios tiene una lista de preguntas para Job antes de responder a las preguntas de Job, y todas las preguntas de Dios enfatizan el mismo punto: Dios es Dios, y Job no lo es.

> ¿Dónde estabas tú cuando se fundó la tierra?
> Dímelo, si tienes conocimiento.
> ¿Quién estableció sus medidas, si lo sabes,
> o quién tendió sobre ella la cuerda de medir?
> ¿Sobre qué están puestos sus cimientos,
> o quién colocó su piedra angular?
> ¿Cuando las estrellas de la mañana cantaban juntas
> y todos los seres celestiales gritaban de alegría? (38:4-7)

Las preguntas de Dios incluso llegan a ser sarcásticas:

> ¿Dónde se encuentra la morada de la luz?
> ¿Dónde está el lugar de la oscuridad?
> Para que puedas llevarlas hasta sus límites.
> ¿Conoces el camino a su casa?
> ¡Seguro que lo sabes,
> porque naciste entonces y eres tan viejo! (vv. 19-21)

A favor de Job, él comprende que está perdiendo esta discusión, e intenta interrumpir a Dios y rendirse.

> Job respondió a Yahvé diciendo:
> He aquí, soy de poca importancia.
> ¿Qué podría responderte?
> Me tapo la boca con la mano.
> He hablado una vez,
> pero no puedo responder.
> Dos veces, pero no volveré a hacerlo. (Job 40:3-5)

Sin embargo, Dios necesita responder al primer desafío de Job: el levantar al dragón del caos acuático, Leviatán. Por si fuera poco, también se menciona al Behemot, el equivalente terrestre del caos. Si Job pensaba que despertar a Leviatán asustaría o intimidaría a Dios, estaba equivocado. Dios quiere dejar clara la equivocación de Job:

¿Puedes acaso sacar a Leviatán con un anzuelo? ¿O sujetarlo con una cuerda?
¿Puedes ponerle una soga en la nariz? ¿O perforar su mejilla con un garfio?
¿Te rogará muchas veces si le hablas con dulzura?
¿Hará un pacto contigo para que lo tomes como siervo para siempre?
¿Podrás jugar con él como con un pájaro? ¿O atarlo para tus niñas?
¿Negociarán los comerciantes por él? ¿Lo repartirán entre los mercaderes?
¿Podrás llenar su piel de arpones o su cabeza de lanzas de pescador?
¡Pon tu mano sobre él y conocerás la guerra, y no lo volverás a intentar!
(Job 41:1-8)

Lejos de ser el archienemigo de Dios, Leviatán es un juguete. Jon D. Levenson llama al Leviatán en Job un "patito de hule para lo divino."[13] El Salmo 104 presenta un Leviatán que no es enemigo de Dios, sino parte del orden creado por Él:

¡Este es el mar! ¡Grande, espacioso y ancho!
¡Allí hay seres que se arrastran y muchísimos seres vivos que no se pueden contar!
¡Pequeños y grandes!
Allí navegan los barcos,
y el Leviatán que tú formaste juega en él.
Todos ellos esperan en ti
para recibir su alimento a su tiempo.
Tú les das de comer, y ellos lo recogen.
Abres tu mano, y se sacian de bienes.
(Salmo 104:25-28)

Después de que Dios termina de bombardear a Job con preguntas, Job cede.

Entonces Job respondió a Yahvé:
«Yo sé que tú puedes hacer todas las cosas,
y que ningún propósito tuyo es imposible.
'¿Quién es este que oscurece el plan divino sin conocimiento?'
En verdad hablé de lo que no entendía,
cosas demasiado maravillosas para mí, que no puedo comprender.

---

13. Jon D. Levenson, *La creación y la persistencia del mal: El drama judío de la omnipotencia divina* (San Francisco: Harper & Row, 1988), p. 57.

'Escucha ahora, que yo hablaré.
Te preguntaré y tú me instruirás':
De oídas había oído hablar de ti,
pero ahora mis ojos te han visto.
Por eso me retracto de mi actitud,
y me arrepiento en polvo y ceniza.» (Job 42:1-6)

Job reconoce el poder de Dios (algo que siempre reconoció), y como lo prometieron el salmista en el Salmo 73 y el Maestro en Eclesiastés, Job se siente satisfecho en la presencia de Dios. Finalmente, en Job 42, el Satán queda demostrado como equivocado. Job temerá a Dios incluso cuando Dios no tenga sentido.

> ### Job: Una Teodicea Insatisfactoria
>
> Algunos llaman al libro de Job una teodicea. Las teodiceas intentan responder por qué un Dios todopoderoso y completamente bueno permitiría la existencia del sufrimiento. La pregunta sobre el "problema del mal" sigue siendo la principal interrogante que las personas tienen respecto a lo divino.
>
> Si el libro de Job intenta responder esa pregunta, es una respuesta insatisfactoria que pone en entredicho la bondad de Dios. Job se acerca a Dios preguntando por qué está sufriendo, y Dios le responde: "Tú no sabes cómo ser Dios. Cuando lo sepas, podremos tener esta conversación". Si Job es una teodicea, Dios parece condescendiente y cruel.
>
> En lugar de responder al problema del mal, el libro de Job responde a la pregunta de Satanás en Job 1:9. El sufrimiento de Job es una prueba para ver si él seguirá a Dios incluso cuando Dios no tenga sentido para él. Leído de esta manera, los discursos de Dios no responden a las *preguntas* de Job, sino a su *necesidad*. Dios le recuerda a Job exactamente en quién se le está pidiendo confiar. Cuando Job se encuentra y es recordado del poder de Dios, se cubre la boca con la mano y demuestra que seguirá a Dios pase lo que pase.

Dios entonces reprende a los amigos de Job. Su teología, aunque parecía correcta, estaba equivocada: "Después de que Yahvé habló estas palabras a Job, Yahvé dijo a Elifaz el temanita: 'Mi ira se enciende contra ti y contra tus dos amigos porque no han hablado de mí con verdad, como mi siervo Job'" (Job 42:7). Si se considera lo atrevido e incluso insultante que fue Job hacia Dios en sus discursos, esta declaración de Dios puede parecer sorprendente. La lección que se desprende de Job y de los salmos de lamento es que Dios desea una comunicación auténtica. Tanto la alabanza del Salmo

100 como las acusaciones del Salmo 88 son oraciones aceptadas por Dios, y ambas forman parte del himnario de Israel. Para algunos, la restauración de Job se interpreta como una aprobación de ambos caminos. Después de todo, Job es obediente y, posteriormente, es bendecido. Sin embargo, la restauración de Job podría decir más acerca de Dios que del propio Job. Job es restituido con el doble de sus posesiones anteriores. Esta doble restitución corresponde a la cantidad que, según Éxodo 22:7, un ladrón debe pagar como compensación a quien perdió sus bienes. Que Dios utilice este número en la restauración de Job puede ser un reconocimiento de parte de Dios de que Job tenía razón: lo que le fue quitado a Job, le fue quitado injustamente.[14]

Conclusión

Reconociendo el peligro de estar de acuerdo con uno de los amigos de Job, tal vez Zofar tenía razón cuando dijo que "la sabiduría es compleja" (Job 11:6), y los salmos muestran toda esa complejidad. Los salmistas, igual que los sabios de Israel, ofrecen una verdad que surge del intento de vivir en el mundo, tanto en las respuestas como en las preguntas. Como dijo el Maestro: "El fin de todo el discurso oído es: teme a Dios y guarda sus mandamientos" (Eclesiastés 12:13). Quizá, en última instancia, eso es lo que conecta la sabiduría con la Torá. A medida que la humanidad vive y observa el mundo, cualquier verdad que ayude a cumplir los mandamientos es sabiduría. A veces esa verdad se encuentra en las respuestas que ofrece el consejo práctico de Proverbios y el Salmo 37, y a veces esa verdad se halla en las preguntas que desafían toda respuesta, como en Job y el Salmo 88.

---

14. Algunos sugieren que el hablante de la última parte de lo que tradicionalmente se identifica como el discurso de Job en Job 42:2-6 podría ser Dios. Job 42:5-6 sería la disculpa de Dios hacia Job, lo cual daría sentido a 42:7: "después de que Yahvé hubo hablado estas palabras a Job". Véase Troy W. Martin, "Concluding the Book of Job and YHWH: Reading Job from the End to the Beginning", *JBL* 137/2 (verano de 2018): 299–318.

Preguntas para Profundizar

1. ¿Cómo afecta la comprensión de la naturaleza distinta de la inspiración de la literatura sapiencial la manera en que se lee este género en comparación con el resto del material del canon?

2. ¿El Salmo 1 es una instrucción sobre la "sabiduría práctica" o un estímulo para la "sabiduría escéptica?"

3. James Sanders dijo: "El canon es autocorrectivo". ¿Cómo se manifiesta esta afirmación en la literatura sapiencial?

4. ¿La honestidad de Job, Qohelet o el salmista del Salmo 88 desafía o fortalece la fe? ¿Qué nos enseñan estos textos sobre cómo orar?

5. Si, como se argumenta en el capítulo, el libro de Job es una historia sobre Dios y Job (no sobre Dios y Satanás o Satanás y Job), ¿de qué trata el libro?

Capítulo 11

Exilio

¡Me dijiste que regresara al principio! Así que lo he hecho. Aquí es donde estoy, y aquí es donde me quedaré. No me moverán.

—Íñigo Montoya, en *The Princess Bride*

Los Salmos y el Exilio

No se puede sobrestimar la importancia del exilio en la vida de Judá. El exilio Babilónico fue un final y un comienzo: el final de la monarquía dividida y de la nación de Judá, y el inicio del "Judaísmo" tal como se conoce actualmente. Muchas de las interpretaciones contemporáneas de la fe Judía tienen su origen en el exilio. El exilio marcó el fin de las vocaciones de reyes y profetas, y el inicio de una nueva vocación: los "escribas," quienes preservarían y llegarían a ser expertos en la Torá. La adoración de ídolos terminó y comenzó el proceso de canonización. El exilio es la corriente subyacente de todo el Antiguo Testamento, moldeando su estructura. Las decisiones sobre qué relatos antiguos conservar y cómo contarlos fueron influenciadas por la experiencia del exilio. Si bien con razón muchos consideran que la historia del éxodo es fundamental para la identidad Judía, la historia fue preservada porque un pueblo en el exilio necesitaba un "nuevo éxodo" que los sacara de la cautividad.

Nadie sabe exactamente cómo era el "cancionero de la antigua Israel" cuando comenzó el exilio. Si los "libros" del Salterio son aproximadamente indicativos de periodos de composición, como se ha sugerido antes, entonces cuando Nabucodonosor exilió por primera vez a las clases altas de la sociedad a Babilonia en el año 598 a.e.c., los exiliados quizá contaban con una pequeña colección de salmos de los Libros I y II (Salmos 1–72). Muchos salmos luchan con la dificultad, y algunos reflejan explícitamente preocupaciones propias del exilio. Los salmos del Libro III enfrentan la realidad de un templo destruido (como en el Salmo 74) y la pérdida de un rey (como en el Salmo 89). Los salmos de los Libros III–V (73–150) reflejan de manera más explícita las luchas y cambios teológicos que ocurrieron durante el exilio. Incluso los salmos mencionan a los responsables del exilio, contra quienes desean que llegue el juicio, como Edom y Babilonia en el Salmo 137.

Eso no significa que no se pueda encontrar el exilio en salmos anteriores. Las conexiones con el exilio también pueden ser más sutiles. En el Salmo 44, el salmista lamenta:

> Aun así, nos has rechazado y humillado.
> No has salido con nuestros ejércitos.
> Nos has hecho retroceder ante el enemigo,
> ¡y los que nos odian nos han saqueado!
> Nos has entregado como ovejas para ser devoradas
> y nos has dispersado entre las naciones. (vv. 9-11)

El lenguaje de exilio en el salmo es evidente, pero lo que no es tan claro es a qué exilio se refiere. Este salmo podría pertenecer a una ocasión posterior y referirse al exilio Babilónico del siglo VI a.e.c. También podría reflejar un origen en el norte y hacer referencia al exilio Asirio del reino del norte en el año 722 a.e.c. O bien, podría referirse a un problema completamente diferente. El proceso exacto de canonización de los Salmos es desconocido, y no se puede ser demasiado definitivo respecto a las fechas de composición y edición sin correr el riesgo de exagerar. Si el Salmo 44 y otras partes del "Salterio Elohísta" (Salmos 42–84) provienen del reino del norte, esta "dispersión entre las naciones" en el Salmo 44 podría referirse a la práctica Asiria de tomar a un pueblo conquistado y asentarlo en todo su imperio para prevenir levantamientos. ¡Es una situación trágica cuando los estudiosos no pueden usar el tema para fechar un texto porque no se puede identificar a qué destrucción e identidad sacudida, o a qué encarcelamiento, podría estar haciendo referencia el texto!

El sufrimiento del exilio siempre trajo preguntas difíciles para lo divino, ya que los salmistas trataban de procesar la realidad del exilio:

> ¿Hasta cuándo, Yahvé?
> ¿Estarás enojado para siempre?
> ¿Arderá tu celo como fuego?
> ¡Derrama tu ira sobre las naciones que no te conocen
> y sobre los reinos que no invocan tu nombre!
> Porque han devorado a Jacob
> y han dejado sus pastos desolados. (Salmo 79:5-7)

> Comandante supremo Yahvé,
> ¿hasta cuándo te enfurecerás contra las oraciones de tu pueblo?
> ¿No los has alimentado ya con lágrimas por comida?
> ¿Y les has hecho beber una medida de su propio llanto?
> Nos has hecho motivo de vergüenza ante nuestros vecinos,
> y nuestros enemigos se burlan de nosotros. (Sal 80:4-6)

> [Oh Dios,] ¿estarás enojado con nosotros para siempre?
> ¿Prolongarás tu ira a las futuras generaciones?
> ¿No volverás a nosotros y nos darás vida,
> para que tu pueblo se regocije en ti? (Sal 85:5-6)

Muchas de estas preguntas del exilio giraban en torno a la pérdida. Específicamente, ¿cómo puede el pueblo procesar la pérdida de los tres aspectos indispensables de la identidad religiosa: el templo sagrado, la ciudad santa y una realeza santa? ¿Cómo puede el pueblo de Dios seguir siendo el pueblo de Dios sin estas manifestaciones de la presencia de Dios entre ellos?

El Templo, Jerusalén y David

Templo

Cualquier época de dificultad u opresión se sentía como un rechazo de parte de Dios, pero la pérdida del templo intensificó los sentimientos de abandono. El Salmo 74 intenta procesar ese rechazo:

> Oh Dios, ¿por qué nos rechazas para siempre?
> ¿Por qué arde tu enojo contra las ovejas de tu prado?
> Recuerda a tu congregación, la que adquiriste hace mucho tiempo,
> la que rescataste como tribu de tu herencia,
> y recuerda que habitaste en el monte Sion.
> Dirige tus pasos hacia las ruinas permanentes,
> hacia todo el daño que tus enemigos han causado en el santuario.
> Tus enemigos rugen en medio de tu lugar sagrado.
> Han colocado sus estandartes allí. (vv. 1-4)

La destrucción del templo era imposible de comprender. El razonamiento era sencillo: el templo representaba la casa de Dios—y no de manera figurada. Dios habitaba en el templo. Incluso si la situación parecía crítica, todos estaban seguros de que Dios nunca permitiría que algo le sucediera a su morada divina.

Los profetas habían intentado advertir al pueblo para que no se dejaran engañar. De pie en las puertas del templo, Jeremías advirtió al pueblo que no confiara en eslóganes ni en lemas, sino que actuara con misericordia hacia los inmigrantes y los desprotegidos:

> Así dice el Supremo Comandante Yahvé, Dios de Israel:
> "Busquen la verdadera bondad en la manera en que viven
> y en las cosas que hacen,
> entonces habitaré con ustedes en este lugar."
> No confíen en estas palabras engañosas que dicen:
> "¡El templo de Yahvé—El templo de Yahvé—El templo de Yahvé
> está aquí!" (Jeremías 7:3-4)

Yahvé dejó en claro que lo divino no habitará con nadie cuya vida no esté definida por la justicia. Eslogans ingeniosos y actos de adoración solo para aparentar alejarán a Dios, y en una visión con imágenes apocalípticas, Ezequiel vio exactamente eso. Como resultado de la falta de justicia y misericordia del pueblo, la gloria de Dios abandonó el templo:

> Entonces la gloria de Yahvé salió de encima del umbral de la
> casa y se posó sobre los querubines. Y los querubines alzaron
> sus alas y se elevaron de la tierra ante mis ojos. Cuando ellos iban,
> las ruedas iban junto a ellos. Y se detuvieron a la entrada de la
> puerta oriental de la casa de Yahvé, y la gloria del Dios de Israel estaba
> sobre ellos. (Ezequiel 10:18-19)

En otras palabras, el edificio en Jerusalén que Dios antes llamó hogar ahora era un edificio común, y los edificios comunes pueden ser destruidos. Aun así, el salmista no entendía cómo Dios podía tolerar tal insulto y apeló a Dios recordándole la deshonra y la vergüenza que debería sentirse por el trato dado a la (antigua) morada santa:

> Parecían personas blandiendo hachas en medio de un bosque de árboles.
> Y ahora, están destrozando los grabados,
> con hachas y martillos juntos.
> Han incendiado tu santuario.
> Han profanado la morada de tu nombre
> hasta los cimientos.
> Se dijeron a sí mismos:
> "Los oprimiremos juntos."

Han quemado todos los lugares de reunión en el país.
No vemos nuestras banderas.
Ya no hay profeta,
y nadie sabe cuánto tiempo durará esto.
¿Hasta cuándo, oh Dios?
¿Hasta cuándo el enemigo se burlará?
¿Y el enemigo desprecia tu nombre?
¿Para siempre? (Sal 74:5-10)

¡Dios, las naciones han invadido tu herencia!
Han profanado tu santo templo.
¡Han dejado Jerusalén en ruinas! (Sal 79:1)

Un desarrollo teológico significativo que surgió del exilio fue, en muchos sentidos, un regreso a la idea de un dios portátil. El poderoso mensaje del tabernáculo era que Yahvé acompañaría a su pueblo dondequiera que fueran. El templo en Jerusalén había creado un lugar fijo y limitado la visión que el pueblo tenía de lo divino.

David

La pérdida del templo ya era suficientemente difícil. Al sumar la pérdida de la monarquía Davídica, el pueblo de Judá enfrentó otra crisis teológica que era imposible de comprender. Al igual que el templo, el pacto Davídico de 2 Samuel 7 era una manifestación eterna del compromiso de Dios con Israel. El exilio significó que Judá tuvo que enfrentarse a una realidad eterna que ya no existía. ¡Dios parecía haber roto una promesa divina eterna e incondicional! ¿Cómo podía terminar un pacto eterno? Los descendientes de David debían sentarse en el trono "para siempre." Era una realeza eterna. Ahora había terminado. ¿Cómo podía tener sentido eso?

El último salmo del Libro III, el Salmo 89, plantea precisamente esa pregunta. El salmo está estructurado como un lamento invertido, con la alabanza antes de la queja. Comienza celebrando cómo siempre se puede confiar en Dios:

¡Cantaré por siempre tu amor fiel, Yahvé!
De generación en generación proclamaré tu fidelidad con mi boca.
Porque he dicho que tu amor fiel está edificado para siempre.
Tu fidelidad es tan firme como los cielos.

Siete veces en los versículos 1-37 (Sal 89:1, 2, 4, 28, 29, 36, 37), la palabra "para siempre" celebra la fidelidad eterna de Dios. Incluso se utiliza explícitamente para enfatizar la promesa eterna de Dios en el pacto Davídico, el tema dominante del salmo.

> He hecho un pacto con mi escogido.
> He jurado a David, mi siervo:
> "Estableceré para siempre a tus descendientes,
> y edificaré tu trono de generación en generación." (Sal 89:3-4)

Usando un lenguaje absoluto, sin provisión para excepciones, la primera mitad del salmo recuerda y celebra la promesa de Dios sobre la realeza eterna de David:

> Entonces hablaste en visión a tus fieles,
> y dijiste: "He puesto un ayudante sobre los poderosos,
> he exaltado a uno escogido entre el pueblo.
> He hallado a mi siervo David,
> con aceite santo lo he ungido.
> Mi mano lo sostendrá,
> y ciertamente fortaleceré a sus descendientes.
> El enemigo no lo engañará,
> ni los hijos de iniquidad lo oprimirán.
> Aplastaré a sus adversarios delante de él,
> y heriré a los que lo odian.
> Que la fidelidad y mi amor comprometido estén con él,
> y en mi nombre será exaltado su poder." (vv. 19-24)

La relación entre Dios y David va más allá de la de un patrón y su cliente. David, y por extensión su descendencia, verá a Dios como una figura paterna:

> Él mismo me llamará:
> "Padre mío, tú eres mi roca y mi salvación."
> También yo mismo lo haré mi primogénito,
> el más excelso de los reyes de la tierra. (vv. 26-27)

La naturaleza eterna del pacto davídico es innegociable. Dios dijo que duraría para siempre.

> Para siempre le mantendré mi amor comprometido.
> Mi pacto con él es seguro.
> Estableceré a sus descendientes y su trono para siempre,
> mientras duren los cielos. (vv. 28-29)

La primera mitad del salmo concluye celebrando la inviolabilidad de la palabra y el pacto divinos, recordando a todos, incluso a lo divino, que la palabra de Dios nunca se puede romper:

> Nunca romperé mi amor comprometido por él,
> y nunca mentiré sobre mi fidelidad.
> No profanaré mi pacto,
> ni cambiaré lo que ha salido de mis labios.
> Una vez por todas he jurado por mi santidad;
> no le mentiré a David.
> Su linaje será para siempre.
> Su trono perdurará como el sol.
> Será tan permanente como la luna—
> ¡un testimonio fiel en el cielo! (vv. 33-37)

Por siempre Dios es fiel. Por siempre permanece la palabra de Dios. Por siempre. Por siempre. Por siempre.

Este lenguaje resulta inspirador para lecturas litúrgicas y cantos motivacionales. Sin embargo, en el contexto del salmo, esta confianza y fe es solo el preludio de lo que el salmista realmente quiere abordar—una preparación para lo que viene en el Salmo 89:38, cuando el tono del salmo cambia drásticamente. Para el salmista, "lo que es" no tiene sentido después de considerar lo que fue prometido. El salmista acusa a Dios de romper un pacto eterno:

> Pero ahora, has despreciado,
> y has rechazado.
> Te has enojado con tu ungido.
> Has aborrecido el pacto de tu siervo.
> Profanaste su corona en el polvo.
> Has derribado todos sus muros.
> Has convertido su fortaleza en un montón de ruinas. (vv. 38-40)

Después de treinta y siete versículos celebrando la naturaleza eterna de las promesas de Dios, el salmista intenta reconciliar esa verdad con su experiencia de vida: "¿Dónde está el amor comprometido desde el principio, oh Soberano? ¿El que juraste a David por tu propia fidelidad?" (Sal 89:49).

El salmo termina con lo que podría ser la bendición final más irónica de la Biblia. Después de celebrar repetidamente el compromiso eterno de Dios al principio del salmo y enfatizar cómo la palabra de Dios dura para siempre, solo para luego expresar por qué no fue para siempre, el salmista cierra el salmo con esto: "Sea Yahvé bendito para siempre. Amén y Amén" (v. 52). Este "para siempre" podría ser una bendición sincera. Ante preguntas y sin respuestas, el salmista también podría estar burlándose de la aparente nueva definición de "para siempre" de Dios.

Al igual que la pérdida del templo le trajo a la memoria al pueblo que Dios caminó con ellos en el desierto, la pérdida de la monarquía Davídica le permitió al pueblo mirara atrás, a una época después de cruzar el mar, cuando Dios fue celebrado por primera vez como rey. La monarquía Davídica sigue siendo importante, y se desarrollan expectativas mesiánicas. Sin embargo, la realeza de Yahvé es la que responde la pregunta del salmista.

Jerusalén

Varios salmos, como el Salmo 74 y el Salmo 89, procesan la realidad del exilio con referencias específicas a lo que se perdió. Sin embargo, a menudo "Jerusalén" y "Sión" se utilizan como metonimias para toda la pérdida que trajo el exilio. En otras palabras, los autores suelen resumir la destrucción del exilio, incluyendo el templo y la monarquía, simplemente haciendo referencia a la pérdida de "Jerusalén."

La pérdida de Jerusalén y Sión es el tema de lo que quizá sea el más oscuro de los salmos imprecatorios (o "salmos de maldición"), el Salmo 137. El salmista canta deseando venganza contra Babilonia, esperando desesperadamente que la misma crueldad que ellos sufrieron recaiga sobre Babilonia:

> Junto a los ríos de Babilonia, allí nos sentamos,
> y sí, lloramos, al recordar a Sión.
> En medio de los sauces,
> colgamos nuestras arpas.
> Porque allí, quienes nos mantenían cautivos nos pidieron que escribiéramos una canción.
> Nuestros opresores nos pidieron alegría:
> "Cántenos un canto de Sion."

¿Cómo cantaremos el canto de Yahvé estando en tierra extraña?
Si yo te olvido, Jerusalén,
que mi mano derecha se olvide de mí.
Que mi lengua se pegue a mi paladar, si no te recuerdo.
¡Si no pongo a Jerusalén por encima de mi mayor alegría!
Recuerda, Yahvé, a los hijos de Edom en el día de Jerusalén—
los que decían: "¡Destrúyanla, destrúyanla hasta los cimientos!" ¡Contra la ciudad!
Hija de Babilonia, la destructora,
Dichoso el que cumpla
y te pague conforme a lo que nos hiciste.
Dichoso aquel que agarre
y estrelle a tus hijos contra las rocas. (Salmo 137:1-9)

Los Edomitas se convirtieron en objeto de una salmo de maldición originalmente dirigido a Babilonia al aliarse con Babilonia durante la invasión. La traición de los Edomitas es recordada en varias discusiones del exilio. Ezequiel advierte que, porque los edomitas buscaron venganza contra Judá durante la invasión, Dios traería juicio sobre ellos:

> Así dice el Soberano Yahvé: "Por los actos de Edom, tomando venganza excesiva contra la casa de Judá, son culpables de venganza contra ellos. Por lo tanto, así dice el Soberano Yahvé: Extenderé mi mano contra Edom y eliminaré de ella a hombres y animales. La convertiré en un desierto. De Temán a Dedán caerán a espada." (Ezequiel 25:12-13)

Aunque es difícil imaginar cantar un canto de adoración basado en el Salmo 137, este salmo está incluido entre el "cancionero del antiguo Israel." Además, el Salmo 137, al igual que el Salmo 88, nos recuerda que la oración y la adoración surgen desde un lugar de autenticidad en el texto bíblico. El cantor está lleno de ira, y esa ira es oración. Significativamente, es una ira honesta que pide a Dios que actúe, no ser el instrumento de su propia venganza. El salmista también pide que Babilonia sufra de la misma manera que hicieron sufrir a Judá.

Aunque la ira se manifiesta ocasionalmente, más comúnmente la reacción al exilio es una desesperación desconcertante:

En el día de mi angustia, busco a mi Soberano.
Mi mano se extiende de noche y no se cansa.
Sin embargo, mi alma se niega a ser consolada.

Recuerdo a Dios y grito.
Medito y mi espíritu desfallece.
Tú mantienes abiertos mis párpados,
y estoy tan angustiado que no puedo hablar.
Pienso en los días antiguos, los años pasados.
Recuerdo mi canción en la noche.
Medito en mi mente,
y mi espíritu indaga.
¿Rechazará mi Soberano para siempre?
¿Nunca más mostrará Dios su favor?
¿Ha cesado para siempre el amor comprometido de Dios?
¿Han terminado las palabras de Dios generación tras generación?
¿Ha olvidado Dios la gracia?
¿Está la compasión de Dios atrapada en la ira? (Sal 77:2-9)

El libro de Lamentaciones reconoce de manera más explícita la naturaleza justa del castigo que cayó sobre Judá, pero el hecho de que Dios tenga derecho a actuar así hace poco para consolar la desesperación causada por la destrucción.

> ### *Duelo Ordenado*
>
> Lamentaciones es un libro de cinco capítulos, donde cada capítulo es un poema independiente. Los primeros cuatro capítulos son acrósticos. El capítulo 3 tiene tres líneas por cada letra del alfabeto Hebreo (lo que da un total de sesenta y seis versículos).[†] Los sentimientos intensos que se expresan contrastan con la disciplina requerida para escribir un poema estructurado como un acróstico. El libro no es una expresión irracional o aleatoria de emociones. El duelo del autor ha sido ordenado desde "aleph" hasta "taw".[‡]
>
> Los acrósticos suelen transmitir una idea de totalidad, como decir "todo, de la A a la Z." Puede ser que el uso de acrósticos complejos en Lamentaciones tenga la intención de comunicar la totalidad del duelo. El dolor expresado abarca toda la experiencia humana. El sufrimiento es tanto físico como espiritual.
>
> Curiosamente, aunque Lamentaciones 5 contiene veintidós versículos, no es un acróstico. Los estudiosos han debatido la razón de esto, pero constituye una declaración artística interesante. Si bien a veces el duelo puede ser ordenado y racional, también puede desafiar la estructura y el patrón. Ambas son expresiones normales y bíblicas de la emoción.
>
> [†] El alfabeto hebreo tiene veintidós letras.
> [‡] La primera y la última letra del alfabeto Hebreo.

Aunque tradicionalmente se atribuye el libro a Jeremías, el autor de Lamentaciones permanece desconocido. Es evidente que el autor es alguien que conoce la realidad del dolor por la destrucción de la ciudad y por antiguos amigos, como Edom, que se han convertido en enemigos.

> ¡Cómo ha quedado sola la ciudad que antes estaba llena de gente!
> La mujer noble se ha convertido en viuda.
> La princesa de las provincias se ha vuelto esclava.
> Llora en la noche y las lágrimas corren por sus mejillas.
> No hay quien la consuele de entre todos sus amantes.
> Todos sus amigos la han traicionado y ahora se han vuelto sus enemigos.
> (Lam 1:1-2)

Sin embargo, el autor de Lamentaciones está de acuerdo en que el castigo de Judá es merecido:

> Yahvé es justo.
> Me he rebelado contra todo lo que Dios dijo.
> ¡Escuchen ahora, todos los pueblos!
> Vean mi sufrimiento.
> ¡Mis jóvenes, tanto mujeres como hombres, han sido llevados al cautiverio! (1:8)

A pesar de que el castigo es merecido, el autor no puede evitar preguntarse si Dios quizá haya reaccionado de forma exagerada, porque, como sucede tan a menudo en la guerra, quienes más sufren son los más vulnerables. A veces, el castigo parece indiscriminado:

> Yahvé, mira y considera esto.
> ¿Con quién has actuado alguna vez con tanta severidad?
> ¿Acaso las mujeres deben recurrir al canibalismo y comerse a sus propios hijos? ¡¿A los niños pequeños?!
> ¿En el santuario de nuestro Soberano deben ser asesinados sacerdotes y profetas?
> Jóvenes y ancianos yacen muertos en el suelo y en las calles.
> Jóvenes, tanto mujeres como hombres, han caído a filo de espada.
> Tú los asesinaste en tu ira.
> Los mataste sin piedad. (Lam 2:20-21)

El libro de Lamentaciones, como la mayoría de los lamentos, contiene una palabra de esperanza. Sin embargo, a diferencia de la mayoría de los lamentos, esa palabra de esperanza se encuentra en medio del libro. En el capítulo 3, el autor ofrece una declaración extraordinaria de confianza y esperanza de que la oscuridad y la desesperación no durarán:

> Esto lo recuerdo constantemente y me lleno de desesperanza.
> Pero esto vuelve a mi mente
> y entonces tengo esperanza.
> Porque el amor fiel de Yahvé nunca se acaba,
> porque la compasión de Dios nunca termina.
> Cada mañana se renuevan.
> Grande es la fidelidad de Dios.
> Yahvé es mi porción,
> me he dicho a mí mismo. Por eso esperaré en Dios.
> Yahvé es bueno con quienes esperan,
> con el alma que lo busca.
> La bondad, la fortaleza y la paciencia provienen de la liberación de Yahvé. (3:20-26)

El autor deposita su confianza en saber que no ha sido olvidado:

> Porque nuestro Soberano no nos rechazará para siempre.
> Aunque Dios trae aflicción,
> Dios tiene abundancia de compasión.
> No es la manera de pensar de Dios
> causar daño o dolor a la humanidad. (vv. 31-33)

El autor estaba en lo correcto. El exilio llega a su fin varias generaciones después, y Judá regresa a la tierra transformada por la experiencia.

ÁNIMO PROFÉTICO

Aunque el salmista y el autor de Lamentaciones responden al exilio con sorpresa, frustración e incluso amargura, la respuesta profética hacia los exiliados fue mucho más alentadora, lo cual es irónico ya que las advertencias proféticas sobre el exilio habían sido directas y decididamente negativas. Jeremías 29 ofrece una guía explícita y práctica de parte de lo divino sobre cómo enfrentar el exilio:

> Estas son las palabras de la carta que el profeta Jeremías envió desde Jerusalén a los ancianos que quedaban entre los exiliados, a los sacerdotes, a los profetas y a todo el pueblo que Nabucodonosor había deportado de Jerusalén a Babilonia... Así dice el Supremo Comandante Yahvé, Dios de Israel, a todos los exiliados que hice deportar de Jerusalén a Babilonia: "Construyan casas y habiten en ellas. Planten huertos y coman de su fruto. Cásense y tengan hijos e hijas. Busquen esposas para sus hijos y entreguen a sus hijas en matrimonio, para que también ellas tengan hijos e hijas. Multiplíquense allí, no disminuyan." (vv. 1, 4-6)

El consejo de Dios al principio no es tan sorprendente. Mientras que los falsos profetas que dominaban la opinión pública prometían que el exilio sería breve (una vez que reconocieron que el exilio era una realidad), Jeremías advirtió que los exiliados debían prepararse para quedarse. Debían comprar, no rentar. Debían planear que sus hijos y nietos se casaran en Babilonia.

La última parte del consejo de Dios en Jeremías 29 puede resultar sorprendente, sin embargo: "Busquen el bienestar de la ciudad a la que los he desterrado, y oren a Yahvé por ella, porque en su bienestar, ustedes también tendrán bienestar" (v. 7). Uno podría esperar que Dios diera un consejo que animara a la desobediencia civil, similar a lo que hicieron Gandhi y Martin Luther King Jr. Seguramente Judá debería intentar derrocar a Babilonia con sentadas y resistencia pacífica. ¡Seguramente Dios no puede estar hablando en serio cuando dice que los exiliados deben buscar el bienestar de Babilonia!

La clave para entender el consejo de Dios, sin embargo, está en la palabra que se traduce como "bienestar." En otras traducciones, esta palabra se traduce como "prosperidad" o "paz." La palabra hebrea es *shalom* (שָׁלוֹם)—una palabra que significa "integridad" o "plenitud." Es un término que se refiere al estado ideal y completo de la humanidad creada por Dios. En otras palabras, no se le está pidiendo a Judá que trabaje para mejorar la economía de Babilonia o que ayude a Babilonia a expandir sus fronteras territoriales. A Judá se le está llamando a hacer lo que a Israel siempre se le ha llamado a hacer: ser una luz para las naciones. Se esperaba que Judá continuara viviendo conforme al llamado que tenía desde el principio y trabajara por el *shalom* que proviene del compromiso con la visión de vida de Dios.

El exilio ocurrió porque Judá no cumplió con ese llamado. No lograron ser un modelo de vida con sentido y propósito mientras habitaban la tierra;

y como resultado, el pueblo perdió la tierra. El exilio no fue pensado como un "castigo" donde Judá era enviado a su cuarto y, después de setenta años, pudiera regresar y volver a ser el pueblo de Dios. La expectativa profética era que, aunque Judá hubiera fallado en ser el pueblo de Dios con la tierra, ahora se esperaba que fueran el pueblo de Dios sin la tierra. No podían dejar de ser el pueblo de Dios mientras cumplían su condena. Se les llamó a trabajar por el *shalom* de Babilonia, así como siempre se les llamó a trabajar por el *shalom* de todos. Sin embargo, de 598 a 529 a.e.c., tendrían que hacerlo desde el exilio.

El incentivo para que Judá hiciera esto (además de que Dios se los pedía) era que, al trabajar por el *shalom* de los demás, Judá encontraría su propio *shalom*. Este contexto explica mejor el significado del versículo más conocido de Jeremías, Jer 29:11: "Porque ciertamente conozco los planes que tengo para ustedes —declara Yahvé—, planes de bienestar (*shalom*) y no de calamidad, para darles un futuro y una esperanza." Este versículo no pretende mostrar cómo prosperar materialmente. Tampoco es un versículo que simplemente ignore espiritualmente la realidad de los horrores del exilio. Este versículo les recuerda a los exiliados los planes de Dios mencionados anteriormente en el capítulo. El plan para el shalom del pueblo se reveló en el versículo 7: "Durante su largo cautiverio, trabajen por el shalom de los demás; ahí encontrarán su propio shalom."

Reconstrucción Posexílica

No se sale de la noche oscura del alma de la misma manera en que se entró. Judá experimentó varios cambios teológicos significativos como resultado del exilio. Algunos de estos cambios teológicos simplemente implicaron un cambio de enfoque. Otros cambios fueron más existenciales.

Realeza

Las respuestas a las difíciles preguntas del Salmo 89 sobre la pérdida de la realeza Davídica se abordan rápidamente en el Salmo 90 y en el Libro IV. El título del Salmo 90 lo identifica como "la oración de Moisés, hombre de Dios." Al intentar encontrar una respuesta a la cuestión del fracaso del pacto Davídico y la realidad del exilio, el Salterio recurre a una autoridad antigua.

Moisés, el arquetipo del profeta en la Biblia Hebrea, intercede por un pueblo exiliado usando un lenguaje que recuerda a Éxodo 32 tras el incidente del becerro de oro. Moisés invoca a Dios:

> ¡Vuélvete, Yahvé! ¿Hasta cuándo?
> Ten compasión de tus siervos.
> Sácianos por la mañana con tu amor constante,
> ¡para que cantemos de alegría y nos regocijemos todos nuestros días! (Sal 90:13-14)

Los Salmos 90–100, con conexiones de vocabulario al Éxodo y al Deuteronomio,[1] muestran un énfasis renovado en la obediencia a la Torá y la celebración de Yahvé como rey. Este enfoque renovado en el pacto mosaico y la realeza de Dios responde a la pérdida del pacto y la realeza Davídicos. Dios es rey, no David. La Torá debe ser el centro, no el pacto Davídico. Los salmos posteriores del Libro IV y V presentan una visión menos idealizada de la realeza Davídica. El Salmo 132 incluso modifica la naturaleza incondicional del pacto Davídico para permitir el castigo cuando los descendientes de David desobedecen, utilizando el "si" al inicio del versículo 12:

> Yahvé juró a David un juramento fiel
> del cual no se retractará:
> "Pondré el fruto de tu vientre en tu trono.
> Si tus hijos guardan mi pacto y los estatutos que les enseñaré, también sus hijos se sentarán en tu trono por siempre y para siempre..."
> (vv. 11-12)

Mientras que la soberanía incuestionable de Dios ha sido un tema recurrente a lo largo de los salmos, el Libro IV enfatiza este punto con una serie de salmos que presentan a Dios como rey y sirven como un punto de inflexión en la "historia" de los salmos.[2] El regreso de David a los salmos en los libros posteriores (después de que terminan las "oraciones de David, hijo de Isaí" en el Salmo 72) muestra una actitud algo diferente a la de los salmos anteriores del Salterio que celebraban la realeza Davídica. Aunque David es celebrado en el Salmo 110, no se le celebra exactamente como "rey": "¡Yahvéh ha jurado y no se retractará! ¡Tú eres sacerdote para siempre según el orden de Melquisedec!'" (v. 4).

Incluso en este salmo que alaba a David, lo que importa es el gobierno de Dios. En lugar de que David "quiebre a las naciones con vara de hierro" como en el Salmo 2, es Dios quien lucha y ejecuta juicio en el Salmo 110:

---

1. Estas conexiones están completamente desarrolladas en Robert E. Wallace, *El efecto narrativo del Libro IV del Salterio Hebreo* (Nueva York: Peter Lang, 2007).

2. Los Salmos 93, 95–100 contienen la frase "יהוה מלך" o "Yahvé reina".

El Soberano está a mi derecha
y destrozará a los reyes en el día de su ira.
Dios juzgará a las naciones y las llenará de cadáveres,
y quebrantará cabezas sobre toda la tierra. (vv. 5-6)

Templo

Aunque es difícil establecer una cronología exacta, muchos estudiosos atribuyen el inicio de la sinagoga como centro de la vida Judía al periodo del exilio. Es comprensible cómo pudo ocurrir esto. Sin un templo, lugares de reunión más pequeños y locales ofrecían un espacio para leer la Escritura, cantar salmos y enseñar la Torá, así como para celebrar matrimonios, funerales y realizar las tareas necesarias para vivir una vida religiosa (excepto el sacrificio, que solo podía realizarse en el templo).

Después de varias generaciones viviendo sin templo, uno podría imaginar que las personas podrían perder el sentido de urgencia por reconstruirlo. Como ya se señaló, es probable que los versículos 18 y 19 del Salmo 51 se hayan agregado después del exilio para evitar que la gente desarrollara una idea equivocada sobre el sacrificio. Los escribas no querían que las personas pensaran que el templo no era importante.

Los profetas de la reconstrucción, Hageo y Zacarías, lucharon contra la misma apatía hacia la reconstrucción de la casa de Dios:

> Y vino la palabra de Yahvé a Hageo, el profeta, diciendo:
> "¿Es acaso el momento para que ustedes habiten en sus casas lujosamente revestidas,
> mientras mi casa permanece en ruinas?" (Hag 1:3-4)

> Y vino la palabra de Yahvé a mí diciendo: "Las manos de Zorobabel
> han comenzado esta casa, y sus manos la terminarán. Entonces ustedes
> sabrán que el Comandante Supremo Yahvé me ha enviado a ustedes.
> Porque,
> ¿quién desprecia el día de las cosas pequeñas? Ellos se alegrarán y verán
> la plomada
> en la mano de Zorobabel." (Zac 4:8-10)

Los profetas advierten al pueblo que deben terminar la casa de Dios y, en un momento poco común en la narrativa bíblica, el pueblo escucha a los profetas de Yahvé, hacen lo que les dicen y completan la tarea.

Identidad Incluyente vs. Exclusiva

Al inicio de los salmos, las "naciones" suelen ser entendidas como adversarias de lo divino.

> Tú has reprendido a la nación.
> Has destruido a los malvados.
> Has borrado su nombre para siempre. . . .
> Las naciones han caído en la fosa que cavaron.
> Han atrapado su propio pie en la red que escondieron. (Sal 9:5, 15)

> Yahvé frustra el consejo de las naciones,
> e impide los pensamientos de los pueblos. (Sal 33:10)

> Las naciones rugen y los reinos se estremecen.
> Dios habla y la tierra se derrite. (Sal 46:6)

> Tú eres Yahvé.
> Dios Comandante de Israel,
> despierta para castigar a todas las naciones,
> no muestres misericordia a los que tramposamente traman iniquidad.
> (Sal 59:5)

El tono cambia en los salmos en la segunda mitad del Salterio:

> Todas las naciones que tú creaste vendrán
> y adorarán delante de ti como Soberano.
> ¡Honrarán tu nombre! (Sal 86:9)

> ¡Proclamen la gloria de Dios entre las naciones!
> ¡Y sus obras entre todos los pueblos! (Sal 96:3)

> Digan entre las naciones: "¡Yahvé reina!"
> ¡El mundo está firme y no será movido!
> Dios juzgará a los pueblos con justicia. (Sal 96:10)

> ¡Yahvé ha dado a conocer su salvación!
> Dios ha revelado su justicia ante las naciones. (Sal 98:2)

> Las naciones temerán el nombre de Yahvé,
> y todos los reyes de la tierra temerán tu gloria. (Sal 102:15)

Esta tensión entre una perspectiva más nacionalista/separatista y otra más global/universalista también se observa en la demás literatura del periodo posterior al exilio. Aunque las historias de Rut y Jonás están ambientadas mucho antes en la historia de Israel—Rut en la época de los Jueces y Jonás en el siglo VIII o IX a.e.c.—el estilo y vocabulario del Hebreo sugieren que no se escribieron hasta después del exilio, probablemente cuando el pueblo necesitaba recordar su mensaje.

Jonás es un profeta israelita llamado a predicar un mensaje de juicio sobre la ciudad Asiria de Nínive. En la comunidad postexílica, cualquiera que escuchara "Nínive" la asociaría inmediatamente con lo peor de la humanidad. Nadie se opondría al mensaje que Jonás debía predicar: "Jonás comenzó a internarse en la ciudad, camino de un día, y proclamó diciendo: '¡Cuarenta días más, y Nínive será destruida!'" (3:4). Sin embargo, lo que nadie podía anticipar era que Nínive actuaría con arrepentimiento con la esperanza de que Dios se abstuviera de castigarla. Cuando eso sucede, Jonás expresa lo que sienten todos los que han visto conceder gracia a alguien a quien odiaban:

> Pero [el hecho de que Dios no destruyera Nínive] le pareció a Jonás una gran injusticia, y se enojó. Oró a Yahvé y dijo: "¡Por favor, Yahvé! ¿No era esto lo que yo decía cuando aún estaba en mi tierra? Por eso me apresuré a huir a Tarsis, porque sabía que tú eres un Dios lleno de gracia y misericordia—lento para la ira y grande en amor constante—alguien que se arrepiente del castigo. Así que ahora, Yahvé, quítame la vida, porque prefiero morir que vivir." (4:1-3)

La misericordia y la gracia de Dios irritan a Jonás no solo porque los habitantes de Nínive, a quienes él odia, reciben el favor inmerecido de Dios, sino también porque la gracia de Dios daña la reputación de Jonás. Jonás proclamó que Nínive sería destruida en cuarenta días. Cuando eso no sucede, Jonás se convierte en un "falso" profeta.[3] Dios deja en claro que la reputación de Jonás no es tan importante como la vida de los habitantes de Nínive. El libro de Jonás, y ciertamente no la persona de Jonás, refuerza el mensaje que se observa en los salmos posteriores: a Dios le importa el mundo.

El libro de Rut refleja este mensaje al abordar un problema específico que ocurrió en el periodo del regreso de Israel: las esposas extranjeras. Rut,

---

3. Deuteronomio 17 dice que los profetas que anuncian algo que no sucede son "falsos profetas".

una mujer Moabita, se casa con un miembro de la tribu de Judá y llega a ser la bisabuela de David. Afortunadamente, este hecho sucedió en la época de los Jueces, porque no habría ocurrido bajo el gobierno de Nehemías ni bajo la instrucción de Esdras.

Cuando el arquetipo de la nueva vocación de "escriba," Esdras, regresó a la tierra santa y descubrió que el pueblo había tomado esposas extranjeras, lloró y decretó: "Ahora, pues, hagamos un pacto con nuestro Dios para despedir a todas estas mujeres y a los hijos nacidos de ellas, conforme a la voluntad de mi señor y de los que temen el mandamiento de nuestro Dios. Que se haga conforme a la Torá" (Esdras 10:3).

El gobernador Nehemías respondió con aún más enojo, invocando los pecados de Salomón y diciendo:

> En aquellos días vi a los Judíos que se habían casado con mujeres de Asdod, Amón y Moab. La mitad de sus hijos hablaba la lengua de Asdod y no podían hablar la lengua de Judá, sino que hablaban la lengua de cada pueblo. Entonces los reprendí, los maldije, golpeé a algunos de ellos y les arranqué el cabello. Les hice jurar por Dios: "¡No darán sus hijas a los hijos de ellos, ni tomarán hijas de ellos para sus hijos ni para ustedes mismos!" (Nehemías 13:23-25)

La etnicidad se asociaba con la religión. Sin embargo, el libro de Rut le recuerda a los lectores que el problema no es la etnicidad, sino la fe. Como ya se ha visto, las esposas extranjeras que adoran a Yahvé son bienvenidas: Tamar (Génesis 38) y Séfora (Éxodo 18), entre otras.

Ni Esdras ni Nehemías fueron profetas, y la Biblia no dice que hayan tomado estas decisiones bajo la dirección de Dios. Sin embargo, ninguno de los dos estuvo dispuesto a asumir lo que aparentemente sería la tarea titánica de garantizar que cada esposa extranjera se hubiera convertido realmente al culto de Yahvé y que su conversión fuera genuina. En cambio, ambos optaron por una solución pragmática al problema y ordenaron que las esposas extranjeras fueran enviadas lejos.

La tensión entre ser una "luz para las naciones" y un "sacerdocio santo" se observa en la literatura posexílica, y la pregunta nunca se responde de manera definitiva. Para el periodo del Nuevo Testamento, la tensión aún existía. Los argumentos del "sacerdocio santo" se ven en la insistencia del liderazgo religioso en que todos cumplieran el código de santidad para distinguirse entre "nosotros" y "ellos." Sin embargo, en la narrativa existen participantes no Judíos en la fe judía: Gentiles "temerosos de Dios" en el texto que adoraban en la sinagoga, como el eunuco Etíope, Cornelio en Hechos, y la audiencia a la que Pablo predicó en Antioquía de Pisidia, donde dijo: "Hermanos, hijos de la familia de Abraham, y también los que temen a Dios con ustedes, a nosotros se nos ha enviado esta palabra de salvación" (Hechos 13:26). El culto en la sinagoga tenía un lugar tanto para los descendientes de Abraham como para "otros."

Conclusión

La historia bíblica comienza en muchos lugares. Comienza en la creación. Comienza con Abraham. Comienza con el éxodo. Comienza con el asentamiento. La historia también contiene muchos finales, pero esos finales siempre llevan consigo un sentido de expectativa. Los "finales" principales del texto siempre incluyen suspenso:

1. Génesis termina con los setenta hijos de Israel en Egipto. Sólo se ha cumplido un aspecto de la promesa de Dios a Abraham. Abraham tiene un hijo, pero los hijos de Israel aún no son una "gran nación" ni están establecidos en la tierra.

2. La Torá termina en Deuteronomio 33 con la muerte de Moisés. Después de dar su discurso estilo "Día de San Crispín" para animar al pueblo a tomar la tierra, el libro termina.

3. Los "profetas anteriores" (Josué, Jueces, 1 y 2 Samuel, y 1 y 2 Reyes) terminan en el exilio, pero muestran a Jeconías libre de prisión y comiendo en la mesa del rey de Babilonia.

4. Jonás termina sin decirle al lector cómo responde la persona de Jonás al discurso de Dios.

5. El final de los profetas escritores (y las últimas palabras en la mayoría de las Biblias en Inglés) se encuentra en Malaquías 4, donde Dios promete enviar al profeta Elías para restaurar el corazón del pueblo y así evitar el castigo.

6. El final de los Escritos (la última palabra en la Biblia Hebrea) está en 2 Crónicas 36, donde Ciro el Grande promete el fin del exilio y la reconstrucción del templo.

David Clines ha dicho que uno de los temas de la Torá es el "cumplimiento parcial" y, por lo tanto, el incumplimiento parcial.[4] La relación de Yahvé con Israel y el mundo es un viaje con promesas cumplidas y esperanza,

---

4. David J. A. Clines, *El Tema del Pentateuco* (Sheffield: Sheffield Academic, 1997), 30.

promesas incumplidas y desesperación, y una esperanza renovada hacia el futuro. El exilio es otro paso en ese viaje, y uno de los pasos en ese recorrido fue contar la historia, con sus altibajos, desde Génesis hasta Malaquías.

El libro de los Salmos acompaña a Israel en ese viaje. Las historias, las preguntas y las respuestas desde Génesis hasta Malaquías se integraron en la vida de adoración de Israel. Su himnario, probablemente compilado por primera vez durante el exilio y editado a lo largo de los siguientes siglos, reflejaba el recorrido histórico de Israel. Sin embargo, todo el libro de los Salmos también funciona como un microcosmos del viaje de la fe:[5] desde la etapa ingenua de la fe en el Salmo 1, donde la obediencia promete traer bendición; pasando por la crisis de fe en el Salmo 73, donde el éxito de los malvados hace que los justos se cuestionen; hasta la alabanza ingenua del Salmo 150, donde Dios es alabado simplemente por ser Dios.

En consonancia con la tradición de finales abiertos, los salmos no resuelven los problemas de los salmistas al vivir esa fe. Antes de que los salmos de Aleluya funcionen como doxología en los Salmos 146–150, el salmista, David, aún necesita ser rescatado: "Rescátame y líbrame de manos de extranjeros, cuya boca dice mentiras y cuya diestra obra falsedad" (144:11). La respuesta inmediata de los salmos a la necesidad de David es el Salmo 145, otro "salmo de David," donde David alaba a Dios por su ayuda y liberación. Sigue la conclusión doxológica de cinco salmos, y cada uno de ellos inicia con "¡Alabado sea Yahvé!"

Quizá los "finales" en la narrativa bíblica parecen abiertos porque el lector busca algún tipo de resolución en la narrativa, cuando la resolución se encuentra en Dios.

1. La estancia de los hijos de Jacob en Egipto no trata sobre una promesa incumplida, sino sobre la provisión de Dios.

2. El final de Deuteronomio no trata sobre "tomar la tierra," sino sobre la presencia de Dios con su pueblo.

3. El final del exilio no trata sobre Jeconías o el exilio, sino sobre la misericordia de Dios.

4. Jonás no trata sobre Jonás, sino sobre la compasión infinita de Dios.

5. Malaquías no trata sobre la venida del "Día del Señor," sino sobre el deseo de Dios de que las familias sean plenas y saludables.

---

5. Walter Brueggemann, "Limitados por la obediencia y la alabanza: Los Salmos como canon," en *Los Salmos y la vida de fe* (Minneapolis: Fortress, 1995).

6. El lector no necesita leer sobre el regreso de los exiliados y la reconstrucción del templo en Crónicas porque la historia trata sobre el amor fiel de Dios hacia Israel.

Al final, los salmos no necesariamente responden a las quejas específicas de los salmistas. Sin embargo, los salmos sí le hablan a su necesidad. Al igual que el salmista del Salmo 73 y Job, en la presencia de Yahvé, las preguntas encuentran respuesta:

> ¡Alaben a Yahvé!
> ¡Alaben a Dios en el santuario santo!
> ¡Alaben a Dios en la expansión del firmamento!
> ¡Alaben a Dios por su poder divino!
> ¡Alaben a Dios por su grandeza incomparable!
> ¡Alaben a Dios con sonido de trompeta!
> ¡Alaben a Dios con arpa y lira!
> ¡Alaben a Dios con pandero y danza!
> ¡Alaben a Dios con cuerdas y flauta!
> ¡Alaben a Dios con címbalos resonantes!
> ¡Alaben a Dios con címbalos de júbilo!
> ¡Todo lo que respira, alabe a Yahvé!
> ¡Alaben a Yahvé! (Salmo 150)

Al hacerlo, los salmos enseñan nuevamente, al final, que la narrativa bíblica no trata tanto de las historias y los poemas, ni de los detalles del relato, sino de Dios. No importa en qué parte del texto se enfoque uno—creación, pacto, asentamiento, sabiduría, incluso exilio; cada uno de estos es una forma de hablar sobre la naturaleza divina, de quien se puede hablar de muchas maneras y, como ilustran los salmos, también se le puede cantar de muchas maneras.

Preguntas para Profundizar

1. El exilio fue la "noche oscura del alma" de Israel, y salieron de ella siendo diferentes. ¿Qué efecto tienen las crisis o dificultades en la convicción personal? ¿Importa si las crisis fueron resultado del comportamiento (como en el caso de Israel) o si ocurrieron independientemente de cualquier explicación?

2. ¿Cómo se manifiesta la tensión de ser una "luz para las naciones" y un "sacerdocio santo" en las expresiones contemporáneas de la fe?

3. Como se muestra al final de cada sección principal de la Biblia Hebrea, Dios parece estar más interesado en el viaje que en el destino. ¿Qué podría enseñarnos esto sobre cómo vivir bien la vida?

4. En lugar de decir "te lo dije," los profetas demuestran empatía y ánimo desde el momento del exilio. ¿Qué enseñanza podría ofrecer esto al brindar acompañamiento pastoral a alguien en crisis (incluso si la crisis fue provocada por sí mismo)?

5. Si el exilio no fue un "castigo temporal," si no fue cuando Israel fue puesto en la "caja de penalización," sino simplemente un nuevo lugar para que el pueblo viviera su llamado, ¿qué significa esto para la persona que hoy intenta vivir una vida de fe? ¿Existe algún lugar, momento o edad en que no se espere que una persona viva su llamado?

www.ingramcontent.com/pod-product-compliance
Lightning Source LLC
Chambersburg PA
CBHW062005220426
43662CB00010B/1232